Das kreative Potenzial eines echten Botschafters der Schweiz.

Südostschweiz

Die mitreissende Art Ogis.

Neue Zürcher Zeitung

Auf dem politischen Parkett bewegte sich der Berner Oberländer ebenso trittsicher wie auf einer stotzigen Bergroute.

Neue Zürcher Zeitung

Als Sympatieträger unangefochten.

Neue Zürcher Zeitung

Ein unverbrüchlicher Mutmacher, der gegen die Krisenstimmung ankämpfte.

Neue Zürcher Zeitung

Fähig, Betroffenheit zu zeigen, offen, den Konflikt auszutragen, bereit, zu verzeihen.

Basler Zeitung, Andreas Z'Graggen

Ogi, der Wolkenvertreiber der Nation.

Der Bund

Ogi kann auch über sich selbst lachen.

Solothurner Zeitung

Er spielte nie eine Rolle – er blieb immer der Mensch Ogi.

Neue Luzerner Zeitung

Zwischendurch nimmt er die Hände zu Hilfe. Hebt sie in die Luft, als würde er die Länge eines geangelten Fisches abmessen, ganz in Ogi-Manier eben.

Basler Zeitung

Für Dölf

«Unser Dölf»

75 Wegbegleiter und Zeitzeugen würdigen
alt Bundesrat Adolf Ogi

Impressum

Dieses Buch ist eine Kooperation vom Weltbild Verlag Olten und dem Werd & Weber Verlag, Thun

Herausgeber, Idee, Konzept	Annette Weber Lukas Heim
Bild Cover	Christoph R. Aerni, Egerkingen www.ch-aerni.com
Cover	Monica Schulthess Zettel, Werd & Weber Verlag AG
Entwurf	Thomas Uhlig, Augsburg www.deruhlig.com
Layout, Satz	Eva von Allmen, Werd & Weber Verlag AG
Lektorat	Alain Diezig, Werd & Weber Verlag AG Jürg Stüssi-Lauterburg, Windisch
Korrektorat	Heinz Zürcher, Steffisburg
ISBN	978-3-03812-701-7

Dieses Buch erscheint auch als Sonder-Bildband im Format 21 × 28 cm in deutscher und englischer Sprache
D: ISBN 978-3-85932-870-9 / E: ISBN 978-3-85932-890-7

www.weltbild.ch
www.werdverlag.ch, www.weberverlag.ch

Stiftung «Freude herrscht»

Ein namhafter Betrag aus dem Verkauf des Buches geht an die Stiftung «Freude herrscht». Die Stiftung will als gemeinnützige Institution des Schweizer Rechts Kinder und Jugendliche für Sport und Bewegung begeistern. Sie unterstützt eigene Projekte und Projekte Dritter sowie Organisationen des Kinder- und Jugendsports und Programme zur Gesundheitsförderung von Kindern und Jugendlichen. Die Stiftung wurde im Andenken an Katrin und Adolf Ogis allzu früh verstorbenen Sohn Mathias gegründet.

www.freude-herrscht.ch

Adresse der Stiftung:
Freude herrscht
Thunstrasse 20
3005 Bern
Tel. 0041 31 350 03 70

Geschäftsführung:
Matthias Kuratli
Sandra Palli

Für Ihre Überweisung

Postkonto 60-259787-0
IBAN CH88 0900 0000 6025 9787 0
«Freude herrscht»
3005 Bern

Bitte geben Sie Ihre E-Mail-Adresse oder Telefonnummer an.

75 Wegbegleiter und Zeitzeugen
würdigen alt Bundesrat Adolf Ogi

Mit einem Interview mit Adolf Ogi
von Peter Rothenbühler

Weltbild
WERDVERLAG.CH

Inhaltsverzeichnis

ADOLF OGI – FÜR GESELLSCHAFT, WIRTSCHAFT UND KULTUR

ADOLF OGI – MOTIVATOR UND FÖRDERER

ADOLF OGI – DER BERGLER AUS KANDERSTEG

SCHLUSSWORT, KURZBIOGRAFIE ADOLF OGI

DER MALER DES PORTRAITS, ZUR ENTSTEHUNG DES BUCHES, DANK

Vorwort

Parteifreund in Gewitter und Sonnenschein

CHRISTOPH BLOCHER
alt Bundesrat

Mit Adolf Ogi habe ich viele Jahre schweizerischer Politik miterlebt, mitgestaltet, durchgekämpft und durchlitten. In für die Schweizerische Volkspartei (SVP) entscheidender Zeit präsidierte er die SVP Schweiz. Ich war Präsident der Kantonalzürcher SVP. Bis zu seiner Wahl in den Bundesrat waren wir ein geradezu harmonisches Team. Wir Zürcher haben Dölf Ogi nachdrücklich unterstützt, als er 1988 in die Landesregierung gewählt wurde. Wir teilten die Grundzüge seiner Energie- und Verkehrspolitik und später auch die meisten Inhalte seiner Verteidigungspolitik, die er als Bundesrat vertrat. Nach dem Fall der Berliner Mauer 1989, als die meisten Politiker in einer kopflosen Reaktion den Kompass verloren, trennten sich leider in der Aussen- und Verteidigungspolitik unsere Wege. Ogi wurde zum glühenden Anhänger des Mitwirkens in internationalen Organisationen wie UNO, EWR, EU und NATO. Das führte zu heftigen Diskussionen, was innerhalb der SVP zeitweise fast in einen Bruch mündete. Trotzdem blieb unsere gegenseitige Verbundenheit und persönliche Freundschaft unbehelligt. Allzu schrille Misstöne konnten bei offenen Aussprachen ausgeräumt werden. Ich erinnere mich, wie auf dem Balkon eines Kandersteger Kurhotels das Berner SVP-Kader eine Parteiabspaltung anstrebte. Nach dem ergebnislosen Treffen nahmen Adolf Ogi und ich den Marsch von Kandersteg an den Blausee unter die Füsse. Als alleinige Gäste im Gartenrestaurant bei einer Forelle blau wurde alles besiegelt. Es blieb, wie es war!

Wir haben es Dölf Ogi hoch angerechnet, dass er bei der unumgänglich gewordenen Parteispaltung von 2008 seiner SVP die Treue gehalten hat.

Haben die Differenzen der SVP geschadet? Nein. Nicht zuletzt die offen ausgetragenen inhaltlichen Auseinandersetzungen zwischen dem «Zürcher» und dem «Berner Flügel» haben die SVP von der wählerschwächsten Bundesratspartei zur wählerstärksten gemacht. Die erste Zürcher SVP-Kantonsrätin und Ogis Vizepräsidentin in der SVP Schweiz, Christine Ungricht – sie war Präsidentin des sehr erfolgreichen Schweizerischen Tennisverbandes –, hat die internen Differenzen schon Mitte der 80er-Jahre auf den Punkt gebracht: Sowohl Blocher wie Ogi könnten für die SVP in ihrem je «spezifischen Marktsegment viel herausholen». Die Partei brauche sie «alle beide, jeden an seinem Platz».

Dölf Ogi, der als «Quereinsteiger» in die Politik kam, war ein begeisterter Sportler und erfolgreicher Verantwortungsträger im Spitzensport; er konnte darum den internationalen Organisationen und deren Vertretern viel mehr abgewinnen als wir. Im Gegensatz zu vielen heutigen Politikern hat er seine Positionen aber immer offen und gradlinig vertreten und ist für seine Überzeugung eingestanden. Dafür ist er zu Unrecht oft getadelt worden. So, als er 1992 den Beitritt der Schweiz zum Europäischen Wirtschaftsraum (EWR) als «Trainingslager» für den späteren EU-Beitritt anschaulich dargestellt und sich dann im Bundesrat kurz vor der EWR-Jahrhundertabstimmung folgerichtig für ein Beitrittsgesuch in die heutige EU ausgesprochen hat: Dölf Ogi tat es mit offenem Visier und nicht wie heute manche Bundesräte, Parlamentarier, Beamte und Professoren in aller Heimlichkeit und unter gegenteiligen heuchlerischen Zusicherungen. Der Vergleich Trainingslager war nichts anderes als die Popularisierung der EWR-Botschaft des Bundesrates an das Parlament, in der damals der deutliche Satz enthalten war: «Unsere Teilnahme am EWR ist im Rahmen einer Europastrategie zu sehen, die den vollumfänglichen Beitritt der Schweiz zur EG zum Ziel hat.»

Dass Adolf Ogis und meine Weltanschauung im gleichen Fundament fussten, kam auch äusserlich im Folgenden zum Ausdruck: Unsere Söhne Mathias und Markus haben als junge Offiziere gemeinsam militärische Beförderungsdienste geleistet. So sind wir uns nicht nur als Politiker, sondern auch als Väter nahe gekommen. Aber selbst wenn man selber Vater ist, kann man kaum ermessen, was es bedeuten muss, einen Sohn in blühendstem Alter an den Folgen einer tückischen Krankheit zu verlieren. Mathias Ogi ist daran gestorben. Katrin und Dölf Ogi haben an diesem Schlag denn auch enorm schwer getragen, aber ihn gemeinsam mit Tochter Caroline durch gegenseitiges Zusammenstehen, einen bewundernswerten Durchhaltewillen und viel Gottvertrauen überstanden.

ER HAT SEINE POSITIONEN OFFEN UND GRADLINIG VERTRETEN.

In seiner Zeit als Bundesrat und weit darüber hinaus erfreute sich Adolf Ogi im Schweizervolk einer ausserordentlichen Popularität. Er liebte die Menschen, und die Menschen liebten ihn. Sein Optimismus und sein unerschütterlicher Frohmut sind geradezu sprichwörtlich geworden. Wenn ein Ogi von seinem Volk mit vielen Ogi-Witzen gewürdigt wurde, steckt dahinter vor allem eines: das Zeichen einer tiefen, echten Wertschätzung für eine tatsächlich erbrachte Lebensleistung.

Christoph Blocher ist Unternehmer und war von 1979 bis 2003 und von 2011 bis 2014 Mitglied des Nationalrates. Von 2004 bis 2007 war er Bundesrat, Vorsteher des EJPD.

Nationalrat Christoph Blocher spricht im Oktober 1992 an der Delegiertenversammlung der Schweizerischen Volkspartei (SVP) zu Bundesrat Adolf Ogi.

© Keystone

Peter Rothenbühler
im Gespräch mit Adolf Ogi

«Meine Jugend war goldig, aber ich war kein verwöhnter Fratz»

Gespräch mit alt Bundesrat Adolf Ogi am 15. Mai 2017

PETER ROTHENBÜHLER

Publizist

Es gibt schon viele Ogi-Bücher. Jetzt noch eins. Muss das sein?
Nein, es muss nicht sein. Aber es macht natürlich Freude. Das Buch war ja nicht meine Idee. Ich war sehr überrascht, als mich die Verleger Annette Weber und Lukas Heim informierten, dass sie zu meinem 75. Geburtstag ein Buch herausgeben wollen, mit vielen Texten von Menschen, die mir auf die eine oder andere Art nahestehen, auch kritisch. Jetzt kann ich nur Danke sagen. Allen, die sich für das Buch eingesetzt haben. Als ich davon erfuhr, habe ich sofort auch gesagt, dass ich mich nicht einmischen und vor der Veröffentlichung keinen Text sehen will. So, dass die Herausgeber und die Schreibenden völlig frei sind.

Aber es ist Ihnen nicht peinlich, schon wieder mit einem Buch gefeiert zu werden…
Nein, das wäre wirklich sehr undankbar gegenüber allen, die sich die Mühe gegeben haben, über mich zu schreiben. Jetzt macht es nur noch Freude. Und ich erfahre ja einige interessante Dinge.

Unglaublich, wie beliebt und populär Sie geblieben sind. Wie erklären Sie sich das?
Es ist schwierig für mich, das selbst zu erklären. Ich kann nur feststellen, dass ich heute populärer bin als zu meiner Amtszeit als Bundesrat. Das ist unglaublich und auch unverständlich.

Aber Sie haben schon über die Gründe nachgedacht?
Ja, es hat vielleicht mit meiner Herkunft aus einer bescheidenen Familie zu tun. Dann mit meiner Schulbildung – kein Akademiker, aber recht gut in Französisch und Englisch. Dann mit meinen Erfolgen in den verschiedenen Funktionen.

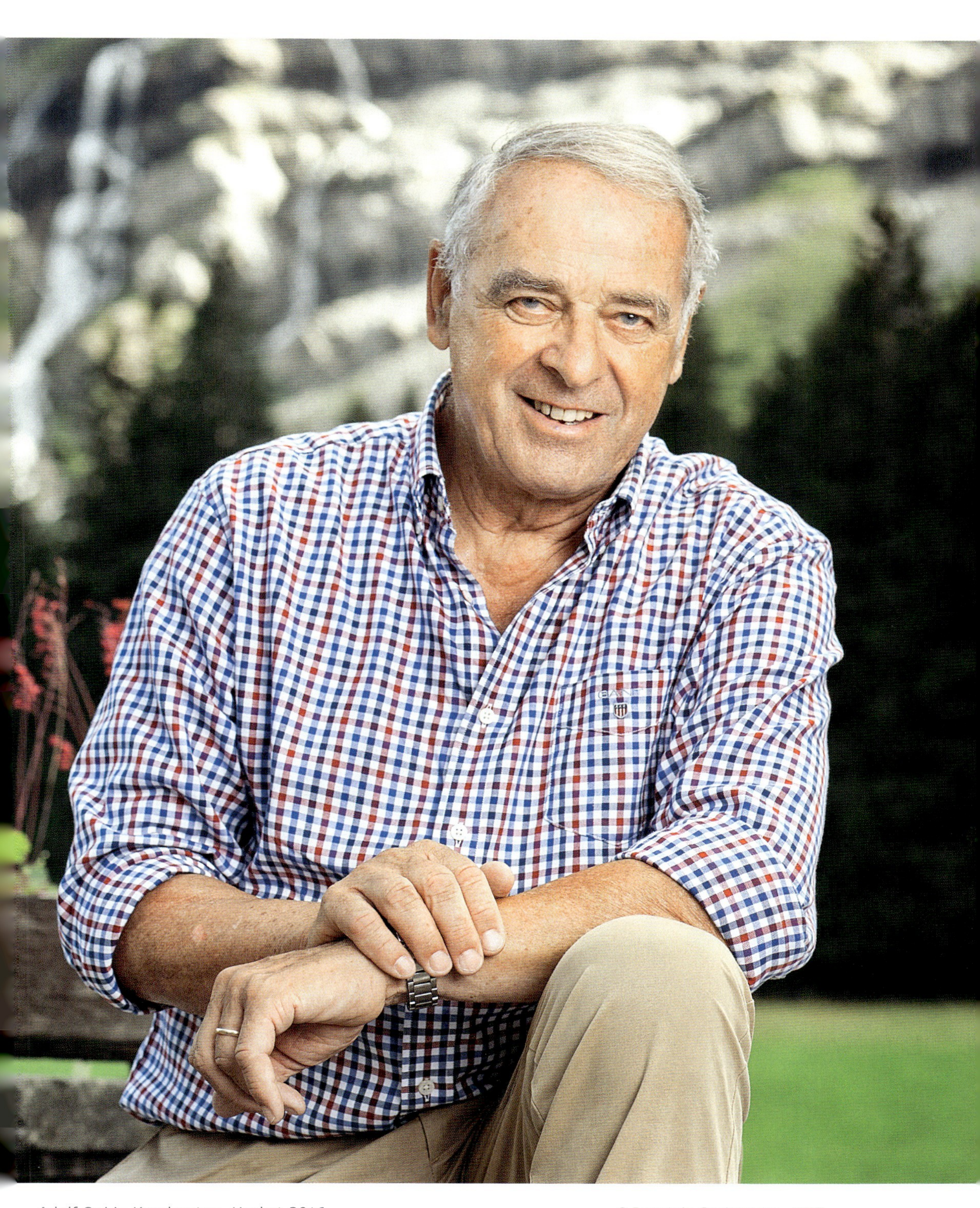

Adolf Ogi in Kandersteg, Herbst 2016. ©Dominic Steinmann, NZZ

Zum Beispiel?
Ich habe nach der Ecole Supérieure de Commerce in La Neuveville und einem längeren Englandaufenthalt nur fünf Sachen gemacht. Zuerst habe ich im Verkehrsverein Meiringen-Haslital gelernt, ein kleines Büro zu führen. Dann war ich siebzehn Jahre im Skiverband, dort wurde ich bekannt wegen dem Medaillensegen in Sapporo. Danach war ich sieben Jahre Generaldirektor der Intersport Schweiz Holding AG, insgesamt 21 Jahre in der nationalen Politik, 13 Jahre Bundesrat, acht Jahre Nationalrat, davon vier Jahre Parteipräsident. Parteipräsident einer sehr guten, aber nicht einfach zu führenden Partei mit lauter «freischaffenden Künstlern». Nachher war ich noch 7 Jahre bei der UNO. Meine Universität war, wenn man so will, die Armee: Ich leistete mehr als vier Jahre Militärdienst. Ihr verdanke ich sehr viel.

DORT, WO ICH EINE AUFGABE KRIEGE, WILL ICH FÜHREN UND VERANTWORTUNG ÜBERNEHMEN.

Sie sind Autodidakt …
Ja, und in der Politik natürlich ein Quereinsteiger. Das hatte man damals nicht so gerne, aber die Quereinsteiger sind gerade im Kommen, siehe Macron.

Sie wollten doch immer die Nummer Eins werden, oder?
Jeder Mensch sollte, bevor er zwanzig ist, sich kritisch beurteilen, sich fragen, wer bin ich, was will ich, was kann ich nicht? Bin ich eher einer, der führen und entscheiden will, einer, der bereit ist, Risiken einzugehen und auch bereit ist, einen Chlapf an den Grind zu bekommen? Oder will ich einer werden, der Analysen macht, Vorschläge ausarbeitet, aber nicht Verantwortung übernehmen will?

Und für Sie war es sofort klar?
Am Ende der Grenadier-Unteroffiziersschule in Losone sagte ich mir, dort, wo ich hingestellt werde, will ich der Chef sein, dort will ich sagen, wo es durch geht.

Diese Einstellung muss man haben, um weiterzukommen?
Man kann auch sagen, man muss seine Chancen nutzen. Ich habe mir damals gesagt, ich kann nicht Direktor der BLS werden, ich kann auch nicht Regierungsrat werden. Schon gar nicht Bundesrat. Liegt nicht drin. Aber dort, wo ich eine Aufgabe kriege, will ich führen und Verantwortung übernehmen.

Sie haben Ihren Vater erwähnt in diesem Gespräch. Kann man sagen, dass er die wichtigste Figur in Ihrem Leben war?
Ja, der Vater war die wichtigste Figur, nachher kommt gleich die Mutter. Vater war ein Weichensteller für mich. Ich war ein junger, recht talentierter Skifahrer. Vater war nebst Förster, Bergführer, Schulkommissionspräsident, nebst Gemeindepräsident auch Skischulleiter von Kandersteg. In die Skischule kamen auch Amerikaner, die sahen, wie ich als Dreizehn-, Vierzehnjähriger fuhr, und sie machten mir das Angebot, nach Amerika in eine Skirennschule zu gehen. Da sagte mein Vater, nein, du musst Sprachen lernen,

du gehst mal ein Jahr nach La Neuveville, vielleicht auch drei Jahre. Dann musst du Englisch lernen und anschliessend noch Italienisch. Du kannst als Skirennfahrer nicht genügend Geld verdienen, um ein anständiges Leben zu führen und eine Familie zu ernähren. Er war der Weichensteller.

Und Sie haben sich bei jedem Karriereschritt gefragt, was würde mein Vater dazu sagen?
Ja, habe ich.

Ihre Popularität liegt vor allem an Ihrem Talent, auf die Leute zuzugehen, zu kommunizieren, Emotionen zu zeigen ... Sie haben das Herz auf der Hand, sind im Umgang mit Menschen viel besser als die meisten anderen Politiker.
Das ist eine Grundbedingung für die Politik, auf die Leute zuzugehen. Gerade heute, wo alles elektronisch abläuft, ist der persönliche Kontakt noch viel wichtiger. In den 80er-, 90er-Jahren, da hatte die Schweizer Politik noch persönliche Kontakte zu Kohl, zu Schröder, zu Blair, zu Mitterrand, zu Chirac, zu Clinton, aber auch zu den Österreichern, den Italienern und zu den Liechtensteinern, die waren vorhanden. Clinton kam mehrmals in die Schweiz, als ich Bundesrat war, wir konnten jederzeit mit ihm reden. Obama war acht Jahre nie in der Schweiz, Bush vorher auch nicht. Während 16 Jahren war kein amerikanischer Präsident mehr in der Schweiz zu Besuch!

Lag es an Ihnen? Oder an der damaligen politischen Situation?
Es hat schon mit mir zu tun, dass Mitterrand nach Kandersteg gekommen ist, und dass Blair gekommen ist, oder Kohl, wobei auch andere Bundesräte sehr gute Kontakte zum Ausland hatten. Aber ich war Bundespräsident, als er kam – you never get a second chance to make a first impression, sagt man ja. Wenn Sie im ersten Kontakt dem andern als Langweiler vorkommen, haben Sie schon verloren. Man sollte aus jedem Gespräch so rausgehen, dass der andere sagt, den will ich nochmals sehen, der hat das gewisse Etwas.

Also war es Mitterrands Idee, nach Kandersteg zu kommen?
Ja, er hat mir spontan gesagt, ich will Ihre Eltern kennenlernen und nach Kandersteg kommen, was er dann auch getan hat.

Was Sie sich als Zwanzigjähriger vorgenommen haben, ist aufgegangen. Selten ist ein Schweizer so schnell so hoch gestiegen. Wenn Sie zurückschauen, wer hat Teil an diesem Erfolg? Wer hat mitgerissen?
Nicht mitgerissen, aber es waren Vater und Mutter in ihrer einfühlsamen Art für einen jungen Menschen.

Und wer noch? Wer hat Sie gefördert?
Ganz eindeutig mein Pfarrer Ueli Junger und mein Oberlehrer Rudolf Rösti in Kandersteg. Rösti hat, bevor der Unterricht anfing, drei Sachen gemacht mit uns: gebetet, gesungen und politisiert. Damals hatte man keine Phhhauer! Phhoint! Släids!, aber er hat eine Karte von Asien aufgehängt und uns den Krieg zwischen Süd- und Nordkorea erklärt. Wir haben das nicht mit grossem Interesse entgegengenommen, aber er hat einen Samen gesetzt, der später aufgegangen ist.

Wer hat Sie dann in Bern gefördert?
Karl Glatthard, ehemaliger Präsident des Skiverbandes, und die legendäre Elsa Roth,

Zentralsekretärin des Skiverbandes, haben mich als jungen Stellvertreter akzeptiert und gefördert und gefordert. Ich konnte das Skilehrerpatent machen, in die Trainerausbildung gehen, Führungsseminare absolvieren und eine Nachwuchsmannschaft aufbauen.

Und in der Politik?
Ich wurde vom damaligen Generalsekretär der SVP Bern und SVP Schweiz, Peter Schmid, und vom Präsidenten der SVP Bern, Gottlieb Geissbühler, gefördert, der damals das Bauerngut von Ueli Ammann in Madiswil bewirtschaftet hat. Die haben mich kontaktiert. Willst du nicht auf die Liste kommen? Liste Emmental! Startnummer 21, glaube ich, von 25 Kandidaten. Mir war klar, ich sollte Stimmen bringen, würde aber nicht gewählt. Dann wurde ich zu meiner Überraschung und zur Enttäuschung einiger anderer gewählt und musste mich natürlich im Nationalrat als Skidirektor bewähren, nicht zum Hinterbänkler werden. Stand unter grösster Beobachtung. Kann der Sapporo-Ogi im Parlament etwas ausrichten? Wenn man da nach vier Jahren Parteipräsident wird, darf man nicht allzu viele Kantenfehler gemacht haben …

FREISINN HÄTTE MIR SCHON ZUGESAGT, ABER ER WAR MIR EIN BISSCHEN ZU ELITÄR.

Die Partei hat Sie auch schnell zum Bundesratskandidaten gemacht.
Ja, ich bin gegen drei andere Kandidaten fraktionsintern im ersten Wahlgang gewählt worden.

Wie haben Sie im Parlament die Stimmen der andern Fraktionen geholt?
Durch Einsatz, Arbeit, Kommissionstätigkeit, gute Auftritte, Anstand und Respekt Andersdenkenden gegenüber, aber auch durch gute persönliche Kontakte, was meine Stärke ist. Ich ging nicht immer gleich nach den Sessions- und Fraktionssitzungen nach Hause, ich ging noch Kaffee trinken, hatte gute Freunde bei der FDP, bei der CVP, bei der SP, sogar beim Landesring und den Grünen.

Von Ihren Überzeugungen her hätten Sie eigentlich besser zum Freisinn gepasst, oder?
Ich will den Freisinn gar nicht etwa kritisieren, ich war mit Franz Steinegger in der Offiziersschule und bin noch heute befreundet mit ihm, habe mit ihm die Haute Route gemacht. Der Freisinn hätte mir schon zugesagt, aber er war mir ein bisschen zu elitär. Und ich hätte meine Schwiegereltern enttäuscht, die SVP/BGB-Leute waren und einen Bauernhof und ein Restaurant führten.

Kann man unter Politikern echte Freunde finden?
Es kommt darauf an, was das Wort Freundschaft bedeutet, das müsste man definieren. Wenn Freundschaft heisst Vertrauen, Zuverlässigkeit, Sympathie und Unterstützung auch in schwierigen Zeiten, dann wird es schon etwas enger …

Hatten Sie auch informelle Berater?

In Frankreich nennt man sie «Visiteurs du soir», das sind Leute aus der Zivilgesellschaft, die abends noch schnell vorbeikommen und gute Ratschläge geben.
Ich hatte einen leichten Zugang zu vielen Leuten, ich habe oft Leute eingeladen, die mir eine halbe Stunde lang sagten, wie sie die Situation sehen. Das konnte Edouard Brunner sein, der Staatssekretär mit einem ungeheuer breiten Wissen, dann habe ich den Präsidenten des damaligen Vorortes (heute economiesuisse) eingeladen, hatte auch gute Kontakte zu vielen Vertretern von Wirtschaft, Tourismus, Sport, Militär und zu Gemeindepräsidenten aus der ganzen Schweiz. Auch zu Regierungsräten, zu Intellektuellen und Kulturschaffenden! Ich musste ja den Kontakt zur Elite suchen, die Wirtschaftsleute kannten mich weniger gut, die dachten, ich sei ein Skifahrer. Die kannten meinen Namen, weil der so kurz ist. Ogi: offen, gut, integer, und nicht objektiv, genial und intelligent, die andere Möglichkeit, die zu hoch war. Bei denen musste ich mich zeigen. Man hat mich ja kritisiert vor meiner Wahl, Herr Gut von der damaligen CS hat mich kritisiert, aber er war der Erste, der mich zu einem Abendessen nach Zürich eingeladen hat, nachdem ich in den Bundesrat gewählt worden bin, was mir die Möglichkeit gab, mich dort zu präsentieren und zu zeigen, dass ich nicht nur geradeaus Ski fahren kann, sondern eine Persönlichkeit bin. Die NZZ hat gefunden, ich sei zu wenig gebildet und der Swissair-Verwaltungsrat und Genfer Bankier Hentsch schrieb in Le Temps herablassend vom «Homme de Kandersteg». Da wurde Frank A. Meyer so böse, dass er einen ganzen Artikel geschrieben hat gegen eine solche Art und Weise, mich zu deklassieren.

Mit Frank A. Meyer haben Sie auch oft die Köpfe zusammengesteckt?
Ja, er ist ein hervorragender Analytiker. Und hatte immer gute Ideen. Er hat mich nie «versecklet», sondern unterstützt. Und ist mir auch mit Rat beigestanden.

Sie wussten immer, wie man die Politik inszenieren kann, Sie haben für die Energiewende Eier gekocht, eine Neujahrsrede vor dem Tunnel gehalten, sie hatten gute Sprüche auf Lager. Freude herrscht! Es gibt kein anderes Bundesratswort, das so lange überlebt hat…

EIN POLITIKER MUSS INSZENIEREN KÖNNEN, DAS HERZ DER BEVÖLKERUNG BERÜHREN, ER MUSS DAFÜR SORGEN, DASS DIE SEELE OBSI KOMMT.

Ein Politiker muss inszenieren können, das Herz der Bevölkerung berühren, er muss dafür sorgen, dass die Seele obsi kommt. Das hat nichts mit Show zu tun. Ich hatte immer das Prinzip, das zu machen, woran ich glaube, und an das zu glauben, was ich mache. Freude herrscht kam mir spontan in den Sinn, das habe ich nicht in einem Globi-

Buch abgeschrieben. Wir waren im Verkehrshaus in Luzern, als Claude Nicollier im All war. Ich durfte ihn begrüssen und hatte von der ESA und der NASA einen Zettel gekriegt, auf dem stand, was ich sagen durfte. Ich dachte, die verwechseln mich mit der Putzequipe. Ich sage doch meinem Landsmann Nicollier, was ich will – und fing an mit «Freude herrscht». Man kann seine Botschaft nicht trocken und akademisch ausbreiten, sie muss eine innere Substanz haben.

ICH BIN SO DANKBAR MEINER LIEBEN KATRIN GEGENÜBER.

Man sagt, Ogi ist einer, der unbedingt geliebt werden will …
Ja, das ist klar, das hat man mir immer vorgeworfen.

Ist das ein Vorwurf?
Nein, es ist ja auch nicht ganz ungerecht, das zu sagen. Sie müssen sehen, ich bin als Nichtpolitiker in die politische Maschinerie reingekommen, in eine Welt der harten Auseinandersetzung. Gut, wenn ich in Sapporo gescheitert wäre, wäre ich heute nicht da. Im Skiverband wurde ich nicht kritisiert. Im Militär wird man kritisiert, zu Recht oder zu Unrecht. Ein Lernprozess! Als Politiker hatte ich als Quereinsteiger, als Neuling in der Exekutive und gleich als Bundesrat zuerst Mühe mit der Kritik, vor allem mit der unberechtigten Kritik. Ich habe mich dann gewandelt. Aber wenn man mal einen Negativpunkt hat, dann bleibt er an dir hängen bis zum Grabstein.

Aber das ist doch nicht negativ, wenn man geliebt werden will …
Ich habe das Gefühl, dass ich anfangs schon ein Mimöseli war, aber die Journalisten sind es natürlich auch …

Sie werden jetzt 75. Zeit zum Zurückblicken. Was mussten Sie für die Karriere opfern? Man sagt, wenn einer Bundesrat wird, wird seine Frau zur vorzeitigen Witwe … Sie sieht ihren Mann nicht mehr oft.
Sie müssen Katrin fragen, wie sie das erlebt hat. Als Skidirektor war ich im Winter fast jede Woche von Donnerstag bis Sonntag weg. Katrin hat zwei Kinder aufgezogen, Mathias selig und Caroline, sie hat den Haushalt geführt, alles gemacht für die Familie, und ich hatte den Rücken frei. Ich bin so dankbar meiner lieben Katrin gegenüber. Sie hat meinen Werdegang begleitet und unterstützt. Mit der nötigen Sensibilität, Verständnis und einem ausgesprochenen «Gschpüri».

Und hat Sie immer unterstützt?
Immer. Mit Kraft, Zusprache und Wohlwollen. Als ich Bundesrat wurde, musste ich natürlich am Wochenende auch vieles lesen, aber von den vier Halbtagen versuchte ich immer, zwei Halbtage mit Katrin und den Kindern zu verbringen. In den Ferien habe ich meiner Familie etwas geboten, bin nach Amerika geflogen, Mathias kam mit an die Olympischen Spiele, an Fussballfinals. Sie konnten in Bern auch jederzeit zu mir ins Büro kommen, immer, auch wenn ich Besuch hatte.

Rückblickend, was war der schönste Moment im politischen Leben?
Schwierig zu sagen. Bundespräsident zu sein. Und die Begegnungen, die ich hatte. Die eindrücklichste war schon mit Mitterrand, er ein Sozialist, ich ein Bürgerlicher. Ich war gerade an einer Energiekonferenz in Paris, da kommt das Telefon, der Präsident möchte gerne den Schweizer Bundespräsidenten für zehn Minuten in den Élysée-Palast einladen. Er behielt mich neunzig Minuten lang, stellte Fragen und am Schluss sagte er, ich möchte sehen, wo Sie geboren wurden, und Ihre Eltern kennenlernen. So kam er nach Kandersteg.

Als der belgische König Baudouin starb, sind Sie zu seiner Beerdigung gegangen. Das war neu, dass der Bundespräsident ins Ausland fuhr?
Ja, da habe ich eine alte Regel gesprengt. Vorher ging der Bundespräsident nie ins Ausland. 1992 kam der belgische König Baudouin auf Staatsbesuch zu uns. 1993 ist er gestorben, dann hat der Bundesrat beschlossen, dass ich mit Katrin nach Brüssel zu den Trauerfeierlichkeiten gehe. Dort war ich mit vielen bekannten Staatsmännern, Clinton und Jelzin, dem Kaiser von Japan, der Königin von England, dem König von Spanien, Mubarak aus Ägypten und vielen anderen in einem relativ kleinen Warteraum und Mitterrand hat mich an der Hand genommen und allen persönlich vorgestellt. Ich stelle Ihnen den Präsidenten der Schweiz vor. Zum ersten Mal haben sie ihn aus dem Land als Bundespräsidenten rausgehen lassen!

Hatten Sie auch Gegner, die Ihnen schlaflose Nächte verschafft haben?
Ja, muss ich sie nennen? Lieber nicht.

Wenn Ogi darüber nachdenkt, wer Ogi eigentlich ist, was würden Sie sagen?
Der Ogi ist eine Persönlichkeit, die ihre Wurzeln in den Bergen hat und geprägt ist von der Natur, von den Risiken der Natur, die eine vorteilhafte Jugend genossen hat, die Nestwärme der Eltern bekommen hat, einen weitsichtigen Vater hatte, der ihr die Schule in La Neuveville finanziert hat. Er musste 70 Mal auf die Blüemlisalp steigen, um mir ein Jahr Ecole Supérieure de Commerce und die Pension in La Neuveville zu zahlen. Ich lebte drei Jahre in der französischen Schweiz und insgesamt fast zwei Jahre in England. Ich habe als junger Bursche viel gemacht, musste Holz spalten, Material auf die Fisi rauftragen, auf 2200 Meter, für die Lawinenverbauungen der BLS. Ich habe Bäume gepflanzt im Wetterbach, den mein Vater verbaut hat. Ich habe eine Vergangenheit, die goldig war, aber ich war kein verwöhnter Fratz. Und dann hatte ich einfach viel Glück. Wahnsinnig viel Glück, ich wäre nie Bundesrat geworden, wenn ich nicht im richtigen Moment am richtigen Ort gewesen wäre.

Aber das ist bei jedem Bundesrat so, das Zusammentreffen von glücklichen Zufällen … Und das Unglück?
Ich habe meinen Sohn verloren, das ist die fundamentalste Erschütterung, die man als Vater und Mutter erleben muss. Ich bin immer noch fragend und suchend. Ich halte mit dem Herrgott ein Zwiegespräch und kriege keine Antwort. Warum musste Mathias mit 35 sterben, nachdem er gesund gelebt hat? Keine Drogen, keinen Alkohol, viel Sport und plötzlich wird er krank. Mein Leben ist nicht nur Honiglecken. Bundesrat sein war auch nicht nur Honiglecken, man

Adolf Ogi im Eispalast auf dem Jungfraujoch, 2010. (zvg)

muss Tag und Nacht krampfen. Ich habe bis zum Gehtnichtmehr gearbeitet, kam im Präsidialjahr an meine Grenzen. Ich stand ja normalerweise jeden Morgen um Viertel vor fünf auf und ging joggen. Im Präsidialjahr konnte ich keinen Schritt mehr joggen, ich konnte einfach nicht mehr. Und ich kam nie vor zwölf ins Bett.

Haben Sie Angst vor dem Alter? Sie haben vielleicht noch zehn Jahre zu leben.
Meinen Sie? Ich stemme mich nicht gegen das Alter, ich akzeptiere es. Für mich ist klar, das Leben ist ein Kommen und Gehen, während die Natur schon da war, als wir nicht da waren, und sie wird noch da sein, wenn wir weg sind.

Hat es eine wichtige Rolle gespielt, dass Sie ein Bergler sind?
Das hat mir viele Sympathien gebracht, auch bei den Städtern, das Land wurde ja stark dank dem friedlichen Zusammenleben von vier Kulturen. Und dass man die Randgebiete und die Minderheiten berücksichtigt, das gehört zum Gleichgewicht der Schweiz. Diese Balance muss man immer wieder suchen und aufpassen, dass sie nicht gestört wird.

Gibt es auch Dinge oder Taten, die Sie bereuen?
Ja, ich bereue es sehr, dass ich nicht gut genug Italienisch gelernt habe. Ich war mit mir selbst sehr unzufrieden, dass ich mit den Tessinern nicht in ihrer Sprache intensiv reden konnte.

Wann kam die Idee mit den Kristallen, die Sie Präsidenten und anderen schenken?
Kristalle haben in unserer Familie immer eine Rolle gespielt, und als ich Bundesrat wurde, hat mir Kaspar Fahner vom Hasliberg, einer der bekanntesten Strahler, einen Kristall in die Hand gedrückt und gesagt, der bringt dir Glück. Seither gehe ich nie ohne meinen Kristall aus dem Haus. Und die Geschichte ist ja bekannt, wie ich in Verlegenheit war, dass ich für den UNO-Generalsekretär Kofi Annan kein offizielles Geschenk hatte und dann in meine Tasche griff und ihm meinen Kristall geschenkt habe. Er hat ihn immer noch. Und ich habe einen neuen.

Haben Sie ihn allen Staatsmännern gegeben?

BUSH HAT KEINEN KRISTALL GEKRIEGT, ER HAT DEN KRIEG IM IRAK ANGEFANGEN.

Nein, Bush hat keinen gekriegt, er hat den Krieg im Irak angefangen. Aber Papst Johannes Paul II. hat einen gekriegt. Jeder Bundesrat, den ich verabschieden durfte, bekam einen, auch meine Kollegen im Bundesrat, als ich mich von ihnen verabschiedete. Viele andere haben ein Militärsackmesser gekriegt oder Ogi-Tee oder ein Kandersteger Mutschli, einen sehr guten Käse.

Peter Rothenbühler war Chefredaktor der «Schweizer Illustrierte», heute ist er freier Publizist.

Adolf Ogi

Sein internationales Wirken

Adolf Ogi – daheim im Dorf und in der Welt

WOLFGANG SCHÜSSEL

Bundeskanzler Österreichs 2000 – 2007

Adolf Ogi streue ich als Österreicher, Nachbar und Politikerkollege gerne einige Rosen und Weihrauchkörner. Er verdient sie und er verträgt sie auch ganz gut. Dölf ist für mich ein typischer, und dann wieder auch ein ziemlich untypischer Schweizer, also eigentlich ein Unikat, eine Persönlichkeit – wie sie ja immer wieder in der Politik verlangt werden und immer seltener vorkommen. Also eine vom Aussterben bedrohte Spezies. Denn die Masse liebt den «Mainstream», die Anpassung; sie verzeiht keinen Fehler – dann heisst es gleich: «Rübe ab». Wieso hat dann einer wie Ogi sich so lange in der Spitzenpolitik gehalten, ja sogar weit über die Schweiz hinaus Anerkennung und Respekt gefunden? Als nachbarlicher Freund wundert mich das aber überhaupt nicht. Ogi ist klug, beharrlich, neugierig, offen, sportlich, redegewandt, anständig – lieber Bürger, was willst du mehr? Die Schweiz hat mich immer schon interessiert – ein mittelgrosses Land wie Österreich, föderal und dezentral, traditionsbewusst und innovativ, eigenständig (-sinnig?) und zugleich international, immer unter den Besten zu finden – warum eigentlich nicht längst G20-Vollmitglied?

Uns beide eint die Sorge, vom grossen Nachbarn erdrückt zu werden, die eigene Identität zu verlieren. Die Schweiz hat damit eine Weltmarke geschaffen, da liegen wir Österreicher ziemlich weit zurück. In der Staatsbuchhaltung steht die Schweiz seit ihrer Gründung makellos da – kein einziger Staatsbankrott! Wer sonst kann so etwas behaupten? Griechenland hat in den vergangenen 200 Jahren fünf Pleiten erlebt, Portugal sechs, Deutschland acht und Spanien sogar dreizehn. Natürlich blieb auch die Schweiz im 20. und 21. Jahrhundert nicht verschont von dramatischen Umbrüchen und

ADOLF OGI UND DIE SCHWEIZ SIND FÜR UNS DIE «EISBRECHER» GEBLIEBEN.

Katastrophen. Der Amoklauf in Zug, das Grounding der Swissair, der Brand im Gotthardtunnel, die abrupte Aufwertung des Franken. Die bittere Erfahrung, dass es kaum mehr heile Inseln gibt in unserer Zeit. Auch die Migrations- und Flüchtlingswelle geht an den Eidgenossen nicht vorbei. Dennoch – beeindruckend, wie die Schweiz dies alles bewältigt und nach wie vor Vorbild für viele ist. Wirtschaftlich, nicht zu vergessen, ist sie für uns Nachbarn von eminenter Bedeutung. 8 Millionen Schweizer kaufen gleich viel wie China und halb so viel wie Amerika. Deutsche Unternehmer beschäftigen etwa 100 000 Schweizer, 1300 helvetische Firmen schaffen eine Viertelmillion deutsche Jobs und sind der drittgrösste Investor beim grossen Nachbarn. Erst kürzlich gelang übrigens ein schweizerisch-österreichischer Megadeal: ABB kaufte um 2 Mrd. Euro B&R, einen IT-Maschinenbauer, der programmierbare Steuerungsgeräte und Industriecomputer herstellt. Vieles verbindet die Schweiz und das neue Europa. Die Anzahl der Teile – 26 Kantone und Halbkantone in der Schweiz, 27 EU-Mitglieder. Die Vielfalt der Zonen, Zentren und multiplen Identitäten. Die Sprachenvielfalt, das Streben nach Subsidiarität. Der steigende Anteil an Migranten und Zuwanderern – mit allen damit verbundenen Chancen und Problemen. Und jeder sieht sich in diesem Europa als Sonderfall und das mit einiger Berechtigung. Was das mit Adolf Ogi zu tun hat? Er hat an eben diesem Erfolgsprojekt viele Jahre mitgewirkt. Seit 1979 im Nationalrat (da bin ich übrigens auch zum ersten Mal ins österreichische Parlament gewählt worden), seit 1987 im Bundesrat (ich wurde 2 Jahre später Minister). Am 6. Dezember 1992 wurde die EWR-Abstimmung vom Schweizer Souverän abgelehnt. Ich war beim Abschluss der EWR-Verhandlungen Vorsitzender der EFTA und verfolgte die Abstimmung daher mit heissem und leidendem Herzen. Das war wohl auch der entscheidende Bruch zwischen Ogi und Blocher. Und es hat mich beeindruckt, wie geradlinig und argumentativ stark Ogi für seine pro-europäische Position kämpfte und auch in der Niederlage seine Würde behielt. Nachahmung empfohlen – Rückgrat statt Gartenschlauch! Für mich war das ein Motiv, innerhalb der EU, der Österreich 1995 beitrat, für eine befriedigende Regelung mit der Schweiz zu werben. Und eine Genugtuung, dass ich als Aussenminister und EU-Vorsitzender 1998 die Bilaterale I gemeinsam mit Bundesrat Flavio Cotti unterzeichnen konnte. Auch die rot-weiss-rote Krawatte von Ogi hab ich mir für meine eigenen Wahlkampagnen abgeschaut.

Als ich im Februar 2000 als Bundeskanzler mit der FPÖ eine Koalition bildete und 14 EU-Staaten ungerechtfertigte Sanktionen gegen Österreich verhängten, war es der Schweizer Bundespräsident Ogi, der mich offiziell nach Bern zu einem Staatsbesuch einlud. Eine Geste, die keineswegs selbstverständlich war und bis heute unvergessen bleibt. Die Sanktionen waren bald darauf Geschichte, aber Adolf Ogi und die Schweiz sind für uns die «Eisbrecher» geblieben. Gute Nachbarn eben.

Im Dezember 2000 trat Ogi dann als Bundesrat zurück und wurde unter UNO-Generalsekretär Kofi Annan 7 Jahre UNO-Sonderbeauftragter für Sport im Dienst von Frieden und Entwicklung. Ein grossartiger Abschluss seiner steilen politischen Karriere. Ein Vorbild eben – ad multos annos, lieber Dölf!

Dr. Wolfgang Schüssel ist ein österreichischer Politiker. Er gehörte ab 1989 der österreichischen Bundesregierung an und war von 1995 bis 2007 Bundesparteiobmann der ÖVP. Von 2000 bis 2007 war Schüssel österreichischer Bundeskanzler.

Bundespräsident Adolf Ogi, begrüsst am Freitag, 31. März 2000 auf dem Landsitz Lohn bei Bern den österreichischen Bundeskanzler Wolfgang Schüssel.

© Keystone

Ein Mini-Gipfel in der Downing Street

TONY BLAIR
ehemaliger Premierminister

Ich freue mich sehr, zum Buch «Unser Dölf» beitragen zu können und so den 75. Geburtstag meines Freundes Adolf Ogi begehen zu können.
Ich habe schöne Erinnerungen an die Zusammenarbeit mit Dölf, als er im Jahr 2000 Bundespräsident war. Insbesondere unser kurzer, aber produktiver Mini-Gipfel an der Downing Street ist mir in guter Erinnerung geblieben.
Während ich dies schreibe, merke ich, dass unser Treffen ziemlich symbolisch am Tag vor Dölfs 58. Geburtstag stattgefunden haben muss.
Wie ich mich erinnere, konnten wir gute Fortschritte machen zur Verbesserung der Beziehungen zwischen der Schweiz und Grossbritannien. Beispielsweise konnten wir uns darauf einigen, die Zollkontrollen für Schweizer Bürger an der Grenze des Vereinigten Königreichs zu verkürzen sowie eine Anzahl bilateraler Verträge zwischen der EU und der Schweiz zu ratifizieren.
Es entbehrt nicht einer gewissen Ironie, dass ich vor 17 Jahren als Premierminister versuchte, Dölf bei der Vertiefung der Beziehungen zwischen der Schweiz und der EU zu unterstützen – und nun Grossbritannien in dieser Hinsicht selber der Unterstützung bedarf.
Es freut mich ungemein, an diesem Buch mitarbeiten zu dürfen, weil ich weiss, dass ein Teil des Erlöses an Dölfs Stiftung «Freude herrscht» gehen wird, die junge Leute dabei unterstützt, sportlich aktiv zu werden. Das ist eine enorm wichtige Aufgabe und ich habe mit meiner eigenen «Sports Foundation» im Nordosten Englands versucht, auf ähnliche Weise zu helfen.

Alles Gute zum Geburtstag und ich hoffe, dass wir uns bald wieder sehen!

Tony Blair ist ein britischer Politiker. Er war von 1994 bis 2007 Vorsitzender der Labour-Partei und von 1997 bis 2007 Premierminister des Vereinigten Königreichs.

Tony Blair, ehemaliger Premierminister Grossbritanniens, spricht mit alt Bundesrat Adolf Ogi am Swiss Economic Forum (SEF) 2010 in Interlaken. ©Keystone

Lieber Herr Bundespräsident

BILL CLINTON
ehemaliger Präsident

Dank Ihrer Unterstützung konnten wir einen historischen Punkt in der Frage der nachrichtenlosen Vermögen erreichen. Ich schätze es, dass die Schweizer Banken sich dafür einsetzen, den Entschädigungsprozess für die nun schon älteren Holocaustüberlebenden voranzutreiben. Es befriedigt mich sehr, dass damit der Gerechtigkeit endlich Genüge getan wird.

Neben diesen guten Neuigkeiten möchte ich hinzufügen, wie wertvoll Ihre internationale Perspektive und Ihre Bemühungen, Ihr Land in Richtung eines moderaten Engagements im Ausland zu lenken, sind. Ich schätze insbesondere, dass Sie Schweizer Friedenshüter nach Bosnien und dem Kosovo entsandt haben und die Schweizer Mitgliedschaft in den Vereinten Nationen vorantreiben.

Ich danke Ihnen für Ihre Führungsstärke, Grosszügigkeit und Ihr Engagement für die entscheidenden Themen unserer Zeit.

Bill Clinton ist ein US-amerikanischer Politiker der Demokratischen Partei. Von 1993 bis 2001 war er der 42. Präsident der Vereinigten Staaten.

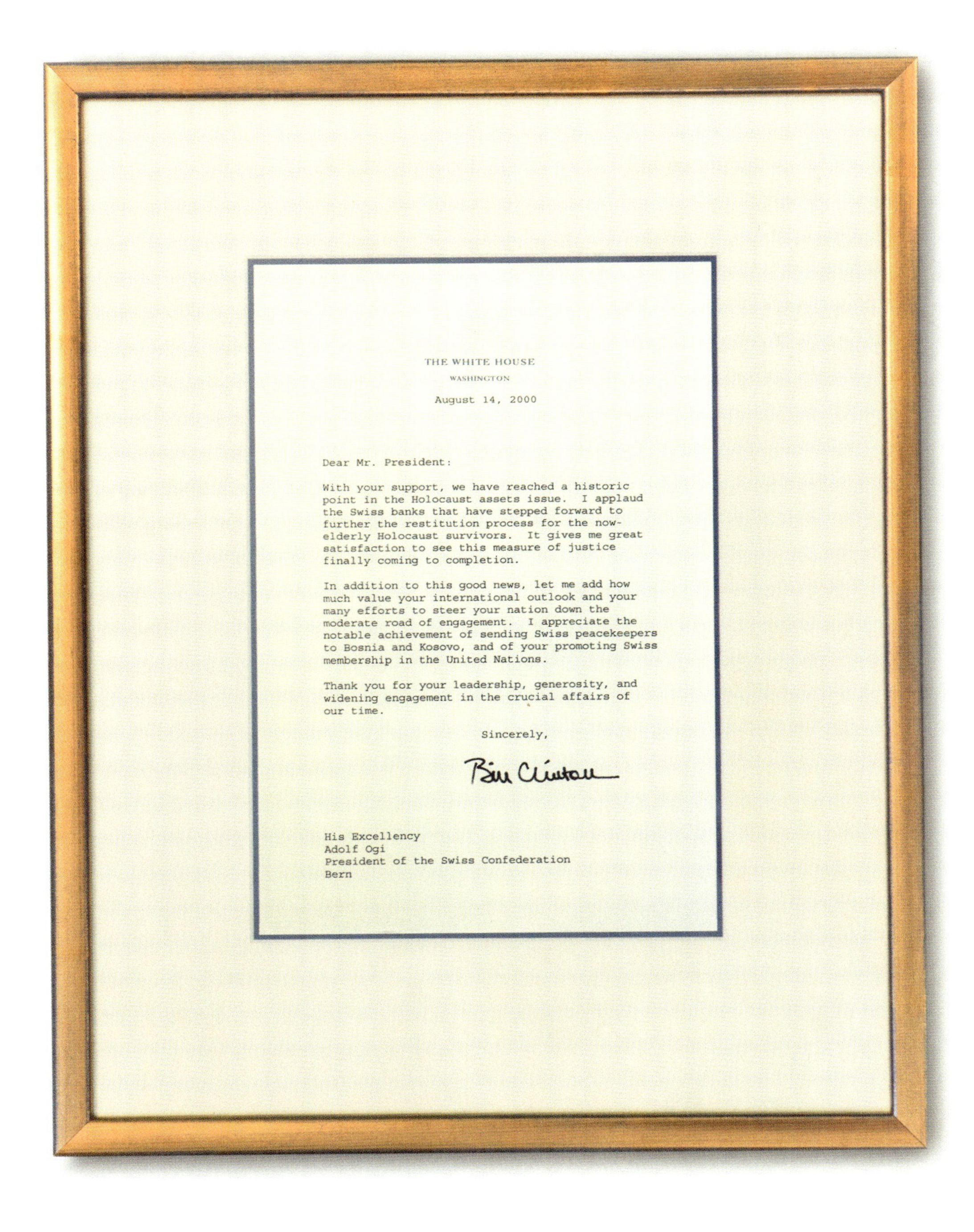
THE WHITE HOUSE
WASHINGTON

August 14, 2000

Dear Mr. President:

With your support, we have reached a historic point in the Holocaust assets issue. I applaud the Swiss banks that have stepped forward to further the restitution process for the now-elderly Holocaust survivors. It gives me great satisfaction to see this measure of justice finally coming to completion.

In addition to this good news, let me add how much value your international outlook and your many efforts to steer your nation down the moderate road of engagement. I appreciate the notable achievement of sending Swiss peacekeepers to Bosnia and Kosovo, and of your promoting Swiss membership in the United Nations.

Thank you for your leadership, generosity, and widening engagement in the crucial affairs of our time.

Sincerely,

Bill Clinton

His Excellency
Adolf Ogi
President of the Swiss Confederation
Bern

Bill Clinton, der Präsident der Vereinigten Staaten, trifft am 29. Januar 2000 Bundespräsident Adolf Ogi im Hotel Belvedere während des WEF in Davos.

© Keystone

Ein fürstlicher Gruss an einen alten Freund

FÜRST ALBERT VON MONACO

Landesfürst Monaco

Adolf Ogi ist eine Persönlichkeit, die für ihre Kompetenz und die vielen hohen Ämter, die sie im Laufe ihrer langen und reichen politischen Karriere innehatte, respektiert wird. Es gab viele Gelegenheiten, bei denen ich die humanistischen Qualitäten von Adolf Ogi schätzen lernte.
Als grosser Freund des Sports hat er sich mit vollem Elan seiner ihm vom UNO-Generalsekretär aufgetragenen Mission als Förderer des Sports im Dienste von Entwicklung und Frieden gewidmet. Adolf Ogi ist überzeugt von der Rolle des Sports als «Lebensschule», die der Integration Jugendlicher in unsere Gesellschaft dienlich ist. Als Botschafter für Peace & Sport, einer Organisation, deren Patron ich sein darf, arbeitet er unermüdlich für das Wohlergehen der von Konflikten betroffenen Völker.
Ich weiss auch, dass er sich gleichermassen um Fragen der nachhaltigen, verantwortungsbewussten Entwicklung sorgt. Es ist uns ein gemeinsames Anliegen, zukünftigen Generationen eine wohlbehaltene Umwelt zu hinterlassen.

Ich sende Dölf meine warmen, freundschaftlichen Grüsse.

Albert Alexandre Louis Pierre Rainier Grimaldi ist seit 2005 der regierende Fürst von Monaco und Oberhaupt der Familie Grimaldi.

Juin 2017

Personnalité respectée pour ses compétences et ayant occupé les plus hautes responsabilités tout au long d'une riche carrière politique, j'ai pu apprécier à maintes occasions les qualités humanistes d'Adolf Ogi.

Très impliqué dans le domaine sportif, il s'est engagé avec détermination dans sa mission auprès du Secrétaire Général de l'ONU pour promouvoir le Sport au service du développement et de la paix. Adolf Ogi est convaincu du rôle du Sport comme une « école de vie » susceptible de faciliter l'intégration des jeunes au sein de nos sociétés. Il œuvre avec passion en sa qualité d'Ambassadeur de Peace & Sport, organisation dont j'ai l'honneur d'être le Patron, pour le bien-être de certaines populations touchées par les conflits.

Je le sais également très concerné par les questions de développement durable responsable. Nous partageons les mêmes préoccupations en la matière avec le souci de léguer un environnement préservé aux futures générations.

J'adresse à Adolf mes chaleureuses et amicales salutations.

Bundesrat Adolf Ogi besuchte 1996 in Atlanta das Olympische Dorf, wo er zufällig auf Albert von Monaco traf, der als Segler bei den Sommerspielen dabei war.

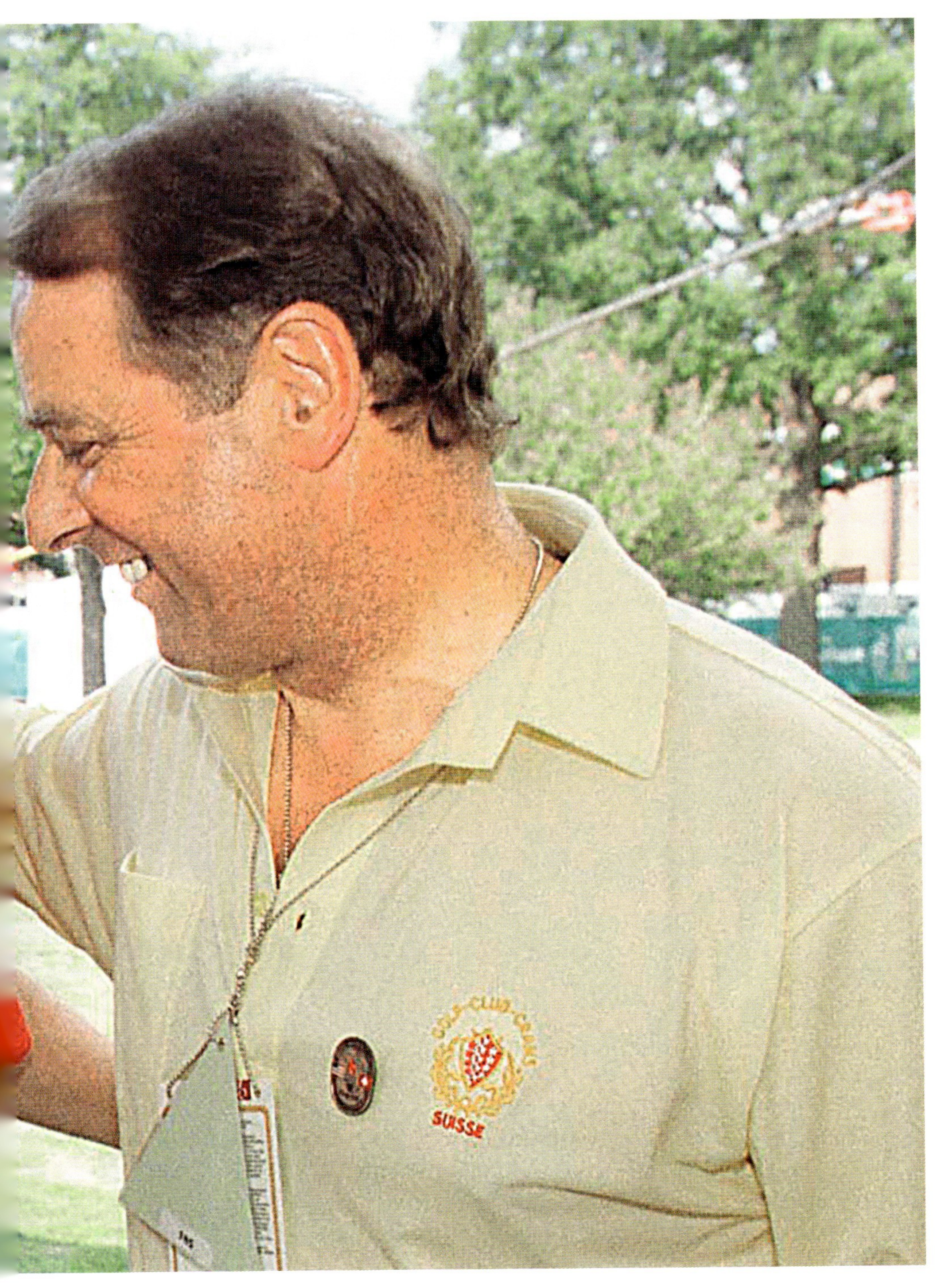

© Keystone

Mit Adolf Ogi in China

MATTHIAS ACKERET

Chefredaktor «persönlich»

Ich sitze eingeklemmt zwischen dem höchsten chinesischen General und seinem Dolmetscher auf dem Rücksitz eines Militärfahrzeuges. Es ist Spätherbst 1998. Das Auto prescht durch die Vororte Pekings, begleitet von einer Polizeieskorte. Neben dem Fahrer der Schweizer Verteidigungsminister, Bundesrat Adolf Ogi. Es ist kurz vor drei Uhr nachmittags. Ogi wird in einer Kaserne ausserhalb der Hauptstadt erwartet. Dort soll er in wenigen Minuten vor den wichtigsten Militärs des Landes ein Referat halten. Als TV-Reporter des damaligen Privatsenders «Tele24» darf ich die Reise begleiten. Hautnah. Als es mit den Einreisepapieren haperte, intervenierte Ogi höchstpersönlich bei der chinesischen Botschaft in Bern.

«Was erwarten Sie vom Referat?», frage ich den ordenbehangenen General und strecke ihm das blaue «Tele24»-Mikrophon entgegen. Der Dolmetscher übersetzt. «Sehr viel», antwortet der General auf Chinesisch und lacht ein chinesisches Lachen. Ogi dreht sich nach hinten, lacht mit. Dann wendet sich der General zu mir: «Wollen Sie nicht zu unserem Fernsehen wechseln?» Ein Beispiel von chinesischem Humor. Als der Schweizer Verteidigungsminister wenig später die Kaserne betritt, ist der Saal bereits übervoll, im Publikum nur hochdekorierte Militärs. Ogi beginnt mit der Ansprache. «China ist so gross», sagt er mit einer ausschweifenden Armbewegung, «und die Schweiz so klein. Im Herzen aber» – Kunstpause – «sind wir beide gross.» Der Damm ist gebrochen, das Publikum klatscht. Ogi at his best.

Ich habe Adolf Ogi während seiner Bundesratszeit oftmals mit der Kamera begleitet. Nach China und Korea, nach Österreich oder zuletzt nach Berlin. Und – nicht ganz unwichtig – auch nach Kandersteg. Was dabei auffiel: Ogi benötigte nicht nur Bilder, er war selber ein Meister des Bildes. Höchstwahrscheinlich war er der erste Fernsehbundesrat überhaupt. In seinem Auftritt fast schon unschweizerisch elegant, eine Art Bill Clinton aus dem Berner Oberland, sorgte er immer wieder für magische und auch überraschende Momente. Dies hob ihn wohltuend aus der grauen Masse vieler Politikerkollegen ab.

Zu Beginn der Chinareise bittet Ogi die Journalisten zu sich in das First-Class-Abteil

Adolf Ogi mit Matthias Ackeret in einer Talk-Sendung von «Tele24» in Fraubrunnen im Jahr 2001. (zvg)

der Swissair-Maschine. Er wirkt relaxed, soeben hat ihm der Pilot berichtet, dass der Schwyzer Radrennfahrer Oscar Camenzind Strassenweltmeister geworden sei. Spontan gratuliert Ogi mit einem Telegramm aus dem Flugzeug. Wenige Stunden später Zwischenhalt in Seoul. Zuerst Kranzniederlegung für den unbekannten Soldaten, dann eine gross angelegte Parade vor dem Regierungspalast. Ogi schreitet mit dem koreanischen Verteidigungsminister die Truppe ab. Als er aber das Gebäude betritt, vergisst ihm ein Mitarbeiter, in der Hektik des Geschehens die Aktentasche zu überreichen. Mit Folgen: Während einer geschlagenen Stunde muss Ogi ohne die helfenden Dokumente über den Koreakonflikt referieren. Eigentlich eine grossartige Improvisationsleistung. Doch der «Blick» verkürzte die ganze Begebenheit auf die Schlagzeile: «Ösi wurde Weltmeister, da vergass Ogi alles!» Ogis Pressemann war verärgert, aber auch solche Ereignisse trugen zur aussergewöhnlichen Popularität des ehemaligen Bundesrates bei. Doch es wäre ein Fehler, den Kandersteger auf die Rolle des «grossen Kommunikators» zu reduzieren. Er war auch ein Macher und hatte vor allem ein feines Sensorium für

Matthias Ackeret, Verleger und Chefredaktor von «persönlich» während des Schweizer Medienkongresses im Hotel Victoria-Jungfrau in Interlaken im September 2015. © Keystone

Symbolik und deren Auswirkungen. Seine letzte Auslandreise als Bundesrat – und zugleich Bundespräsident – führte ihn im Dezember 2000 nach Berlin. Zwischen einer Stippvisite bei Verteidigungsminister Scharping und bei Staatsoberhaupt Rau besuchte er auch Botschafter Thomas Borer in dessen Privatresidenz im Tiergarten. Eine aussergewöhnliche Geste – Borer stand in der Kritik. Seine Frau Shawne hatte wenige Tage zuvor für eine deutsche Illustrierte auf einem Pferd in den Botschaftsräumen posiert. Aussenminister Joseph Deiss reagierte verärgert, aus der Schweiz kamen versteckte Rücktrittsforderungen. Nach Ogis Besuch verstummten diese. Unvergesslich, wie Shawne Fielding die bundesrätliche Entourage im hautengen Kleid am oberen Ende der Treppe begrüsste: Hollywood meets VBS. Anderthalb Jahre später musste Borer wirklich seinen Stuhl räumen. Ogi konnte nicht mehr helfen, er war ausser Dienst.

An seinem letzten Arbeitstag – am Freitag, 19. Dezember 2000 – suche ich Adolf Ogi in seinem Büro im Bundeshaus Ost auf. Für ein letztes Interview. Es ist kurz vor fünf Uhr abends, das Licht gedämpft. Im Halbdunkel sitzt sein Pressesprecher Oswald Sigg, Ogi steht am Fenster. Draussen eine melancholische Weihnachtsstimmung, die die Anwesenden allmählich erfasst. Leicht verlegen stehe ich mit meiner Kamera im leergeräumten Büro. Der abtretende Bundesrat dreht sich um, blickt mir in die Augen. «Matthias, wir kennen uns schon sehr lange.» Dann greift er in seine Hosentasche und drückt mir einen kleinen Bergkristall in die Hand. «Wie vergänglich sind doch all unsere Probleme gegen das Alter dieses Steins.» Ich nicke gerührt. Die Sekretärin öffnet schüchtern die Türe, räuspert sich. Nachfolger Samuel Schmid werde in wenigen Minuten im Bundeshaus erwartet.

OGI BENÖTIGTE NICHT NUR BILDER, ER WAR SELBER EIN MEISTER DES BILDES.

Matthias Ackeret ist Journalist, Buchautor und Publizist. Er ist Verleger und Chefredaktor des Magazins «persönlich». 2017 erschien sein neuer Roman Eden Roc.

Adolf Ogi

Sein Engagement im humanitären Bereich

Dölf Ogi, Botschafter des Friedens

KOFI A. ANNAN

ehemaliger UNO-Generalsekretär

Als ich «Dolfi» Ogi zum ersten Mal traf, war er Schweizer Verteidigungsminister (Vorsteher des Eidgenössischen Militärdepartements) und ich war Untergeneralsekretär der Vereinten Nationen für Friedenssicherungseinsätze. Dolfis Elan und seine aktive, resultatsorientierte Art gefielen mir auf Anhieb. Ich erlebte ihn als herzlichen, offenen, ehrlichen und humorvollen Menschen.
Später, als Dolfi Bundespräsident der Schweiz war und ich Generalsekretär der Vereinten Nationen, unternahmen wir gemeinsam eine ausgedehnte Wanderung in der Umgebung von Kandersteg. Dolfi ist ein guter Wanderer und Bergführer, der seine Heimat und seine Berge bestens kennt. Während des Wanderns macht er immer wieder halt und sagt mit einer Begeisterung, die ansteckend wirkt: «Schau, wie schön, wie wunderbar! Wo sonst siehst du so etwas?» Ich teile diese Wertschätzung der Natur. Ich liebe die Berge und kenne das demütige Gefühl, vor einem hohen Berg zu stehen und zu realisieren, wie klein wir Menschen sind. Wenn man mit Dolfi in einer solchen Umgebung ist, erkennt man, wie nahe er der Natur steht.
Kurze Zeit nach dieser Begegnung rief ich Dolfi an und bat ihn, mein Sonderberater für Sport im Dienst von Entwicklung und Frieden zu werden. Ich wählte ihn aus verschiedenen Gründen aus. Nicht nur besitzt er aussergewöhnliche Führungsqualitäten, er hat auch ein echtes Interesse an Menschen und die Fähigkeit, Menschen zusammenzubringen. Ist man mit ihm unterwegs, so fällt immer wieder auf, wie offen er auf andere Menschen zugeht und wie viele Leute spontan auf ihn reagieren. Es fällt ihm leicht, Kontakte zu knüpfen, und er behandelt jeden Menschen gleich, unabhängig von dessen Stellung. Allen Menschen mit Respekt und Würde zu begegnen, zählt zu den wesentlichen Führungsqualitäten; Ogi besitzt sie in reichem Mass. Was ich zudem an ihm schätzen lernte, ist seine Fähigkeit, auf einfache und prägnante Art zu kommunizieren. Manchmal übermittelt er sehr ernste Themen auf eine unbeschwerte Art, die Botschaft aber kommt immer an.
Doch vor allem ist Dolfi Ogi ein Freund des Sports. Er kennt dessen Bedeutung und transformative Kraft. Während seiner sieben Jahre als erster UNO-Sonderberater für

Adolf Ogi, Sonderberater für Sport im Dienste von Entwicklung und Frieden, begrüsst Generalsekretär Kofi Annan in Lausanne während des G8-Gipfels im Mai 2003. ©Keystone

Während eines Besuchs von UNO-Generalsekretär Kofi Annan in der Schweiz zeigt ihm Adolf Ogi das Gasterntal bei Kandersteg. © Keystone

Sport im Dienst von Entwicklung und Frieden hat Dolfi viel erreicht. Er war in mancher Hinsicht ein Pionier, der das Fundament für dieses neue Amt gelegt und wichtige Impulse gegeben hat, und er war der Erste, der sich der Herausforderung stellte, eine Brücke zwischen den Vereinten Nationen und der Welt des Sports zu bauen. Als universelle Sprache kann der Sport Menschen zusammenbringen, unabhängig von ihrer Herkunft, ihrer Religion und ihrem wirtschaftlichen Status. Wenn junge Menschen sich sportlich betätigen, entwickeln sie sich emotional, eignen sich wichtige Werte wie Teamwork und Toleranz an und haben gleichzeitig Spass dabei. Es war deshalb naheliegend, dass die Vereinten Nationen die einende Kraft des Sports für

ihre Friedensbemühungen und die Erreichung der Millennium-Entwicklungsziele besser nutzen mussten.
Dolfi hat die vielfältigen Möglichkeiten des Sports kreativ, mit grosser Leidenschaft und mit Erfolg weltweit eingesetzt. So hat er israelische und palästinensische Kinder auf dem Fussballfeld zusammengebracht, die Integration ehemaliger Kindersoldaten in Sierra Leone mit speziell dafür konzipierten Sportprogrammen unterstützt, die Gewalt von Jugendbanden in Kolumbien mit dem Ball bekämpft und die sogenannte «Kricket-Diplomatie» zwischen Indien und Pakistan gefördert. Auf meinen Reisen als Generalsekretär wurde mir immer wieder enthusiastisch über meinen «Special Envoy for Sport» berichtet, und noch heute erinnern sich weltweit viele Menschen an ihn. Ich bin tief beeindruckt und dankbar für die Arbeit, die Dolfi während dieser Zeit geleistet hat. Er hat einen nachhaltigen Eindruck hinterlassen.
Doch vergessen wir nicht seine private Seite. Dolfi ist ein echter Familienmensch: voller Hingabe für seine Frau Katrin, seine Tochter Caroline und seine Freunde. Ich weiss, wie tief der Schmerz war, als sein Sohn Mathias krank wurde, und welch schwerer Schock und Schicksalsschlag sein Tod für ihn und seine Familie bedeutete. Es ist besonders tragisch, wenn Eltern ihre Kinder zu Grabe tragen müssen.
Zu meiner Zeit als Generalsekretär war meiner Frau und mir stets bewusst, dass man als öffentliche Person in zwei Welten lebt. Dies war auch bei Dolfi der Fall. Es gibt die öffentliche Welt eines Bundesrates oder eines Generalsekretärs, und es gibt die private Welt der Familie und Freunde. Diese beiden Welten müssen im Gleichgewicht sein. Wenn eine der Welten destabilisiert ist, leidet auch die andere darunter. Manchmal hat man die Tendenz, die private Welt zu vernachlässigen, was ein Fehler ist, denn beide Welten sind gleich wichtig. Ich denke, Dolfi hat für beide Welten die richtige Balance gefunden.
Dieses Buch gibt mir die Gelegenheit, ihm für seine vielen Erfolge zu gratulieren und ihm gleichzeitig gute Gesundheit und weitere glückliche Momente mit seiner Familie, seinen Freunden und in der Natur zu wünschen. Und ich freue mich auf unsere nächste Wanderung in den Bergen.

ALLEN MENSCHEN MIT RESPEKT UND WÜRDE ZU BEGEGNEN, ZÄHLT ZU DEN WESENTLICHEN FÜHRUNGSQUALITÄTEN; OGI BESITZT SIE IN REICHEM MASS.

Kofi A. Annan ist ein ghanaischer Diplomat und Träger des Friedensnobelpreises.
Er war von 1997 bis 2006 siebter Generalsekretär der UNO.

Adolf Ogi, Assistant Secretary-General der UNO

JEAN ZIEGLER

alt Nationalrat, Professor, Vizepräsident des beratenden Ausschusses des UNO-Menschenrechtsrats

Adolf Ogi ist einer der wenigen grossen Staatsmänner der jüngeren Geschichte der Eidgenossenschaft.
Seit Giuseppe Motta, der den Völkerbund nach Genf holte und bis zu seinem Tod wesentlich am Aufbau der Organisation beteiligt war, hat kein Schweizer Staatsmann so deutliche Spuren auf der internationalen Bühne hinterlassen. 2001 berief ihn UNO-Generalsekretär Kofi Annan auf den speziell für ihn geschaffenen Posten eines «Persönlichen Beraters für den Sport im Dienste der Entwicklung und des Friedens». Die Handvoll persönlicher Berater (amerikanisch: special advisors), die jeder Generalsekretär für seine Amtszeit ernennt, haben ein höchst einflussreiches Mandat inne. Sie haben die Kompetenzen eines Assistant Secretary-General, also eines beigeordneten Generalsekretärs, können für die Erfüllung ihrer Mandate die Dienste der gesamten UNO-Administration in Anspruch nehmen, agieren jedoch in völliger Freiheit und sind keiner UNO-Hierarchie (Sicherheitsrat etc.) unterstellt. Sie sind ausschliesslich dem Generalsekretär verantwortlich – und haben deshalb einen zwar nicht quantifizierbaren, aber sicherlich aussergewöhnlichen Einfluss auf die gesamte UNO-Strategie.
Ich erinnere mich eines kalten Novembermorgens des Jahres 2002. An meinem Wohnort Russin rief mich spätabends David Winiger, der junge Asisstent von Ogi, an. «Herr Ogi möchte Sie dringend sehen … Er kommt morgen Mittag aus New York in Genf an, muss aber am späteren Nachmittag nach Freetown weiterfliegen … Ich habe im Flughafen Cointrin ein Konferenzzimmer reserviert.»
Adolf Ogi kam nach einem neunstündigen Transatlantikflug frisch, fröhlich und warmherzig in Genf-Cointrin an, als hätte er nie was von dem verdammten Jet-Lag, der uns UNO-Leuten immer zu schaffen macht, gehört. Vier Stunden Gespräch über die fürchterliche Unterernährung des vom 12-jährigen Bürgerkrieg gezeichneten Volkes von Sierra Leone! Dann kam der Genfer Protokollchef und führte Ogi auf den Tarmac zur Swiss-Maschine nach London. Von

Preis der internationalen Presse, akkreditiert bei der UNO in Genf, 2002. (zvg)

Jean Ziegler bei der Aufzeichnung der WDR-Talkshow «Kölner Treff» im WDR Studio BS 2. Köln, im Mai 2017

© Keystone

dort ging der Flug weiter nach Freetown. Die unglaubliche Vitalität, aber auch das in ihm lodernde Feuer der Überzeugung, der moralischen Verpflichtung, den Ärmsten dieser Welt helfen zu müssen, ermöglichten Ogi, sieben Jahre lang sein aufreibendes Amt mit erstaunlichem Erfolg zu erfüllen. Er führte Friedensgespräche in Sierra Leone, in Bangladesch, in Mozambique, an vielen anderen Orten auf dem Planeten – aber er organisierte auch Fussballspiele in Mozambique für demobilisierte Kindersoldaten der aufständischen Bewegung RENAMO und junge Heranwachsende aus Maputo; Sportanlässe im grossen Stadion von Monrovia, wo einstige Todfeinde friedlichen Wettkampf erlernten.

Eine tiefe Freundschaft verbindet Kofi Annan mit Adolf Ogi. Ihre gemeinsamen Wanderungen im Justistal und auf der Gemmi sind in Diplomatenkreisen legendär. Bei diesen Wanderungen – von denen ich bloss Fotos mit einem ausnahmsweise entspannten, fröhlichen Kofi Annan gesehen habe – sind sicher für die Entwicklungs- und Friedensstrategie der UNO wichtige Entscheide vorbereitet worden.

Das UNO-Mandat ist jedoch nicht das einzige Beispiel für die weltweite, effiziente humanitäre Tätigkeit Ogis. Als UNO-Sonderberichterstatter für das Recht auf Nahrung bin ich bei meinen Missionen immer wieder auf Ogis Spuren gestossen. In Banja-Luka und Sarajewo begegnete ich den helvetischen Gelbmützen, in Pristina den Schweizer Soldatinnen und Soldaten der Swisscoy, die im kriegsverwüsteten Bosnien und im Kosovo mit anderen europäischen Kontingenten den Waffenstillstand zu sichern und den Wiederaufbau zu befördern versuchten.

ALS UNO-SONDERBERICHTERSTATTER FÜR DAS RECHT AUF NAHRUNG BIN ICH BEI MEINEN MISSIONEN IMMER WIEDER AUF OGIS SPUREN GESTOSSEN.

An der Grenze zwischen der Republik Georgien und dem Separatistenstaat Abchasien verständigte ich mich auf Berndeutsch – zur Verzweiflung der russischen Geheimdienstler – mit den Schweizer Offizieren und Soldaten, die dort den Waffenstillstandslinien entlangpatrouillierten. In Angola sah ich die Schweizer Minenräumungsexperten am Werk. Sie retteten im Lauf der Jahre Tausende von Menschenleben.

Alle drei Friedenseinsätze der Schweizer Armee hatte Adolf Ogi noch als Verteidigungsminister in Bern durchgesetzt.

Jean Ziegler ist Autor des Buches «Der schmale Grat der Hoffnung – Meine gewonnenen und verlorenen Kämpfe und die, die wir gemeinsam gewinnen werden» (Bertelsmann 2017).
Er war von 1967 bis 1983 und von 1987 bis 1999 Nationalrat und seit 2008 ist er Mitglied des Beratenden Ausschusses des UNO-Menschenrechtsrats.

Im Parlament, 1998. (zvg)

Humanitäre Aktivitäten im internationalen Bereich

PETER MAURER
Präsident IKRK

Als ich einige Monate nach meiner Ankunft als Botschafter bei den Vereinten Nationen in New York durch meine EDA-Kollegen über den Besuch von Adolf Ogi als «Sondergesandter des Generalsekretärs für Sport im Dienste von Frieden und Entwicklung» informiert wurde, geschah dies nicht ohne den Unterton zweifelnder Süffisanz: Ob der hohe Gast denn wohl wisse, wie man in einem so komplizierten Umfeld und unter so vielen gewieften Diplomaten sprechen, handeln und sich benehmen müsse. Der Sport wurde zudem in der traditionellen Welt der Vereinten Nationen nicht als ein wichtiges Thema der internationalen Politik, sondern höchstens als eine halblegitime Freizeitbeschäftigung betrachtet.

Die Veranstaltung auf der Schweizer Mission, die ich für Dölf Ogi organisierte, wurde entgegen allen Zweifeln und Zweiflern zum Siegeszug eines begeisterten und begeisterungsfähigen Politikers, dem es gelang, die Staaten und die Vereinten Nationen von «seinem» Thema zu überzeugen. Dölf Ogi präsentierte in einfachen und klaren Worten das Konzept: Sport verbindet jenseits politischer, wirtschaftlicher, sozialer und kultureller Unterschiede. Sport erlaubt die friedliche Konkurrenz und die Einsicht in die Bedeutung von Regeln für das erspriessliche Zusammenleben von Gemeinschaften. Sport erlaubt es, jugendliche Energien zu kanalisieren, den Teamgeist zu stärken und die Abhängigkeit des Einzelnen vom Erfolg des Teams begreiflich zu machen. Im Sport können wir das friedliche Zusammenleben jenseits unterschiedlicher Interessen üben. Sport ist ein Friedens- und Entwicklungsprojekt.

Witzig und ernst, grundsätzlich und anekdotisch führte Dölf Ogi die anwesenden Staatenvertreter in ein neues Themenfeld ein. Er sicherte sich in kürzester Zeit die Unterstützung zahlreicher einflussreicher Persönlichkeiten und brachte somit ein neues Thema auf die Agenda der internationalen Politik. Nach wenigen Wochen war unter Führung der Schweiz und inspiriert von Dölf Ogi die Freundesgruppe zur Unterstützung der Thematik gegründet – eine der am breitesten abgestützten Gruppierungen des UNO-Systems. Mit einer Anzahl von Agenturen der Vereinten Nationen wurden Grundsätze für die konkrete Arbeit festgelegt, Projekte und Programme lanciert, Prioritäten für die kommenden Budgets beschlossen. Das Dreigestirn von Sport, Entwicklung und Frieden wurde zu einem wichtigen Vektor der Staatengemeinschaft und zu einem der herausragenden Themen, mit welchen das junge UNO-Mitglied Schweiz Unterstützung, Sympathien und Wohlwollen erlangte. Heute ist die Thematik Teil der Bemühungen zur Erreichung der Nachhaltigkeitsziele im Jahr 2030. Auch in der humanitären Hilfe ist die Thematik inzwischen von grosser Bedeutung. Körperliche Betätigung und Sport sind wichtige Elemente für den Konflikt- und Spannungsabbau in Haftanstalten, welche das IKRK besucht; jugendliche Gefangene und ehemalige Gefangene üben über sportliche Betätigung ihre Resozialisierung; in den Physischen Rehabilitationszentren des IKRK gehören die schon bald legendären Volleyballmannschaften zu den wichtigsten therapeutischen Aktivitäten und erlauben behinderten Menschen, auf dem Weg der gesellschaftlichen Integration voranzukommen.

DAS DREIGESTIRN VON SPORT, ENTWICKLUNG UND FRIEDEN WURDE ZU EINEM WICHTIGEN VEKTOR DER STAATENGEMEINSCHAFT.

Dölf Ogi hat durch seine Vision, durch klare Kommunikation, durch Engagement und Geschick diese Bewegung vorausgesehen und massgeblich bestimmt. Er hat damit demonstriert, was politische Führung in ihren besten Augenblicken kann: Themen aufgreifen, Orientierungen geben, den Rahmen festlegen, Konsens schaffen und Unterstützung und Engagement generieren.

Peter Maurer ist ein Schweizer Diplomat. Er fungierte von 2004 bis 2010 als Chef der Ständigen Mission der Schweiz bei den Vereinten Nationen (UNO) und war anschliessend als Staatssekretär im Eidgenössischen Departement für auswärtige Angelegenheiten. Seit dem 1. Juli 2012 ist er Präsident des Internationalen Komitees vom Roten Kreuz (IKRK).

Peter Maurer, Präsident des IKRK, an einer Medienkonferenz der UNO in Genf, 2015.

Peter Maurer, Präsident des IKRK, an einer Medienkonferenz der UNO in Genf, 2015.

Adolf Ogi und das internationale Genf

THEODOR WINKLER
alt Botschafter

Ohne Adolf Ogi gäbe es weder die «Maison de la Paix» in ihrer heutigen Form noch die drei in ihr untergebrachten Genfer Zentren: das Genfer Zentrum für Sicherheitspolitik, das Genfer Internationale Zentrum für Humanitäre Minenräumung und das Genfer Zentrum für die demokratische Kontrolle der Streitkräfte – alles Institutionen, die heute in ihren jeweiligen Aufgabenbereichen einen wesentlichen Beitrag zur schweizerischen Aussen- und Sicherheitspolitik sowie zur Stärkung des internationalen Genf leisten. Adolf Ogi hat nicht nur die Öffnung der schweizerischen Sicherheitspolitik energisch vorangetrieben – etwa durch den Beitritt zur Partnerschaft für den Frieden – sondern auch institutionelle Akzente gesetzt, die der modernen schweizerischen Sicherheitspolitik die notwendigen Instrumente in die Hand gaben, um international Ausstrahlungskraft zu erlangen.

Das Genfer Zentrum für Sicherheitspolitik war das erste Geschäft, das Adolf Ogi als neuer Chef des EMD im Bundesrat zu vertreten hatte. Kern des Antrages war es, den äusserst erfolgreichen internationalen Ausbildungskurs für sicherheitspolitische Experten, der seit 1986 am Genfer Institut universitaire de hautes études internationales (HEI) im Auftrag des EMD durchgeführt wurde, in einen neuen institutionellen Rahmen überzuführen. Es war meine Aufgabe, Adolf Ogi in das Geschäft einzuführen, das ich als Chef internationale Sicherheitspolitik entworfen hatte. Dölf Ogi erkannte sofort, worum es ging: In Genf würde die künftige Führungsgeneration des zusammenwachsenden Europa ausgebildet. Das lag im Interesse Europas, aber auch der Schweiz. Er sah die Bedeutung und das sicherheitspolitische Potenzial des Projektes. Die Diskussion im Rat dauerte über eine Stunde. Es brauchte alle Überzeugungskraft von Dölf Ogi, um das Genfer Zentrum für Sicherheitspolitik schliesslich verabschieden zu lassen. Ogis persönlicher Einsatz war matchentscheidend.

Das GCSP wurde zu einer Visitenkarte der Schweiz. Sein Stiftungsrat wuchs auf heute 51 Mitgliedstaaten aus aller Welt an –

darunter alle permanenten Mitglieder des Sicherheitsrates. Das Zentrum hat Tausende von Kursteilnehmern ausgebildet und bietet heute Dutzende von Kursen an, die alle Aspekte der modernen Sicherheitspolitik abdecken. Es bildet die Führer der Welt von morgen aus. Adolf Ogi ist Ehrenpräsident des Zentrums.

Noch während das GCSP Gestalt annahm, liefen bereits die Vorbereitungen zum nächsten Schritt. Er sollte im Kampf gegen Antipersonenminen erfolgen. Antipersonenminen sind eine besonders heimtückische Waffe. Einmal ausgelegt, stellen sie lange, nachdem der Krieg vorbei ist, weiterhin eine Bedrohung für die Zivilbevölkerung dar. Mitte der 90er-Jahre entstand daher eine internationale Kampagne, um Antipersonenminen zu verbieten. Das IKRK unter Cornelio Sommaruga unterstützte sie. Kurz nachdem Adolf Ogi das EMD übernommen hatte, stand ein Besuch von ihm in Bern an. Er unterstrich, wie wichtig es wäre, dass die Schweiz als erstes Land auf Antipersonenminen verzichten würde. Ogi entschied dies noch während des Gesprächs.

Wir wollten aber noch mehr tun und die Zahl von Minenopfern reduzieren. Ogi gab mir freie Hand. Ich fand mich daher wenig später in New York wieder und fragte die UNO, wie die Schweiz helfen könnte. Am dringendsten werde ein Analysezentrum benötigt, um die gewonnenen Erkenntnisse systematisch auszuwerten. Ich schlug vor, ein zweites Genfer Zentrum zu diesem Zweck zu gründen. Ogi gab umgehend grünes Licht, brachte das Projekt in den Bundesrat und erhielt dessen Zustimmung. Das GICHD wurde rasch zum weltweit führenden Kompetenzzentrum für Minenräumung. Zusammen mit der ETHZ entwickelte es das «Information Management System for Mine Action», ein Computersystem, das zum Herz aller Minenräumoperationen auf der Welt wurde. Gleichzeitig trug das GICHD das auf dem Terrain gesammelte

ER UNTERSTRICH, WIE WICHTIG ES WÄRE, DASS DIE SCHWEIZ ALS ERSTES LAND AUF ANTIPERSONENMINEN VERZICHTEN WÜRDE.

Wissen zusammen und wandelte es in Normen der Vereinten Nationen um. Das Zentrum hilft vor Ort mit seinem Wissen, Menschen vor einem heimtückischen Tod oder Verstümmelung zu bewahren.

Schon kurz nach der Gründung des GICHD erklärte Dölf: «Ich will ein drittes Genfer Zentrum! Aller guten Dinge sind drei.» Bald konzentrierte sich das Interesse auf den Bereich der demokratischen Kontrolle der Streitkräfte und der Sicherheitssektor-Reform.

In Diktaturen bildet der Sicherheitssektor einen Staat im Staate – oder vielmehr eine ganze Reihe miteinander rivalisierender Staaten im Staate, denn die Macht des Diktators hängt davon ab, die verschiedenen Komponenten des Sicherheitssektors gegeneinander ausspielen zu können. Das System ist ineffizient, meist korrupt, oft kriminell. Was aber tun mit den Machtapparaten, die

Adolf Ogi und Theodor Winkler anlässlich des 15. Jahrestags der Gründung des Democratic Control of Armed Forces (DCAF) im Maison de la Paix, Genf, im Oktober 2015. (zvg)

ein Milosevic oder Ben Ali zurücklassen? Wie nach einem Bürgerkrieg wieder einen vertrauenswürdigen Sicherheitssektor aufbauen, der von allen Bürgern getragen wird? Hier bestand Bedarf an einem Expertisezentrum. Für ein solches sprach auch der direkte Zusammenhang zwischen Sicherheit und Armut. Wo der Sicherheitssektor versagt, herrscht nicht nur Willkür, sondern auch Armut, Hunger und hohe Kindersterblichkeit, denn ohne Sicherheit gibt es keine wirtschaftliche Entwicklung. Niemand investiert in einer Krisenzone. Wird der Sicherheitssektor aber transparent und kompetent unter strikter politischer und parlamentarischer Kontrolle organisiert und ist er für sein Tun verantwortlich, so trägt er nicht nur zur Stabilität im Lande bei, sondern fördert auch das Heranwachsen eines Rechtsstaates.

Am 13. Juni 2000 beschloss der Bundesrat auf Antrag Ogis, ein Zentrum für die demokratische Kontrolle der Streitkräfte (DCAF) zu gründen. Als die Gründungsakte in Genf unterschrieben wurde, schlossen sich 19 weitere Staaten der Initiative an. Ihre Zahl ist seither auf 66 angewachsen. DCAF wurde zum weltweit führenden Zentrum im Bereich der guten Regierungsführung und der Sicherheitssektor-Reform. Ich wurde sein erster Direktor und blieb 16 Jahre im Amt. DCAFs Dienste sind von UNO, EU, OSZE, Afrikanischer Union und vielen anderen im strategischen Bereich gesucht. Es berät die Regierungen und Parlamente dieser Welt. Es ist mit jährlich 400 Projekten vor Ort tätig. Sein Budget wird zur Hälfte von Drittstaaten getragen. DCAF ist ein wertvolles Instrument der Schweizer Sicherheitspolitik und der Staatengemeinschaft. Adolf Ogi ist sein Ehrenpräsident.

Alle drei Zentren sind zusammen mit dem HEI und 15 weiteren Partnern in der «Maison de la Paix» untergebracht, einem modernen Gebäudekomplex im Herzen des internationalen Genf, direkt neben der UNO. Auch hier spielte Adolf Ogi eine wesentliche Rolle, wollte er doch ein derartiges multidisziplinäres Kompetenzzentrum und stellte seinen Teil der notwendigen Mittel zur Verfügung. Die «Maison de la Paix» ist ein international einzigartiges Juwel, das dem Frieden dient.

Nichts von alledem wäre ohne Dölf Ogi, seine Weltoffenheit und seinen Willen, Chancen zu nutzen, die im Interesse der Schweiz liegen, möglich gewesen. Ihm gebühren Dank und Anerkennung.

Theodor Winkler ist ein Schweizer Diplomat, war Botschafter und erster Direktor des Geneva Centre for the Democratic Control of Armed Forces (DCAF).

Der Begeisterte, der Entwickler, der Macher

ANDRÉ LIAUDAT

alt Stiftungsratspräsident «swisscor»,
Divisionär a. D. der Schweizer Armee

Ich habe Dölf in verschiedenen Sitzungen vor mehr als 45 Jahren bei der Vorbereitung der Olympischen Spiele in Sapporo und in München im Jahre 1972 getroffen. Wir haben uns sofort angefreundet. Er war begeistert von allem, was er tat, er war ein Entwickler für das Wohl der anderen, vor allem für Kinder, und ein Macher, der weiterkommen wollte.

DER MENSCH ENTDECKT SEINE WAHRE GRÖSSE, WENN ER SICH AN HINDERNISSEN MISST.

Die Stiftung «swisscor»

Anfang 2000 wollten alle Länder der Welt ihren Eintritt ins dritte Jahrtausend deutlich markieren. Einige davon haben Kunstwerke angefertigt.

Die Schweiz hat es mit dem Herzen gemacht, eine gastfreundliche und humanitäre Schweiz, wie sie es am Ende des Zweiten Weltkriegs war.

Durch eine grossartige Initiative des damaligen Bundespräsidenten konnte Adolf Ogi 100 Kinder aus Ländern, die vom Krieg zerstört wurden, in der Schweiz empfangen: 50 Mädchen und Jungen aus Bosnien und Herzegowina und 50 aus dem Kosovo.

Am 8. Dezember 1999, als ich meinen altersbedingten Rücktritt als Kommandant der Territorialdivision 1 in Freiburg bekanntgab, sagte er in seiner Ansprache: «Mein Lieber, ich werde dich am Montag wegen einer Mission anrufen.» Ich überlegte, worum es sich handeln könnte.

Am Montag klingelte das Telefon. Dölf war dran: «Wie gehts dem Rentner? Ich möchte, dass du Leiter einer Stiftung für vom Krieg betroffene Kinder in den Balkanländern wirst. Ich brauche deine Antwort spätestens in 3 Tagen, da dann eine Pressekonferenz ansteht.» Da dies von Dölf

Bundespräsident Adolf Ogi und Divisionär André Liaudat informieren am Donnerstag, 6. April 2000, in Bern über das geplante Ferienlager für kriegsgeschädigte Kinder aus dem Balkan. Liaudat steht dem Lager, das im August in Melchtal stattfinden wird, als Projektleiter vor. © Keystone

kam, empfand ich es als meine Pflicht, diese Mission mit Herz und Freude anzunehmen, vor allem, da ich in den Ruhestand ging.
«Du kannst dich auf eine Spitalabteilung für das Personal, auf die Infrastruktur der Armee und im ersten Jahr auf CHF 100 000.– aus meinem Departement verlassen. Zudem bitte ich dich, eine Stiftung zu schaffen, damit dieser Einsatz in den nächsten Jahren fortgesetzt wird. Es handelt sich um ein medizinisches Camp in der Schweiz für etwa 100 Kinder (Mädchen und Jungen) zwischen 9 und 13 Jahren, die folgendermassen zusammengesetzt sind: 10 % schwerbehindert, 20 % mittelschwer behindert, der Rest leidet an Kriegsfolgen. Für zehn Kinder kommt je eine Begleitperson aus dem Herkunftsland mit.»
Während meiner zehnjährigen Tätigkeit bei «swisscor» hat die Schweiz mit Herz sowohl etwa 1000 Kinder – Mädchen und Jungen zwischen 9 und 14 Jahren – als auch mehr als 130 Begleiterinnen und Begleiter in den medizinischen Camps in Melchtal, Grindelwald, S-chanf, Glaubenberg und Trogen empfangen.

Sie stammten aus folgenden Ländern: die eine Hälfte aus Albanien, Bosnien und Herzegowina, Kroatien, Kosovo, Mazedonien, Montenegro, Serbien, Moldau und Jordanien; die andere Hälfte bestand aus palästinensischen Kindern, die in jordanischen Flüchtlingslagern wohnten.
Während der ersten 7 Jahre wurden die Camps vollständig vom VBS unterstützt – Spitalabteilung und Zivilschutz leisteten dabei ausgezeichnete Arbeit. Während drei Jahren haben wir mit der Stiftung Kinderdorf Pestalozzi gearbeitet, die uns ein ausgezeichnetes Know-how in sehr guten Bedingungen gebracht hat.
So haben wir Rollstühle gewechselt und Prothesen eingesetzt. Drei bis vier Militärzahnärzte konnten ihre Dienstpflicht durch die Pflege von Kindern mit schwer defekten Gebissen erfüllen.
Der Mensch entdeckt seine wahre Grösse, wenn er sich an Hindernissen misst. Ja, diese zehn Jahre waren voller Momente von Glück und Reflektion, wann immer wir uns um junge Menschen mit Schmerzen kümmerten. Die Emotion ist gross. Die Erinnerung bleibt unbestreitbar, da solche humanitäre Hilfsaktionen wie Balsam sind. Es sind Meilensteine für die Zukunft dieser Jungen. Der Aufbau dieser Camps lindert Schmerzen bringt Glücksmomente und erlaubt einem zu sagen: Ich habe etwas für Menschen in Schwierigkeiten getan. Der Luxus besteht darin, Menschen mit Herz und Leidenschaft zu helfen.
Dank Dölf haben wir mit Stiftungsvorständen und Patronatskomitees unvergessliche Momente erlebt. Während der Tage der offenen Tür war Dölf der glücklichste Mensch der Welt. Ich denke, dass wir menschlich bereichert wurden. Das ist der schönste Lohn. Was gibt es besseres, als mit Albert I. zu sagen: «Der wichtigste Lohn der erfüllten Aufgabe ist, sie erledigt zu haben.»
Ich möchte hinzufügen, dass Dölf sie mit Herz, Leidenschaft und Liebe erfüllt hat.
Heute setzt die Stiftung «swisscor» ihre Mission, notleidenden Kindern zu helfen, fort.

Die Patrouille des Glaciers (PDG)

Als Kommandant der Gebirgsdivision 10 von 1989 bis 1993 war die PDG in meiner Zuständigkeit, zusammen mit Brigadier Marius Robyr als Kommandant.
Als Chef des Eidgenössischen Militärdepartements war Dölf ein grossartiger Unterstützer dieses Unternehmens. Er informierte sich ständig, um zu erfahren, ob er uns auf irgendeine Weise unterstützen könnte. Er war ein «Fan».

Dazu zwei Anekdoten:
1990 klingelt das Telefon in meinem Büro in St-Maurice: «Mein Lieber, übermorgen komme ich, um den Stand der Vorbereitungen zu sehen.»
«Sehr gut, ich warte auf dich – aber wo?»
«Ich komme mit dem Helikopter, lande am Fuss des Rosablanche, dann gehe ich die Strecke bis nach Verbier.» «Ich freue mich, aber wer kommt mit dir?»
«Niemand – ich bin Bergler, ich kenne das Gebirge.»
Ich antworte ihm, dass ich eine Person zur Begleitung schicken werde. Antwort: «Brauche ich nicht. Du zweifelst an meinen Fähigkeiten.»
«Nein, aber zur Sicherheit geht man nie alleine ins Gebirge. Bei deiner Ankunft wird also ein Reiseleiter da sein.»
«Du machst es kompliziert, aber ich habe die Verpflichtung, Sicherheitsmassnahmen, die

für alle gültig sind, zu akzeptieren.»
«Es ist zu deinem Wohl.»
«Dann akzeptiere ich es.»

Zweite Episode: Ich kam mit dem Helikopter, um den Start am Freitagabend in Zermatt zu sehen. Die Teilnehmer würden begeistert sein.
Ich konnte nicht bleiben und das Rennen schauen, ich musste nach Lissabon wegen eines Gesprächs über den europäischen Güterverkehr am Samstag. Allerdings verfolgte ich das Rennen im Fernsehen und per Telefon. Am Ende des Rennens klingelt das Telefon: «Ogi hier, guten Tag. Wie lief das Rennen?» «Sehr gut», habe ich ihm geantwortet. «Dann bin ich sehr erfreut, bravo und danke. Machs gut.»
Was für ein gutes Beispiel für die Sorge und das Bedürfnis zu erfahren, dass es alle Teilnehmer unter den besten Bedingungen geschafft hatten.

«Ich zähle auf die Solidarität und das Mitgefühl des Schweizer Volkes, damit viele benachteiligte Kinder aus Konflikt- und Krisengebieten in unserem Land medizinische Hilfe, Verständnis und Liebe finden können. Ich setze mich persönlich für dieses Ziel ein.»

A. Ogi

André Liaudat ist Divisionär a.D. Gründer und Patronatspräsident «swisscor».
Heute ist er unter anderem Berater für diverse Sport- und Kulturvereine.

Dölf, ein Mann mit Herz

JÖRG RICKENMANN

Generalsekretär der Stiftung «swisscor»

Ein cri du cœur erschallt über der Schweiz, als das Jahr 2000 herandämmert – es ist die Stimme Adolf Ogis, Schweizer Bundespräsident. Unweit unserer Grenzen geht der Jugoslawienkrieg zu Ende. Tausende Tote, Hunderttausende deportierte Zivilisten und eine Unzahl verwaister, verlassener, traumatisierter, behinderter Kinder, denen es an allem fehlt.

DURCH ADOLF OGI ENTDECKTEN DIE «SWISSCOR»-KINDER, DASS JEDER SEIN LEBEN IN FRIEDEN GESTALTEN KANN.

«Die Schweiz zeigt Herz» entstand aus dem Mut eines einzigen Mannes. Als Chef des VBS mit seinen logistischen und medizinischen Ressourcen entschied Adolf Ogi, 100 Kinder aus Bosnien-Herzegowina und dem Kosovo in ein medizinisches Camp einzuladen. Die Stiftung «swisscor» entstand; sie beherbergt Jahr für Jahr in 16 medizinischen Camps 1475 Jungen und Mädchen aus grosser Armut. Die Stiftung pflegt sie und besorgt für sie Orthesen, Prothesen, Rollstühle, Brillen und Hörgeräte.

Dieser humanitäre Akt kostet allerdings etwas; um weiterhin vergessene Kinder retten zu können, muss die Stiftung allein über Spenden finanziert werden. In diesen schwierigen Zeiten entdeckt man diesen Mann, unbeugsam vor dem Leiden, aufrecht in der Pflichterfüllung, engagiert, überzeugend. Er zieht durch das Land, führt Dutzende von Konferenzen im Jahr durch, oftmals an Orten und zu Zeiten, die niemand für möglich gehalten hätte. Und jedes Mal ist er da, einsatzbereit und grosszügig – denn Adolf Ogi redet nicht, er macht mit.

Mit Adolf Ogi zu arbeiten ist eine Welt für sich. Er hört lange zu, unterbricht nie und bedankt sich mit warmer Stimme, legt dann seine Analyse vor und kommt überraschend zu einem unwiderlegbaren Verdikt. Dieses

«swisscor»-Camp 2015, Mels SG. Foto: Karl-Heinz Hug

Verdikt ist pragmatisch, durchdrungen vom gesunden Menschenverstand, es hebt die moralischen Werte hervor, die unseren eigentlichen Verantwortungen zugrunde liegen.
Durch Adolf Ogi entdeckten die «swisscor»-Kinder, dass jeder sein Leben in Frieden gestalten kann. Und wenn «swisscor» mal wieder erfüllt ist von Kinderlachen, wenn wir all die Jungen und Mädchen regelmässig wiedersehen, damit wir ihre Mobilitätshilfsmittel anpassen können, dann ist das Dölf geschuldet. Kinder aus dem Elend zum Lachen zu bringen und ein humanitäres Gespür in unseren Bürgern zu erwecken – darin ist Dölf unübertroffen.

Jörg Rickenmann ist Unternehmensberater und Generalsekretär der Stiftung «swisscor».

Unterwegs im Dienst von Entwicklung und Frieden

DAVID WINIGER

Kooperationschef der Direktion für Entwicklung und Zusammenarbeit (Deza) in der Demokratischen Republik Kongo

Dölf Ogi wurde 2001 von UNO-Generalsekretär Kofi Annan zu seinem Sonderberater für Sport im Dienst von Entwicklung und Frieden ernannt, dies im Range eines Untergeneralsekretärs der Vereinten Nationen. Anfang 2004 erhielt ich von der Direktion für Entwicklung und Zusammenarbeit (Deza) die einmalige Gelegenheit, Dölf Ogi als sein persönlicher Mitarbeiter in seinem UNO-Mandat zu unterstützen. Ich tat dies mit Hingabe und Überzeugung und übernahm 2006 auch die Leitung des UNO-Büros für Sport mit Sitz im Palais des Nations in Genf. Ich begleitete Dölf Ogi bis zum Abschluss seiner Amtszeit Ende 2007 und anschliessend seinen Nachfolger Wilfried Lemke während einer Übergangsphase von einem knappen Jahr.

Nicht alle liebten das neu etablierte UNO-Büro für Sport, nicht alle liebten Dölf Ogi. Das war ein gutes Zeichen. Sein unerbittliches Anprangern der Missstände in Sportverbänden, des ungehemmten Gigantismus der Olympischen Spiele sowie der vernichtenden Wirkung von Doping und des lukrativen Talenthandels auf die Jugend tat denen weh, die diese Machenschaften nicht zuletzt aus Eigeninteressen mit dem Mantel des Schweigens zudecken wollten.

Zu Beginn seines Mandats im Jahr 2001 dominierte noch das Image von Sport, der sich zwischen Rekorden und Skandalen bewegt. Dölf Ogis erstes Ziel war daher zu sensibilisieren und Bewusstsein zu schaffen für die Kraft des Sports in der Persönlichkeits- und Gesellschaftsförderung, der Entwicklungszusammenarbeit und Friedensförderung. Nach der Phase einsetzender Bewusstseinsbildung innerhalb der UNO wandten wir uns auf zahlreichen Reisen mit Impulsen verstärkt nach aussen: an Regierungen, Sportorganisationen, Nichtregierungsorganisationen, an private Organisationen und Unternehmen und die Medien.

Vor allem mit dem Internationalen Jahr des Sports und der Sporterziehung 2005 konnte Ogi ein «Momentum, eine Bewegung erzeugen», die nachhaltige Wirkung zeigen sollte. Hunderte von Projekten weltweit, Tausende von Veranstaltungen, Millionen von Men-

Begegnung mit Kindern im Rahmen eines Sportprogramms im grössten Slum von Monrovia, Liberia. (zvg)

schen nahmen die Idee auf. Sport wurde und wird zunehmend verstanden als Aktivität für Gesundheit, für Bildung, für wirtschaftliche Entwicklung und für Frieden. 125 Länder hatten sich am Internationalen Jahr des Sports beteiligt, viele UNO-Organisationen, Sportverbände und Nichtregierungsorganisationen. Heute ist die soziale Verantwortung in den grössten Sportverbänden der Welt in eigenen Abteilungen abgestützt. Selbstverständlich ist dies nicht das alleinige Verdienst von Dölf Ogi, doch er war entscheidend an dieser Entwicklung beteiligt.

Nach dem Internationalen Jahr des Sports gaben wir ab 2006 dem «Sport für den Frieden» höchste Priorität. Unter Federführung des Sonderberaters führten in einer erstmaligen Zusammenarbeit das Departement für friedenserhaltende Massnahmen der UNO (DPKO) und das Internationale Olympische Komitee IOC in der Demokratischen Republik Kongo und in Liberia Pilotprojekte für «Sport für den Frieden» durch. Ogi hatte damit eines seiner vorrangigen Ziele erreicht: nicht eine neue UNO-Bürokratie aufzubauen, sondern die bestehenden Organi-

sationen und Verbände zu motivieren, den Sport als festen Bestandteil ihrer Arbeit zu begreifen und durch ihre Zusammenarbeit Qualität und Nachhaltigkeit zu sichern.
Von den vielen Reisen und Projektbesuchen, auf die ich Dölf Ogi weltweit begleiten durfte, bleibt mir die Reise nach Liberia im Februar 2007 in besonderer Erinnerung. Gemeinsam mit Journalisten besuchten wir das ehemalige Bürgerkriegsland, um in der Hauptstadt Monrovia ebendiese neue Kampagne «Sport für Frieden» zu lancieren. Während fünf Wochen sollten die «Spiele für den Frieden» das ganze Land erfassen, das 14 Jahre lang unter dem Bürgerkrieg gelitten hatte. Seit dem Friedensabkommen von Accra (2003) und den Präsidentschaftswahlen im Jahr 2005 befand sich das Land in einem Prozess des Wiederaufbaus und der Wiedereingliederung von Flüchtlingen und ehemaligen Bürgerkriegssoldaten. Die Kampagne war ein Erfolg, das Potenzial des Sports für die Förderung des Friedensprozesses eindrücklich erkennbar. Der Sport konnte vielen Menschen in Liberia etwas Konkretes bringen: Freude, Hoffnung, eine Plattform zur Begegnung, zum Austausch, zur Versöhnung, zur Freundschaft. Entscheidende Akteure liessen sich durch dieses Programm mobilisieren: die UNO-Friedensmission in Liberia, die Präsidentin und verschiedene Ministerien, das Internationale und Nationale Olympische Komitee, Sportverbände, internationale und nationale NGOs, Vereinigungen von Kriegsbehinderten und viele andere.

SPORT BRINGT DIESE MOMENTE, VERMITTELT DIESE HOFFNUNG, DIESEN TRAUM, FÜR DEN MAN SICH ANSTRENGT, FÜR DEN MAN SICH SELBER ÜBERTRIFFT UND AUS DEM MAN KRAFT UND HOFFNUNG SCHÖPFT.

Trotz dieser erkennbaren organisatorischen Erfolge war die Konfrontation mit der in vielerlei Hinsicht unerträglichen Realität vor Ort bei jedem unserer Aufenthalte nur schwer zu ertragen und relativierte viele unserer Bemühungen. Die unglaubliche Armut, die desolaten Lebensbedingungen: Es fehlt einfach an allem! Die Arbeitslosigkeit von über 80%: eine Zeitbombe! Die weitgehend zerstörte Infrastruktur: Es braucht Jahrzehnte zum Wiederaufbau! Die desolaten Hygienebedingungen: Wie soll man da Krankheiten wie Malaria, Polio und HIV/AIDS wirksam bekämpfen? Die fragile Sicherheitslage: Wenn die UNO geht, kann das Land jederzeit wieder in den Bürgerkrieg versinken!
Dies alles spiegelt sich in traumatisierten Kindern und Jugendlichen wider: im Krieg aufgewachsen, als Kindersoldaten missbraucht, zur Prostitution gezwungen, vergewaltigt, geschlagen, kaum oder ohne Schul-

bildung. Kurz: eine ganze Generation ihrer Kindheit und Jugend beraubt, mit nur sehr geringen positiven Perspektiven. Es macht einen ohnmächtig!

Trotzdem, ja umso mehr: Auch wenn es Jahre, vielleicht Jahrzehnte brauchen wird, bis diese Menschen unter würdigen Bedingungen leben können, darf man keine Möglichkeit auslassen, im Hier und Jetzt Hoffnung zu wecken, Freude zu bringen, Träume nach Möglichkeit Wirklichkeit werden zu lassen. Es lohnt sich schon für ein Lachen und für die glänzenden Augen eines einzigen Kindes. Das war immer Dölfs Überzeugung.

Sport bringt diese Momente, vermittelt diese Hoffnung, diesen Traum, für den man sich anstrengt, für den man sich selber übertrifft und aus dem man Kraft und Hoffnung schöpft. Es geht nicht darum, dass die Kinder Sportstars werden, es geht um den Traum.

Dann ist da auch immer wieder ein Gefühl der Zuversicht. Wir sind vielen Menschen mit bewundernswert starkem Willen zur Änderung begegnet. Wir haben die Motivation und den Lebenswillen, den Stolz der Menschen gespürt, Stolz auf das eigene Land, auf die herausragende Präsidentin, auf die vielleicht doch internationale Vorzeigerolle von Liberia. Wir haben viele herausragende Persönlichkeiten getroffen, UNO-Mitarbeiter, Politiker, Peacekeepers, NGO-Vertreter, die die Liberianer dabei unterstützen, ihr Schicksal selbst in die Hände zu nehmen.

Ja, trotz tiefer Betroffenheit waren wir immer auch zuversichtlich mit Blick auf eine positive Zukunft für Liberia. Und es freute und motivierte uns, dass wir unseren Teil zu diesem beschwerlichen Weg beitragen konnten.

Dölf Ogis Einsatz für die UNO hat sich rückblickend in jeder Hinsicht gelohnt. In seinen sieben Mandatsjahren hat er den Sport auf die Agenda der Vereinten Nationen gebracht und damit ein Bewusstsein für dessen unterschätztes soziales und friedensförderndes Potenzial jenseits kommerzieller Grossanlässe geschaffen. Damit hat Dölf Ogi zur Bereitstellung eines belastbaren Fundaments erfolgsversprechender gesellschaftlicher Aufbauarbeit entscheidend beigetragen.

David Winiger war persönlicher Mitarbeiter von Adolf Ogi bei den Vereinten Nationen (UNO). Heute ist er Directeur de la Coopération suisse en République Démocratique du Congo.

Adolf Ogi

Die Schweizer Politik

Dölf Ogi – eine kleine Bilanz

©Marc Wetli

DORIS LEUTHARD

Bundespräsidentin

Adolf Ogi hat Pflöcke eingeschlagen. Pflöcke, die heute noch fest verankert sind. In der Verkehrspolitik hat er – zusammen mit seinem Nachfolger im Verkehrsdepartement – das NEAT-Konzept mit dem Gotthard-Basistunnel erfolgreich vorangetrieben. Die umliegenden Verkehrsminister hat er bei Sonne, Regen und Schnee im engen Urnerland von der Leistungsabhängigen Schwerverkehrsabgabe (LSVA) überzeugt, sodass sie auf Retorsionsmassnahmen verzichteten. Nachhaltig gewirkt hat Adolf Ogi – Verbindungsname «Gliss» – auch in der Energiepolitik. Als eierkochender Energieminister brachte er der Nation den effizienten Einsatz von Energie näher.

BEIM VOLK IST ER IMMER NOCH EINER DER IHREN.

Das alles hat Adolf Ogi nicht als «Polteri», sondern als versöhnlicher Mensch geschafft, als ebenso umgänglicher wie leutseliger Magistrat. So ist es ihm, dessen Bubentraum nicht Bundesrat, sondern Bergführer war, in seinen 13 Bundesratsjahren immer wieder gelungen, die Siebner-Seilschaft durch die stotzigen Hänge der Schweizer Bundespolitik zu führen. Und beim Volk ist er immer noch einer der ihren, weil ihm die gestelzte Diplomatensprache in endlosen Verhandlungsrunden nicht lag, weil er Probleme lieber anpackte, statt diese in Arbeitsgruppen leerzureden.

Doris Leuthard ist seit 2006 Mitglied des Bundesrats. Sie ist Vorsteherin des Eidgenössischen Departements für Umwelt, Verkehr, Energie und Kommunikation.

Nach der Wahl der Bundespräsidentin und des Vizepräsidenten des Bundesrates 2017: Ständeratspräsident Ivo Bischofberger, Vizepräsident des Bundesrates Alain Berset, Bundespräsidentin Doris Leuthard, Nationalratspräsident Jürg Stahl (v.l.n.r.). (zvg)

Adolf Ogi und die politische Freundschaft

MORITZ LEUENBERGER

Freund von Adolf Ogi

Die NEAT und der Gotthard-Basistunnel waren seine Vision. Er hat die Begeisterung in der Schweiz für dieses Jahrhundertprojekt entflammt. (Nur der damalige Finanzminister ist nicht zu hundert Prozent begeistert worden.)

Dölf Ogi hat die Energiewende früh angestossen. Was Energieeffizienz bedeutet, hat er mit Eierkochen gleich selbst vorpraktiziert und so energiepolitische Weichen gestellt. Dagegen ist das Ei des Kolumbus nichts. Dölfs Ei dagegen hat die Energiepolitik verändert. Sein Nachfolger und dessen Nachfolgerin stapften in seinen Spuren weiter.

Als Vorsteher des VBS hat er gegen Landminen und für ihre Beseitigung gekämpft! Als UNO-Sonderbeauftragter für Sport hat er sich für Versöhnung, für Frieden, gegen Rassismus eingesetzt.

Das mögen Themen sein, die ihm das jeweilige Amt als Pflicht auftrug. Auch andere hätten sich damit befassen müssen. Aber da ist ein Unterschied zu denjenigen, die ihre Dossiers bloss verwalten und dazu emotionslos vorgeschriebene Reden herunterleiern. Dölf Ogi hat alle seine Anliegen mit Begeisterung und einer ungewöhnlichen Kommunikationsbegabung vertreten und so viele angesteckt, vor allem die junge Generation. Dabei hat er nicht die blutleeren und wohlausgewogenen Phrasen verwendet, die in der Retorte von Kommunikationsstäben oder Beratungsfirmen entstehen. Die Formulierungen seiner Botschaften gleichen ungeschliffenen Diamanten, die etwas sperrig sind, aber gerade deswegen das Licht in die verschiedensten Richtungen weiterstrahlen lassen. Sie werden von einer politischen Generation zur nächsten weitergegeben. Eine davon herrscht mit Freude beinahe über jedem schweizerischen Jubiläum, bei jeder Einweihungsfeier. Von wem das Zitat stammt, muss nie erwähnt werden.

Dölf Ogi, das ist immer voller Einsatz, immer aufmunternde Animation, immer Mut und Herz. So eröffneten sich ihm zahlreiche Freundschaften, auch diejenige eines Amtskollegen, der auf den Bundesratsfotos nicht einmal richtig lachen konnte.

Wir sind während und mit unserer Arbeit im Bundesrat Freunde geworden. Seit unserer Umarmung beim Durchbruch im Gotthardbasistunnel weiss es die ganze Schweiz. Das Bild kehrte bei der Eröffnung wieder und wurde als Symbol für die vereinigende Kraft der Schweiz kommentiert. Zwei Politiker aus zwei sehr verschiedenen Parteien, von völlig verschiedener kultureller Herkunft umarmen sich spontan: «Das ist die Schweiz!» schrieben und sagten viele.

Freundschaft ist von grosser politischer Bedeutung

Die Freundschaft hält die Polis zusammen, sagte Aristoteles. In der politischen Gemeinschaft kommen – im Gegensatz zur Familie – Menschen verschiedener sozialer, ethischer oder religiöser Herkunft zusammen und müssen sich nach vernünftigen Kriterien in gemeinsamer Diskussion finden. Jedes politische Gremium, eine Partei, ein Parlament, eine Regierung ist mit Vertretern und Vertreterinnen mit auseinanderstrebenden Interessen zusammengesetzt. Die Bedeutung der Freundschaft zeigt sich darin, dass sie nur dort sein kann, wo andere als gleichwertig anerkannt werden, wo das Unterschiedliche als gleichberechtigt begriffen wird.
Freundschaft ist die Gemeinsamkeit in der Verschiedenheit. Wo Freundschaft fehlt, schwindet auch das Politische. Zum selben Ergebnis kommt Peter Bichsel, wenn er über das Verschwinden der Beiz nachdenkt. Dem Wohl der Gemeinschaft können wir uns nur nähern, wenn wir trotz Differenz einen gemeinsamen Nenner finden. Das ermöglicht politische Solidarität und Stabilität.
Dölf Ogi lebt das Symbol solcher Freundschaft. Beispielhaft kam das zum Ausdruck, wenn er Steine oder Kristalle an Minister oder an die Besucher seiner Seminare verschenkte. Er wusste: Steine welken nicht. Sie kommen aus der Tiefe der Jahrtausende und symbolisieren Freundschaft, die weitere Jahrtausende dauern wird.

DEM WOHL DER GEMEINSCHAFT KÖNNEN WIR UNS NUR NÄHERN, WENN WIR TROTZ DIFFERENZ EINEN GEMEINSAMEN NENNER FINDEN.

Nur wer die Menschen gern hat, kann sich für sie politisch einsetzen. Nur wer auf die Menschen zugeht, kann ihnen nachhaltig helfen. Wer die Menschen liebt, denkt nicht nur an sich und an die Gegenwart, sondern an die Zukunft und an die Nachkommen. Dölf tat und tut es.

Moritz Leuenberger war von 1979 bis 1995 Mitglied des Nationalrats. Unter anderem deckte er als Präsident der parlamentarischen Untersuchungskommission PUK 1 den sogenannten Fichenskandal auf. Leuenberger stand als Bundesrat von 1995 bis 2010 dem UVEK vor.

Nach dem Durchbruch der Tunnelbohrmaschine «Sissi» bei Sedrun im Oktober 2010 gratuliert Bundesrat und UVEK-Vorsteher Moritz Leuenberger alt Bundesrat Adolf Ogi. Mit 57 Kilometer

Länge ist der Gotthard-Basistunnel der längste Tunnel der Welt. Das 13-Milliarden-Projekt AlpTransit, das 2016 eröffnet wird, ist das Herzstück der Neuen Alpentransversale NEAT. ©Keystone

Ogis Überraschungsgast

HELMUT HUBACHER
alt Nationalrat, ehemaliger Parteipräsident SP

Adolf Ogi ist vom Sport geprägt worden. Was immer es für eine sportliche Disziplin sein mag, zur Ausbildung gehören Trainingslager. Diese Erfahrung hat Dölf, wie wir ihn heissen, auch ins Bundeshaus mitgebracht.

VON UNGEFÄHR IST ER NICHT BIS HEUTE SO POPULÄR GEBLIEBEN.

Im Herbst organisierte er für 70 bis 90 Mitarbeiter am Wochenende ein Kaderseminar. Wie hätte es anders sein können, natürlich in Kandersteg. Das Seminar war Ogis politisches Trainingslager. 1993 bin ich als einer der Referenten eingeladen worden. Und lernte Dölf von einer bisher für mich unbekannten Seite kennen.

Wir in der SP spotteten etwa, Ogi würde, wenn es ein Fotograf aufs Matterhorn schaffte, den Handstand machen. Nur, um wieder mal im Blick abgebildet zu werden. Davon war im Seminar nicht die Spur zu sehen. Dölf hielt sich völlig zurück, begrüsste die Referenten, erklärte kurz den «Fahrplan» und verabschiedete am Schluss jeden Teilnehmer mit einem Stein aus Kandersteg. Auf der Bühne spielte er keine Rolle.

Ich vermochte mir gar nicht vorzustellen, den publikumswirksamen Bundesrat Adolf Ogi mit einem dermassen bescheidenen Auftritt zu erleben.

Dafür war das Seminar ein hochinteressantes Erlebnis. Das Referentenaufgebot setzte mich in Erstaunen. Es waren Leute aus Wirtschaft, Wissenschaft, Kultur und Politik. Bürgerliche und Linke, ein Querkopf, Etablierte, Konventionelle, Kritische und Aufstrebende. Ein Querschnitt unserer Gesellschaft.

Auf dem Podium ist gestritten, ist provoziert und herausgefordert worden, sind sich der SBB-Chef und der Direktor des Bundesamts für Verkehr kreativ in die Haare geraten. Ich habe selten so spannende Auseinandersetzungen mitgemacht.

Es gab an diesem Seminar keine Tabus, kein Denkverbot, es triumphierte die freie Rede des Andersdenkenden als Markenzeichen einer Demokratie. Meine innere Stimme

meldete sich: «Chapeau, Dölf, nicht jeder Politiker schafft das.»
Dabei entdeckte ich an ihm eine liebenswürdige Schwäche. Ich traf etwas verspätet ein. Dölf erklärte mir das Programm. Zum Abschluss trete immer ein Überraschungsgast auf. Wer, sei für alle Teilnehmer eben die Überraschung. Diesmal sei ihm ein richtiger Coup gelungen. Mit einem europaweit berühmten Gast. Er wolle mir seinen Namen nicht verraten, der bleibe geheim. Dölf redete so sichtlich beeindruckt darum herum, ich spürte, es fiel ihm schwer, sein süsses Geheimnis zu verschweigen. Er musste vor Freude fast «vergitzet» sein und hielt es nicht mehr aus.
Mir vertraute er an, es sei Antonio di Pietro. «Bitte, sag es nicht weiter.» In Italien war eine veritable Krise ausgebrochen. Es herrschte politische Konkursstimmung. Der Mailänder Staatsanwalt Antonio di Pietro mit den «Mani pulite», mit den sauberen Händen, mistete in Rom den politischen Saustall aus. Ob der rechte Regierungschef Giulio Andreotti oder der linke Bettino Craxi, beide waren sie korrupt, beide kooperierten sie mit der Mafia. Bettino Craxi lebte bis zu seinem Tod in Tunesien, nur so konnte er dem Gefängnis entfliehen. Antonio di Pietro führte als Saubermann die Parteien öffentlich bis auf den Striptease vor. Parteiführer jeder Couleur und Politiker von links bis rechts standen auf einmal «füdliblutt» vor ihrem enttäuschten und getäuschten Volk. Dieser Antonio di Pietro also war Ogis geheimnisvoller Überraschungsgast.
Abends versammelte sich die gesamte Seminargesellschaft am Blausee zum Nachtessen. Ich sass an einem Zwölfertisch. Das Gespräch drehte sich leicht diffus um die Frage, wer wohl der Überraschungsgast sein werde. Bis sich einer getraute: «Ich weiss es», und seinen Namen nannte. Alle hatten ihn gewusst. Wir waren alle auf den Italiener gespannt. Er enttäuschte nicht. Es war eine politische Sternstunde. Da ja der Besuch des Mani-pulite-Mannes aus Rom in Kandersteg geheim bleiben sollte, erschien am nächsten Tag im SonntagsBlick eine Reportage mit Bild. Per Zufall dürfte der Reporter mit seinem Fotografen nicht in Kandersteg gewesen sein… Die Story hatte noch ein Nachspiel. Bundesrat Arnold Koller als Justizminister markierte den Beleidigten. Ogi hätte ihn benachrichtigen müssen, dass er in seinem Kandersteg den berühmtesten Staatsanwalt Italiens empfangen werde. So steht es im Reglement der bundesrätlichen Kollegialbehörde. Wahrscheinlich dürfte das Dölf Ogi relativ schnuppe gewesen sein. Er hatte wieder einmal eine kleine Sensation geboten. Das macht ihn ja so unwiderstehlich. Dölf ist immer am Ball, ist nahe bei den Leuten. Von ungefähr ist er nicht bis heute so populär geblieben.
Peter Maurer vom IKRK in Genf erzählte zwei typische Ogi-Geschichten. Maurer war Botschafter der Schweiz bei der UNO in New York. Und erlebte Adolf Ogi als UNO-Botschafter für Sport. Seine Pressekonferenzen in New York seien besonders beliebt gewesen. Wieso? Dölf Ogi habe eine so ganz andere Sprache geredet als die eher trockenen Profi-Diplomaten. Direkter halt, lebhafter, origineller. Maurer reiste mal mit Dölf nach Afrika, um eine von der Fifa finanzierte Fussballanlage einzuweihen. Ogi verzichtete auf grosse Reden. «Die Jungen interessieren sich doch nicht für solche repräsentativen Traditionen», meinte er. Und verteilte stattdessen im Armenviertel 200 Fussbälle. Typisch für Dölf Ogi.

Helmut Hubacher ist ein Schweizer Politiker und Publizist. Von 1975 bis 1990 war er Präsident der Sozialdemokratischen Partei der Schweiz.

Bundesrat Adolf Ogi, hier im Gespräch mit Helmut Hubacher, SP-BS, äusserte sich im März 1997 im Nationalrat in Bern über Vorkommnisse im EMD, unter anderem die CD-ROM-Affäre.

© Keystone

Ein in der Politik seltenes offenes Herz und grosse Menschenliebe

ANDREAS GROSS

alt Nationalrat

Neun Jahre lang frequentierten wir beide das Bundeshaus. Dölf Ogi täglich, ich bloss alle anderen Tage, während der Sessionswochen und Kommissionssitzungen des Nationalrates. Stundenlang hörte ich ihn im Plenarsaal des Nationalrates zwar reden, erst zur Verkehrspolitik, später ungleich kritischer auch zu Armeefragen. Und während seiner ersten Halbzeit im Bundesrat, als Verkehrsminister, stimmte ich ihm auch meistens zu. Politisch hätten wir – vor allem während seiner zweiten Halbzeit – auch immer wieder streiten können. Doch wir taten es nicht. Denn unsere Themen brachten uns nicht in die gleichen Kommissionen und auf die gleichen Podien, wo die Auseinandersetzung in der schweizerischen Politik am ehesten passiert. Dafür blieb viel gegenseitiger Respekt auch für den Andersdenkenden und ebenso viel menschliche Wärme zwischen und mit uns.

ALLE WAREN BEEINDRUCKT, DASS SICH EIN MINISTER SO OFFEN UND HERZLICH GIBT.

Beides gründete in einer ganz unpolitischen, aber umso bezeichnenderen Begegnung ausserhalb des Bundeshaus auf dem Autoverladebahnhof vor dem Lötschberg-Tunnel in Kandersteg, die mir ewig in Erinnerung bleiben wird.

Es muss nach Weihnachten 1992 gewesen sein. Es schneite, war bitterkalt, schon dunkel.

Die ganze Familie war im Auto und wartete in einer Doppelkolonne auf das Zeichen des Bahnbeamten an der Verladerampe, das Auto auf den offenen Bahnwagen fahren zu dürfen. Da rief mein elfjähriger Sohn Dominik auf der hinteren Sitzbank

Andreas Gross und Adolf Ogi in Kilchspergers Jass-Show im April 2015 in der Konzepthalle 6 in Thun © SRF/Oscar Alessio

plötzlich ganz aufgeregt: «He Däddi, neben uns sitzt der Ogi im Auto!» «Was, wirklich?», fragte ich, kehrte mich zu ihm nach hinten um und erkannte im schwarzen Benz neben uns tatsächlich den Bundesrat. Der muss meinen aufgeregten Sohn auch gesehen haben. Jedenfalls stieg Dölf Ogi sofort aus. Wir begegneten uns hinter den beiden Autos, begrüssten einander herzlich. Er liess es sich nicht nehmen, Dominik, Käthi und Anina ebenso herzlich die Hände zu schütteln. Die Kinder fragte er ihres Weges. Mit mir machte er gleich Duzis. Ich war zu aufgeregt, um ihn zu fragen, ob er die Neujahransprache vor dem Tunneleingang schon hinter sich gebracht hatte. Ogi war auf dem Weg zu einer Sitzung im Oberwallis. Mindestens fünf Minuten schwatzten wir alle fünf trotz Kälte und Schneegestöber miteinander. Die Kinder waren begeistert. Sie winkten ihm zum

Abschied mit grossem Vergnügen. «Das isch aber e Nette», sagten sie nachher mehr als einmal. Alle waren beeindruckt, dass sich ein Minister so offen und herzlich gibt, so spontan offen und nahbar, keine Spur von politischer Distanz, Misstrauen oder Argwohn dem eben erst ins Parlament gewählten gsoatischen «Landesverräter» gegenüber.

Diese Begegnung in Kandersteg prägte seither alle weiteren. Wann immer wir einander näherkamen, spürte ich sein grosses Herz, seine Menschenliebe und Herzlichkeit. Wobei ich mit Ogi kaum je politisch zu tun hatte. Zu unterschiedlich waren unsere politischen Schwerpunkte. Und als er 1995 das EMD/VBS übernahm, hatte ich mich aus der sicherheitspolitischen Debatte zurückgezogen. Mit einer Ausnahme: Bundesrat Ogi hatte die liberale Güte, mich in 1996 in die «Brunner-Kommission» zu berufen, die Kommission, welche eine neue Konzeption der Sicherheitspolitik entwerfen sollte. Ich war unter 40 Kommissionsmitgliedern der einzige aktive GSoAt und hatte die unmögliche Aufgabe, die über eine Million Menschen zu vertreten, welche am 26.November 1989 dem Leitsatz «die Schweiz ist eine Armee» ein Ende setzen und eine andere, friedenspolitisch fundierte Sicherheitspolitik aufbauen wollten. Der «Brunner-Kommission» gelang unter dem Motto «Sicherheit durch Kooperation» eine sinnvolle, wenn auch noch nicht ausreichende Neuorientierung, sodass ich dem Papier im Unterschied zum nationalkonservativen Antipoden Blocher zustimmen und es unterschreiben konnte. Dölf Ogi schien daran eine klammheimliche Freude gehabt zu haben. Obwohl der Neuorientierung, welche die «Brunner-Kommission» vorschlug, von den in der Armee und dem Parlament herrschenden Mehrheiten nur sehr unvollständig nachgelebt wurde, haben wir auch darüber nie miteinander diskutieren können.

Deshalb nehme ich mir die Gelegenheit dieses Geburtstags-Buches zum Anlass, Dölf jene vier Fragen zu stellen, die mich seit unserer Begegnung an der Verladerampe in Kandersteg begleitet haben und die wir vielleicht trotz allem einmal im «Löwen» von Fraubrunnen oder im schmucken «Schweizerhof-Stübli» in Kandersteg persönlich noch erörtern könnten:

- Weshalb hast du, Dölf, deinen guten Draht zu fast allen Schweizerinnen und Schweizern nicht mehr genutzt, um sie von einem Umdenken in ihrer Beziehung zu Europa zu nutzen? Nicht im Sinne eines Beitrittes zur EU, sondern im Hinblick auf die Einsicht, dass uns niemand im sogenannten Ausland bedroht, dass Ausländer uns keine Angst machen müssen, sondern dass sie viel mehr mit uns gemeinsam haben, ganz ähnliche Werte, Hoffnungen und Sehnsüchte teilen, welche wir miteinander eher verwirklichen können als gegen- oder ohne einander? Wäre diesbezüglich nicht mehr möglich gewesen, sodass wir einen tieferen Wandel hätten verwirklichen können ?
- Weshalb hast du nie offen darüber gesprochen, weshalb du dich mit Bezug auf die wegweisende und erfolgreiche «Alpen-Initiative» so geirrt hast ? Weshalb hast du selbst nach deren Annahme 1994 durch Volk und Stände weiter gezögert, statt diese Vorlage als grosse Chance für eine ökologischere Verkehrspolitik zu, die auch für Europa richtungsweisend war und ist?
- Weshalb hast du zwar die fremdenfeindlichen, autoritären, nationalistischen und

rücksichtslosen Kampagnen, Diskurse, Hetzen und Verirrungen der SVP der letzten 20 Jahre immer wieder kritisiert und deren Ende verlangt, aber nie wirklich die Konsequenzen aus der Missachtung deiner Kritik gezogen und nicht einmal dann die SVP verlassen, als deine dir am nächsten stehenden Parteifreunde um Samuel Schmid und Eveline Widmer-Schlumpf herum die BDP als anständige, ja «ogistische» Alternative gründeten und gerade im Kanton Bern relativ erfolgreich etablierten?

- Glaubst du wirklich, dass der Sport für die Gestaltung unserer Gesellschaft ein Vorbild sein kann? Ich frage dies als grosser Fussball- und Hockeyfan, der sich aber der Grenzen des Sportes bewusst ist. Ist es nicht vielmehr so, dass die Konkurrenz- und Wettbewerbsbeziehungen, welche dem Kapitalismus eigen sind und dessen Brutalität ausmachen, durch den Sport perpetuiert und legitimiert werden, sodass viele Menschen glauben, die Gesellschaft könne gar nicht anders organisiert werden, dass die Menschen einander nur als Konkurrenten, Gegner und Widersacher begegnen können?

Es würde mich freuen, wenn wir zusammensitzen und diese Debatten noch nachholen können. In der dir eigenen Herzlichkeit, Offenheit und Herzenswärme und für neue gemeinsame Einsichten.

Andreas Gross ist Politikwissenschafter, Historiker und Spezialist für Fragen der Direkten Demokratie. Er war von 1981-1993 Gründer und eine der «Schlüsselfiguren» der «Gruppe für eine Schweiz ohne Armee» (GSoA). Miterfinder der Anti-FA/18- und UNO-Mitgliedschafts-Initiativen. Von 1991–2015 Nationalrat (SP-ZH), ab Januar 1995 Mitglied der Parlamentarischen Versammlung des Europarates, und von 2008–2016 dort Fraktionspräsident der SP. Seit 25 Jahren ist Gross auch Lehrbeauftragter an verschiedenen europäischen Unis zu Fragen der Direkten Demokratie und der Philosophie und Geschichte des utopischen Denkens. Sein letztes Buch erschien im Werd & Weber Verlag: «Die unvollendete Direkte Demokratie, 1984–2015: Texte zur Schweiz und darüber hinaus».

Im Team erfolgreich: Andreas Gross und Adolf Ogi in Kilchspergers Jass-Show im April 2015 in der Konzepthalle 6 in Thun

«Chum und lueg» bei der Kirche von Wassen

NORBERT HOCHREUTENER

alt Nationalrat, Publizist und Autor

Als ehemaliger Fernsehmann wage ich die Behauptung: Dölf Ogi verstand die Inszenierung der Politik mit Bildern perfekt. Darin war er den meisten damaligen Politikern weit voraus. Ich denke dabei nicht in erster Linie an die berühmte Eierkochszene, die zwar von gewissen intellektuellen Kreisen belächelt, aber vom breiten Volk klar verstanden wurde. Diese kurze Show vor laufenden Kameras hat wohl fürs Energiesparen mehr bewirkt als millionenteure PR-Kampagnen.

In Szene gesetzte Bilder waren aber für ihn nicht nur wichtig für die gelungene Darstellung von knochentrockenen politischen Sachverhalten. Reale Bilder waren für ihn auch ein Instrument in der Politik. Ganz entscheidend: seine Helikopterflüge mit hohen ausländischen Politikern ins Gotthardgebiet. Mit den Bildern des engen Durchgangs in der felsigen Gebirgslandschaft gewann er manchen einflussreichen Verkehrspolitiker für seine Vision des alpenquerenden Güterverkehrs durch die Schweiz auf der Schiene. Da gibts keinen Platz für weitere Autobahnen.

Als Informationschef der Bundeskanzlei war ich 1992 u.a. für die Aufzeichnung der Fernsehansprachen der Bundesräte zuständig. Die bundesrätlichen Botschaften wurden damals in der Regel im sterilen TV-Studio oder bestenfalls im Büro der betreffenden Amtsvorsteher aufgenommen. Das wollten wir ändern. Es stand die Volksabstimmung über die Neat bevor. Dölf Ogi, der mit mir bereits mehrmals über Aufnahmen vor entsprechender Kulisse gesprochen hatte, meinte unmissverständlich und klar zu mir: «Die Aufnahme wird in Wassen stattfinden!» Neben der berühmten Kirche mit Blick auf Schiene und Strasse, die sich durch das garstig-enge Tal Richtung Süden drängeln. Ein symbolträchtiger Ort, um dem Schweizer Volk die Bedeutung der NEAT für unser Land und die europäische Verkehrspolitik zu erklären.

Es sollte die aufwendigste Produktion einer bundesrätlichen Fernsehansprache werden. An einem Sonntagmorgen durfte ich im

Norbert Hochreutener diskutiert mit Dölf Ogi 1991 an einem Parteianlass in Köniz. (zvg)

bundesrätlichen Helikopter neben Dölf Ogi vom Belpmoos nach Wassen fliegen. Herrliches Wetter, grossartige Sicht. Nach der Landung neben dem Kirchlein stieg Dölf energiegeladen aus der Maschine. Er freute sich spürbar auf den Auftritt vor der Kamera. Diese hatte der Kameramann bereits in Position gebracht, die Licht- und Tontechniker waren bereit, wie auch die Schminkfrau. Sie waren bereits vorher angereist. Da öffnete sich plötzlich knarrend die Türe der Kirche und heraus trat der Pfarrer mit rotem Kopf und dem Gesangsbuch in der Hand. Was uns denn eigentlich einfalle, am heiligen Sonntagmorgen den Gottesdienst mit einem derartig lauten Aufmarsch vor der Kirche zu stören. Das TV-Team und ich hatten vergessen, den Pfarrer vorher zu fragen. Als der Geistliche Dölf erkannte und sich dieser entschuldigte, wurde er sofort freundlicher. Wir warteten selbstverständlich, bis der Gottesdienst zu Ende war. Dieser Auftakt war erst der Anfang einer Reihe von unliebsamen Überraschungen, die noch kommen sollten.

BILD UND TON WAREN PERFEKT. FREUDE HERRSCHT.

Geplant war eine einzige Einstellung mit dem Statement des Verkehrsministers ohne Unterbruch. Dölf sollte also seine Botschaft ohne Zwischenschnitt in Kamera und Mikrofon verkünden. Dies geht in der Regel am besten mit dem Text auf dem sogenannten Teleprompter, wie das beispielsweise auch die Tagesschau-Moderatoren zu tun pflegen. Diese Methode garantiert, dass der Text aufs Wort exakt so rüberkommt, wie vorher geschrieben. Der Prompter ist an eine Stromquelle angeschlossen.

Nun wäre Dölf nicht Dölf, wenn ihm diese Inszenierung ohne den passenden Zug im Hintergrund genügt hätte. Guter Einfall. Bereits vorher wurde also mit den SBB abgesprochen, dass zu gegebener Zeit per Funk ein ohnehin in Erstfeld wartender Güterzug Richtung Göschenen losgeschickt würde.

Alles funktionierte hervorragend. Der Zug rollte heran, es lief planmässig. Da stolperte ein Fernsehtechniker über das Verbindungskabel zwischen Stromquelle und Prompter. Aus, Blackout auf der Textplatte. Dölf wurde ungewollt jäh gestoppt, der Güterzug fuhr derweil ungestoppt im Hintergrund vorbei. Das Kabel war gerissen. Wie weiter? Ein Lötkolben war im Equipment des Kamerateams nicht zu finden. Ergo blieb nur die Idee, die beiden gerissenen Drahtende mit ruhiger Hand zusammen zu halten. Dem Lichttechniker gelang dies, die Aufnahme konnte neu gestartet werden. Ohne Güterzug.

Dölf startete sein engagiertes Plädoyer für die NEAT erneut.

Hervorragend, bis der Lichttechniker infolge eines leichten Windstosses ins Zittern geriet, was die zusammengehaltenen Drahtenden irritierte. Der Prompter stieg erneut aus, mitten in der Aufnahme.

Dölf, der sich bisher überhaupt nicht aus der Ruhe bringen liess, wurde nun doch nervös. Während die TV-Leute auf Schadensbegrenzung aus waren, zog er mich auf die Seite. Was er dann zu mir sagte, war, höflich gesagt, nicht ganz jugendfrei. Als er sich wieder beruhigt hatte und der Prompter endgültig ausgefallen war, entschieden wir uns zur Improvisation. Drei Einstellungen mit jeweils verschiedener Kulisse und Aufnahme ohne Prompter. Viel spontaner und lockerer. Zufälligerweise fuhr auch noch ein Zug im Hintergrund talwärts – allerdings ein Schnellzug. Egal. Bild und Ton waren perfekt. Freude herrscht.

Es war für mich hochinteressant, in verschiedenen Funktionen (als Infochef der Bundeskanzlei, Fernsehmann und Politiker) Dölf Ogi bei dem von ihm angestossenen Jahrhundertbauwerk in der Phase der Realisierung ein kleines Stück weit zu begleiten. Ein Werk mit Signalwirkung für die Schweiz und ganz Europa. Die persönlichen Höhepunkte waren für mich die Überreichung des berühmten Ogi-Bergkristalls und seine handschriftliche Widmung im NEAT-Buch, wo er mir für meinen parlamentarischen Vorstoss zugunsten des sog. 4-Meter-Korridors als NEAT-Anschluss dankte.

Norbert Hochreutener ist Jurist, Publizist und Politiker. Er war von 1995 bis 1999 und von 2003 bis 2011 Mitglied des Nationalrats und ist Präsident CVP 60 + Schweiz. Zusammen mit Heinz Ramstein hat er bisher sechs Kriminalromane geschrieben.

A man for all seasons?

CHARLES PONCET
alt Nationalrat

Diese schöne englische Formel wird benutzt, um jemanden zu loben, der fest und treu bleibt, unabhängig von den herrschenden Umständen oder den Wechselfällen des Lebens. Ich glaube, die Formel stammt von Robert Bolt, einem britischen Dramaturgen, der vor allem für die Dialoge im Film «Lawrence von Arabien» bekannt ist. Den Spruch hat er sich für den Titel seines Theaterstücks über die Geschichte von Sir Thomas Morus ausgedacht, bevor er von der Filmbranche ausgeliehen wurde. Das heisst, an diesem Punkt muss man den Vergleich mit Vorsicht benutzen: Thomas Morus zu loben, seine Integrität, seine Treue zum Glauben, die Subtilität seiner Jurisprudenz, und einem Zeitgenossen dasselbe nachzusagen, heisst zweifellos, ihn zu ehren – unter der Bedingung, ihm nicht dasselbe Ende seiner Karriere zu wünschen. Der Kopf von Sir Thomas, wie man weiss, endete auf dem Richtblock …

Wenn man einen Blick, und sei dieser auch oberflächlich, auf «Dölf» Ogi wirft, sieht man sofort, wie er aus welscher Sicht ein Deutschschweizer for all seasons ist. Seine Haltung gegenüber diesen komplizierten (allerdings manchmal auch wertvollen …) Minderheiten motiviert einen, Schweizer zu sein und zu bleiben. Weitab von der arroganten Griesgrämigkeit, die man manchmal an den Ufern der Limmat spürt – wo jede Abweichung von der Mehrheitsmeinung wie eine Abspaltung empfunden wird, die nach Gleichschaltung ruft, was schon zu verschiedenen Katastrophen in unserem Land geführt hat – sind Deutschschweizer wie Ogi verzückt über die Minderheit des Landes. Er bemüht sich, ihre Sprache, die er sehr gut versteht, zu sprechen, während die anderen so tun, als ob sie hörten, was sie nicht verstehen, selbst wenn sie sich darauf achten würden; er ist sich der Vielfalt bewusst, die die paradoxe Macht unseres Mikrokosmos ausmacht und anerkennt die Unterschiede, geniert sich aber nicht und passt sich an. Ich habe ihn mehrmals gesehen, als er eine(n) Französischsprachige(n) zu einem bestimmten Punkt befragte, weil er wusste, dass ein flexibler Ansatz das spezifische Problem einfacher lösen würde. Von Otto Stich zu Dölfi Ogi zu gehen, um nur ein Beispiel zu nennen, hiess, eine Wüste zu verlassen, wo sich einige Kakteen um

Charles Poncet vor dem Bundesgericht in Lausanne im März 2007. © Keystone

eine seltene Rose stritten, um dann eine üppige, blühende und sonnige Weide zu betreten.
Sicher im Umgang mit den Welschschweizern, zögerte dieser unvergleichliche Berner nicht, am Ende des Tages für ein Festmahl mit den Francophones nach Genf «runterzukommen», sinnvoll und im zulässigen

SEINE HALTUNG GEGENÜBER DIESEN KOMPLIZIERTEN MINDERHEITEN MOTIVIERT EINEN, SCHWEIZER ZU SEIN UND ZU BLEIBEN.

Masse begleitet von der unbeirrbaren Präsenz eines treuen Fahrers, der nur Wasser trank. Darauf, dass ich ihm einige französische Aphorismen (umgangssprachliche oder gradwegs Rabelais'sche) beigebracht habe, die hier unmöglich zu wiederholen sind, bin ich nicht wenig stolz. Ich weiss, dass er zweifellos weiss, wie er sie am besten einzusetzen hat: nämlich nie!
Kaum war ich 1991 zum Nationalrat gewählt worden, wurde Ogi «mein» erster Bundesrat. Die zufällige Verteilung der Kommissionsaufgaben – in einer parlamentarischen Gruppe, in der sich die Waadtländer nahmen, was sie wollten, und der Rest danach verteilt wurde … – führte mich mitten in das Bombardement der Verkehrskommission, einen Bereich also, der mir etwa so vertraut war wie das Kornettspiel oder die Quantenphysik …
Mit dem Eifer des Neulings sprach ich den Minister mit einem vorsichtigen «Herr Bundesrat» an, was mir sofort ein «Ich bin Dölf, und du?» einbrachte. «Ehm … Carlo.» «Nicht Charles?» «Nein, meine Mutter war Italienerin und meine Freunde nennen mich Carlo.» «Ok, dann hör mal zwei Sitzungen lang zu und du wirst sehen, es ist ziemlich einfach.»
Was für eine schöne Einführung in die Problematik der Alpentransversalen, die uns zu beschäftigen begann! Tatsächlich habe ich am Ende einer oder zweier Sitzungen – auch wegen der geduldigen Hilfe des Sozialisten Michel Béguelin, der wusste, dass ich keine Ahnung hatte, und mich ohne Machtspielchen in die Thematik einführte, aus reiner intellektueller Aufrichtigkeit – angefangen zu erkennen, um was es ging.
Als Offizier der Gebirgsinfanterie, in jeder Hinsicht liberal, war Ogi von Natur aus nicht der Konfrontation zugeneigt. Irgendein «grüner» Nationalrat – vor kurzem zur Ökologie konvertiert nach dem Zusammenbruch seines geliebten Modells, der DDR … – konnte seine Gesprächspartner durch fadenscheinige Fragen erzürnen, demonstrierte völlige Böswilligkeit in der Kommissionsarbeit und ein Verlangen, die Arbeit unnötigerweise zu verkomplizieren. Ogi machte aus seinem Missfallen kein Geheimnis, allerdings ohne je seinen Gesprächspartner zu beschimpfen, der das zweifellos verdient hätte. Man sagte oft über ihn, dass er sich mit Infrastrukturprojekten, deren Details er kannte, wohlfühlte, sich allerdings schwer tat mit Sozialversicherun-

gen oder Finanzreformen. Dieser Vorwurf schien mir immer unbegründet. Die «Methode Ogi», so sie denn existiert, besteht darin, seine Gesprächspartner zu respektieren; auf seiner Linie zu bleiben, während man jemanden zu überzeugen versucht; eine Mehrheit zu überzeugen versuchen, ohne in der abweichenden Meinung der anderen eine Majestätsbeleidigung oder Geistesschwäche zu sehen.

A man for all seasons, also? Aus meiner Sicht zweifellos. Um die Analogie zu Ende zu denken: Wie kann man sich nicht in Erinnerung rufen, wie sich zu jener Zeit in Adolf Ogis Partei ein Nacheiferer von Heinrich VIII. profilierte, der sein Netz spann und seine Kardinäle und Vikare um sich versammelte? Er legte den neuen Glauben fest und die Qualen, die den Ketzern drohten, prangerte alle öffentlich an, die diesen unnachgiebigen Kanon nicht annehmen wollten und versprach der liberalen Rechten Ogis ein Schicksal, das kaum beneidenswerter war als das von Thomas Morus.

Charles Poncet ist Rechtsanwalt und ehemaliger Politiker.

AlpTransit: Meisterleistung dank einvernehmlicher Zusammenarbeit

DUMENI COLUMBERG

alt Nationalrat

Am 1. Juni 2016 konnte der Gotthard-Basistunnel feierlich eröffnet werden. Dieses Jahrhundertwerk ist ein Meisterwerk der schweizerischen Demokratie und der Ingenieurskunst. Viele haben zum guten Gelingen dieses imposanten Werkes beigetragen. Die Weichen dazu hat eindeutig Bundesrat Adolf Ogi gesetzt. Er darf als Vater der NEAT bezeichnet werden. Ohne seinen unermüdlichen Einsatz und seine enorme Schaffens- und Überzeugungskraft wäre es nie gelungen, dieses monumentale Infrastrukturprojekt innert so kurzer Zeit zu realisieren.

Diese Begeisterung hat alle Beteiligten erfasst und spornte sie zu ausserordentlichen Leistungen an. Dies war vor allem in der Anfangsphase dringend nötig, in der es galt, unendlich viele Probleme aller Art zu lösen. Dank seiner Motivationskraft ist es gelungen, Parlament und Volk von der Notwendigkeit einer Nord-Süd-Verbindung zu überzeugen.

Bei der Realisierung dieses Bauwerkes spielte der Zwischenangriff in Sedrun eine zentrale Rolle, insbesondere hinsichtlich der Bauzeitdauer. Dessen war sich der oberste Bauherr Adolf Ogi bewusst. Deshalb hat er eine informelle aber sehr effiziente und vertrauensvolle Zusammenarbeit mit den lokalen und regionalen Behörden des Vorderrheintals eingefädelt. Dieses unübliche Vorgehen hat einen durchschlagenden Erfolg gehabt.

In Sedrun fanden immer wieder wichtige Tagungen statt, u. a. auch Sitzungen von parlamentarischen Kommissionen. Adolf Ogi nutzte diese Gelegenheiten, um die Beziehungen zu den regionalen Behörden und zur Bevölkerung zu stärken. Auch der Bundesrat kam regelmässig mit internationalen Delegationen nach Sedrun. Das Info-Zentrum wurde zu einem beliebten Ausflugsort, das von rund 400 000 Personen besucht wurde.

Freunde gewinnen und Widerstand beseitigen

Diese enge Zusammenarbeit hat bereits bei den Vorabklärungen begonnen. Da wir uns seit Jahren freundschaftlich verbunden waren, erklärte ich mich bereit, mich mit voller

Bundesrat Adolf Ogi zusammen mit dem CEO von AlpTransit, Renzo Simoni, und Dumeni Columberg anlässlich der Baustellenbesichtigung vom 24. Juni 2015 für ehemalige Mitglieder der Bundesversammlung. (zvg)

Kraft für die Akzeptanz des Vorhabens in der Talschaft einzusetzen. Er sicherte mir die volle Unterstützung zu. Als Bündner war dieses Engagement nicht unproblematisch, weil der Kanton Graubünden über die Ablehnung der Ostschweizer Begehren (Splügen und Tödi-Greina) sehr enttäuscht war. Deshalb bekundeten weite Kreise kein Verständnis für eine Grossbaustelle, die nicht nur keine Verkehrsverbesserung bringen, sondern auch noch die Gäste vertreiben würde. Dank dem Verständnis und dem Entgegenkommen von Bundesrat Adolf Ogi gelang dieser Stimmungswandel. Die komplizierten Prozeduren konnten massiv beschleunigt und die neue Alpentransversale dadurch mindestens ein Jahr früher eröffnet werden. Dieser bedeutende Beitrag einer Bergregion zur Lösung eines nationalen Vorhabens mit internationaler Ausstrahlung wurde im Rahmen der Feierlichkeiten kaum gewürdigt.

Es begann bereits vor 30 Jahren

Als im Jahr 1989 die Absicht des Bundesrates bekannt wurde, einen Gotthard-Basistunnel zu bauen, zeigte sich bald, dass dieses Vorhaben auch die obere Surselva (GR) stark beeinträchtigen würde. Dank meinen verschiedenen Funktionen (Gemeinde- und

Ils 19 d'october 1990 ha la cumissiun predeliberonta dil cussegl naziunal salvau ina seduta a Sedrun. Da seniester ils parlamentaris Titus Giger (SG), Paul Schmidhalter (VS), cuss. guv. Christoffel Brändli (GR), Theo Fischer (LU), Dumeni Columberg, cuss. fed. Adolf Ogi, Kurt Schüle (SH), il president Paul Zbinden (FR), Ulrich Fischer (AG), Christoph Blocher (ZH), cuss. guv. Luzi Bärtsch, Werner Carobio (TI) ed il president communal da Tujetsch Gion Beer.

Amiez las lavurs per igl impurtont ascensur dalla nova gallaria.

AlpTransit – nova transversala viafierila vegn aviarta

Favurs momentanas e valurs restontas

Ils planisaders ein sestentai cun premura e minuziusadad da proteger la natira ed han dau gronda attenziun als aspects ecologics. Plirs pareris han intercuretg da rudien ils facturs impurtonts e proponiu soluziuns per schurmegiar quels scazis naturals (schizun in vial sutterran per las raunas e mesiras en favur da libellas raras!).

Grazia alla buna preinformaziun ha il plazzal cun sias dimensiuns giganticas cattau ina buna acceptanza ella populaziun. Ei ha dau fetg paucas lamentaschuns, sco quei ch'il «telefon da reclamaziun» confirma. Quella buna convivenza ei era il meret dils responsabels. Els ein adina stai gentils visavi ils giavischs dallas autoritads e dalla publicitad e respectau las empermischuns fatgas. Quella tenuta fetg gentila mereta in grond cumpliment ed engraziament.

Malgrad l'armada da bunamein 700 luvrers hai mai dau conflicts da num. L'administraziun communala (il davos decenni sut l'egida da *Lucas Collenberg*) ha dumignau l'incarica supplementara dètg bein. Quella lavur ei sepagada, pertgei la vischnaunca ha saviu incassar annualmein tochen dus milliuns francs, specialmein la taglia alla fontauna.

In center d'informaziun cun ina grondiusa irradiaziun

Ina favur speciala ei il center d'informaziun. Quel ei vegnius concedius sco cumpensaziun per ils disavanatgs turistics. Bunamein 400 000 persunas han visitau quella canorta. Ella ha buca mo fructificau la gastronomia, mobein era derasau il num Sedrun sigl entir mund. Duront biars onns ein roschadas d'experts e magistrats pelegrinai ella Val Tujetsch per prender investa da quei plazzal spectacular. – El medem stabiliment ein l'administraziun e la survigilonza sco era la restauraziun secasadas, pia tut sut in tetg.

A moda eleganta han ils domitoris per ils luvrers saviu vegnir sligiai. Per els eis ei vegniu erigiu ina ucliva separada agl ur dil vitg. Quels stabiliments ein gia allontanai. – In bijou aparti ei il laghet da Claus sper Surrein, in deletg per ils indigens e hosps.

In indrez fetg special ei il tumbin da ventilaziun ella Val Nalps. La tuor da 28 meters altezia vegn taxada sco ina ovra meisterila. Quei indrez sto garantir in provediment permanent dil tunnel cun aria frestga e schubra. Cunquei ch'el secatta en ina teisssa plaunca, exponida a lavinas, ha ei duvrau in bien inschign per garantir ina biala cumparsa en quella cuntrada selvadia.

Secapescha ch'ei ha dau el decuors da quels onns in u l'auter conflict. A vesta dallas dimensiuns stravagantas da quei cumplex ei quei pli che capeivel. Ils problems han denton adina saviu vegnir sligiai en buna concordanza. Quei ei era vegniu constatau a caschun dalla fiasta da ventschidas dils 28 d'uost 2015. En quei connex han ins plidau d'entradas denter 25 e 30 milliuns francs sulettamein per la cassa communala!

Avantatgs per l'entira Surselva

Dall'entschatta enneu ein era il cumin dalla Cadi (cun ils mistrals *Faustin Cariget* e *Heinrich Huonder*) sco era la Regiun Surselva (sut la direcziun da *Theo Maissen*) vegni consultai. Ellas empremas discussiuns eisi curdau votums per pretensiuns exageradas, sco per semeglia ina traversada sutterrana a Glion ni ina via d'untgida per Mustér. Beinspert ein ins denton serestrenschius sin pretensiuns realisticas e raschuneivlas. Ina tema giustificada era l'inundaziun dalla via sursilvana entras camiuns da vitgira. Quei havein nus saviu evitar cun ina intervenziun ufficiala.

Ella debatta parlamentara eis ei numnadamein reussiu da pretender ch'ils transports al plazzal stoppien succeder cun la viafier sin la reit existenta. Quella seigi da cumpletar tenor ils basegns corrispundents. Cheutras han ins saviu evitar la mulesta da camiuns sil stradun cantunal. Quella annexa ei stada la basa legala per in supplement grischun ella dimensiun da 120 milliuns francs. Quels ein vegni impundi per il niev tunnel dalla Furca-Alpsu (32 milliuns), per l'ingrondaziun dalla staziun a Mustér (22 milliuns), per in binari da cruschar a Mumpé Tujetsch, per ina migliur dils indrezs da segirtad e dil provediment d'energia sin l'entira reit sursilvana. Il binari naven da Tscheppa entochen Las Rueras ei vegnius finanziaus cun in credit separau.

Gia baul eis ei seformau ina gruppa regiunala d'inschigniers che ha saviu projectar tuts stabiliments ed indrezs ella Val. Las lavurs ein vegnidas divididas en sorts surveseivlas, aschia ch'ellas han saviu vegnir exequidas d'interpresas indigenas.

Cun satisfacziun san ins constatar che la bilanza finala per la Surselva ei dètg positiva. La fructificaziun economica d'ina specia ni l'autra survarga per franc ina quarta, forsa schizun ina mesa milliarda, en mintga cass ina summa considerabla.

La gronda deponia ella Val Bugnei cun il binari, la punt e...

... la Val Bugnei. Uss ei ina gronda part gia renaturalisada.

Il tgamin da ventilaziun ella Val Nalps – ina construcziun eleganta e plascheivla.

Ils 28 d'uost 2015 ha ina delegaziun sursilvana giu la pusseivladad da prender per la davosa gada investa dalla sala da spetga, destinada per la Porta Alpina.

Il portal d'entrada alla gallaria a Las Rueras sut Sedrun.

Ausschnitt aus dem Beitrag «AlpTransit – la nova transversala viafierila vegn aviarta» in der Sonderbeilage der La Quotidiana vom 27. Mai 2016 anlässlich der Eröffnung von AlpTransit.

Regionsvertreter, Nationalrat und Mitglied der NEAT-Kommission) und den guten Beziehungen zu Bundesrat Adolf Ogi wurde die frühzeitige Einbindung der Betroffenen ermöglicht. Die erste Orientierung der lokalen und regionalen Behörde fand bereits am 12. Januar 1989 statt und im Frühjahr 1989 wurden die Forderungen den Bundesbehörden unterbreitet. Der Bundesrat entschied sich am 6. Juli 1989 für die Gotthard-Basistunnel-Variante.

Im Einvernehmen mit dem Vorsteher des EVED fand bereits am 31. Oktober 1989 eine Begehung mit dem Beauftragten des Departementes und der Gemeinde Sedrun statt. Dabei konnten wir bewirken, dass der Schachtstandort nicht an die exponierte Stelle (Dieni), sondern in die versteckte Industriezone am Vorderrhein versetzt wurde. Dieser Standortwechsel erfolgte ohne eine formelle Einsprache, ein Vorgehen, von dem man heute nur träumen kann.

Anschliessend wurde eine Rahmenvereinbarung zwischen der Gemeinde Sedrun und der SBB ausgearbeitet, die am 26. Juni 1995 im Bundeshaus unterzeichnet wurde. Sie regelte alle Fragen, die sich in Zusammenhang mit dieser Grossbaustelle ergaben. Die grössten Auseinandersetzungen gab es um die Deponien (Val da Claus und Val Bugnei). Zuerst wollten die Bundesvertreter keine Entschädigung für die Ablagerung des Ausbruchsmaterials entrichten, weil angeblich eine gesetzliche Grundlage fehlte. Nach einer Intervention «von oben» haben wir dennoch eine Lösung gefunden, die Kosteneinsparungen in der Grössenordnung von 100 Millionen Franken brachte!

Alle Einsprachen einvernehmlich gelöst

Gleichzeitig wurden die Planungs- und Projektierungsarbeiten mit aller Intensität vorangetrieben. Dabei legten wir grossen Wert auf eine einvernehmliche Zusammenarbeit, dies nach den Weisungen von Bundesrat Adolf Ogi (collaboraziun en pei d'ina confrontaziun). Diese Philosophie hat sich bestens bewährt. Dadurch war es beispielsweise möglich, das Bewilligungsverfahren wesentlich zu beschleunigen. Infolge der frühzeitigen Einbindung der Betroffenen gingen lediglich 55 Einsprachen ein. In den Einigungsverhandlungen vom Mai 1995 (die vor Ort geführt wurden) gelang es, mit allen Einsprechern eine gütliche Regelung zu finden. Eine Sensation und ein Kunststück besonderer Art!

DABEI LEGTEN WIR GROSSEN WERT AUF EINE EINVERNEHMLICHE ZUSAMMENARBEIT, DIES NACH DEN WEISUNGEN VON BUNDESRAT ADOLF OGI.

Vorzeitiger Baubeginn dank guter Zusammenarbeit

Dank diesem Verhandlungserfolg konnte der Bundesrat das Vorprojekt für den Zwischenangriff Sedrun am 29. Juni 1995 genehmigen. Das Plangenehmigungsverfahren wurde gegenüber den Arbeiten am Basistunnel um ein Jahr vorgezogen. Somit

Bundesrat Adolf Ogi besucht am 4. August 2015 mit seiner Familie die Surselva, hier vor dem Benediktinerkloster Disentis. Von links nach rechts: alt Nationalrat Dumeni Columberg, Abt Daniel Schönbächler, Katrin und Adolf Ogi, Tochter Caroline mit Ehemann Sylvain und Pater Pirmin Gnädinger. (zvg)

konnte das EVED bereits am 24. Oktober 1995 die Plangenehmigung verfügen (ein Dokument mit einem Umfang von 211 Seiten!). Die SBB hatten allerdings schon am 29. Mai 1995 mit den Bauarbeiten in Sedrun begonnen. Der Spatenstich fand somit noch vor der Gründung der Ausführungsgesellschaft AlpTransit Gotthard AG und vor der Genehmigung durch den Bundesrat statt! Es war eine Meisterleistung, die schweizweit grosse Beachtung und Anerkennung fand. Da die Bauarbeiten in Sedrun rascher vorangingen als geplant, entschied man sich, die Ausbruchstrecke nach Süden und Norden von Sedrun aus voranzutreiben. Dadurch konnte wiederum wertvolle Zeit gewonnen werden.

Ein kluges politisches Zugeständnis waren die Investitionen für die Erschliessung der Surselva und die Berücksichtigung der regionalen Wirtschaft. In der parlamentarischen Debatte konnten wir bewirken, dass alle Zu- und Abtransporte zum Bauplatz in Sedrun auf dem bestehenden Eisenbahnnetz zu erfolgen hätten, das entsprechend auszubauen sei. Dieser Zusatz ermöglichte einen Ausbau der Anlagen der Rhätischen und Furka-Oberalp-Bahn in der Grössenordnung von 120 Millionen Franken.

Porta Alpina ade

Ein Wermutstropfen war das Scheitern des Leuchtturmprojektes Porta Alpina, des längsten Liftes der Welt. Diese faszinierende

Idee fand viel Sympathie in der ganzen Schweiz. In der ersten Phase stimmte auch das Parlament einem Projektierungskredit zu. Das Vorhaben scheiterte später am Widerstand der SBB. Wer weiss, wie es herausgekommen wäre, wenn Bundesrat Ogi noch Departementsvorsteher gewesen wäre?
Auch wenn die Porta Alpina gescheitert ist, hat diese visionäre Idee eine nachhaltige Wirkung gehabt, nämlich eine engere Kooperation im Gotthardgebiet, vorab im touristischen Bereich. Eine Perle ist das vom ägyptischen Investor Samih Sawiris initiierte Resort Andermatt Swiss Alps (ASA) mit einer Skigebietsverbindung Andermatt – Oberalp – Sedrun – Disentis, ein zukunftsweisendes touristisches Vorhaben mit neuen Dimensionen und mit einer internationalen Ausstrahlung.

Ein gelungenes Werk

Die Bauarbeiten in Sedrun sind beendet, die Bauinstallationen längst verschwunden und die Deponien renaturalisiert. Der Durchreisende kann sich kaum vorstellen, dass in diesem Tal jahrelang der grösste Bauplatz der Schweiz gewesen ist. Dank der sympathischen und gewinnenden Art von Dölf Ogi konnten die regionalen Vorbehalte beseitigt und die Behörden und die Bevölkerung für eine konstruktive Mitwirkung gewonnen werden. Dadurch war es möglich, das Bewilligungsverfahren markant zu beschleunigen und die Bauzeit um mehr als ein Jahr zu verkürzen. Damit hat die Surselva einen wesentlichen Beitrag zum guten Gelingen des Jahrhundertwerkes AlpTransit geleistet.
Auch die Talschaft hat direkt und indirekt von diesem grossen Bau profitiert. Es konnten Werke von nachhaltigem Wert (z. B. der Vergnügungssee Lag da Claus) geschaffen werden. Der volkswirtschaftliche Nutzen dürfte sich auf rund eine halbe Milliarde Franken belaufen. Zudem konnte die Gemeinde ihre Finanzen massiv verbessern. Die konstruktive Mitarbeit und das gute Einvernehmen haben sich somit für die Region und für den Bund ausbezahlt. Dieses erfreuliche Ergebnis verdanken wir vor allem dem grossen Verständnis und dem Wohlwollen des Berglers Dölf Ogi für die Bergbevölkerung. Als Anerkennung für diesen erfolgreichen und unermüdlichen Einsatz hat die Surselva ihm anlässlich der Vernissage des Gotthardbuches vom 4. Juni 2016 im Verkehrshaus in Luzern einen Bergkristall überreicht. Dieser soll ein authentisches Zeichen der Wertschätzung und der Anerkennung für das beeindruckende Lebenswerk von Bundesrat Dölf Ogi sein.

Dumeni Columberg, Dr. oec. HSG und langjähriger Gemeindepräsident von Disentis/Mustér, war von 1979 bis 1999 Nationalrat und gehörte der NEAT-Vorberatungskommission des Nationalrates, später der Verkehrs- und Fernmeldekommission an. Zudem war er Beauftragter der Standortgemeinde Sedrun (Tujetsch) für die Verhandlungen mit den Bundesbehörden. Seit 30 Jahren berichtet er regelmässig in der Gasetta Romontscha bzw. La Quotidiana sowie im romanischen Jahrbuch Calender Romontsch (1996/2015/2017) über das Jahrhundertwerk AlpTransit.

Dölf Ogi – brillanter Botschafter unserer Anliegen

VRENI SPOERRY

alt National- und Ständerätin

Dölf Ogi ist nicht nur ein liebenswürdiger und warmherziger Mensch, er war als Bundesrat ein hervorragender Botschafter für die Schweiz und ein brillanter Verkäufer unserer Anliegen. Das zeigte sich zum Beispiel, als er vor dem Bau des Gotthardtunnels mit ausländischen Medienleuten über die Kirche von Wassen flog, um ihnen die Schwierigkeiten eines Zuges bei der Bergüberwindung zu demonstrieren. Auch als die chinesische Delegation vollkommen frustriert war über die (unerlaubte) Präsenz von Menschen auf den Dächern nahe des Bundeshauses, gelang es am darauffolgenden Tag auf der Bahnfahrt Richtung Genfersee ausschliesslich Dölf Ogi, dem hohen Besuch aus dem Land der Mitte wieder ein Lächeln abzugewinnen und eine entspannte Stimmung zu schaffen.

DÖLF OGI IST EIN INTEGRER UND OFFENER MENSCH, DER SICH IN ANDERE MENSCHEN HINEINDENKEN KANN.

Sehr direkt habe ich Dölf Ogi beim Aufbau des Swiss Economic Forums erlebt. Mit Herzblut hat er die beiden jungen Macher Stefan Linder und Peter Stähli dabei unterstützt, wie sie aus den bescheidenen Anfängen einer regionalen Preisverleihung in Thun einen Grossevent schufen, der jedes Jahr unter breiter Medienbeteiligung international anerkannte Referenten im Berner Oberland versammelt und vor einem grossen, erlesenen Publikum begehrte Awards für ausgezeichnete Leistungen an Jungunternehmerinnen und Jungunternehmer vergibt. Bei einem solchen Event war auch der frühere Vizepräsident der USA in der Ära von Präsident Clinton, Al Gore, zu Gast. Beim Mittagessen im kleinen Kreis ergriff Dölf Ogi das Wort und sprach Al Gore in bestem Englisch ins

Gewissen. Er solle bitte seinem Chef ausrichten, dass er in der Problematik Naher Osten endlich durchzugreifen und das rücksichtslose Vorgehen der israelischen Regierung bei der Siedlungspolitik zu stoppen habe. Bewirkt haben bekanntlich die offenen und klaren Worte von Dölf Ogi kaum etwas, und Al Gore hat sie auch geflissentlich überhört und ignoriert. Es war trotzdem gut, von einem hohen Vertreter der Schweiz ein so deutliches Bekenntnis zu einem stabilen Frieden im Nahen Osten zu hören.

Persönlich und fern von Bundesbern bin ich Dölf Ogi auch in meiner Funktion als Stiftungsratspräsidentin von Pro Senectute Schweiz begegnet. Wir feierten unsere Generalversammlung 2009 in Lausanne, und zwar im Olympischen Museum der Schweiz. Dölf war unser Ehrengast und hat die Anwesenden mit einer flammenden Rede zum Wert des Sports und der Bewegung bis ins hohe Alter in seinen Bann gezogen. Er beschrieb den Sport als Lebensschule und gab seiner Überzeugung Ausdruck, dass im Sport das Potenzial liegt, eine bessere, friedlichere und gesündere Welt aufzubauen. Anschliessend verabschiedete er sich rasch. Er wollte zu seiner Frau nach Hause fahren, die nach dem tragischen Tod ihres einzigen Sohnes seine Unterstützung ganz besonders brauchte.

Dölf Ogi ist ein integrer und offener Mensch, der sich in andere Menschen hineindenken kann, damit ihre Sympathien gewinnt und mit seiner Ausstrahlung in den verschiedensten Gebieten – vom Sport über die Gesellschaft, die Wirtschaft bis zur nationalen und internationalen Politik – stets viel Wertvolles bewirkt hat.

Vreni Spoerry war von 1983 bis 1996 Mitglied des Nationalrats und von 1996 bis 2003 Mitglied des Ständerats, Unternehmerin.

Adolf Ogi und Vreni Spoerry verabschieden die beiden SEF-Gründer Stefan Linder (links) und Peter Stähli (rechts) am Swiss Economic Forum 2016. (zvg)

SEF.2016
Swiss Economic Forum
Allianz

Wir haben fertig

ALEXANDER TSCHÄPPÄT

ehemaliger Berner Stadtpräsident

Und dann steht er plötzlich da. Dabei hat er sich doch abgemeldet, der Schelm. 600 Leute im Saal empfangen ihn mit einem warmen Applaus. 600 Leute, vorab aus dem linken Berner Politkuchen, freuen sich über den Auftritt eines SVPlers, der er ist und doch nicht ist. Sie freuen sich über ihn, den Dölf. Sie freuen sich wie ich über jemanden, der uns seltsam nahe kommt, mag er, was seine politischen Überzeugungen anbelangt, in dieser oder jener Hinsicht gelegentlich auch aus anderem Holz geschnitzt sein.

Jetzt steht er also da, auf der Bühne vom Berner Bierhübeli und verziert meinen Abschiedsabend als Gemeinderat und Stadtpräsident der schönsten Stadt der Welt durch seinen Auftritt. Es ist der 16. Dezember 2016. Ich habe fertig, lautet das Motto des Abends. Fertig ist auch er, der Dölf. Seit fast 10 Jahren. Er weiss, wie es ist, wenn man Abschied nimmt. Wenn man fertig hat. Er weiss, dass etwas Neues erst beginnt, wenn man loslassen kann. Auch wenn einem das nicht leicht fällt. Wenn man vor dem, was kommt oder eben nicht kommt, auch etwas Angst hat. Er kennt die heitere Melancholie, die über einem Abend wie diesem liegt. Er ist geübt im Fertighaben. Mit dem Fertighaben hat er zehn Jahre Vorsprung auf mich.

Er hat sich mit irgendeiner Ausrede von der Gästeliste abgemeldet, um im Geheimen dann doch durch den Hintereingang im Backstage-Bereich zu landen. Dort plaudert er mit Stéphane Chapuisat, mit Massimo Rocchi und Endo Anaconda, mit dem Bühnentechniker, dem Türsteher. Er kann es mit allen. Und alle können es mit ihm. Dölf ist ein Phänomen.

Und dann beginnt der Abend. Pünktlich um halb acht. Der Dölf weiss, dass er nach dreissig Minuten drankommt. Eine Rede vorbereitet hat er nicht. Warum auch. Was er zu sagen hat, braucht er nicht aufzuschreiben.

Der Gemeinderat spricht, dann der Regierungsrat, der Burgerpräsident. Dölf wird langsam unruhig. Er rutscht auf dem Stuhl herum und braucht noch ein Wasser. Er, der Dölf, bekommt langsam feuchte Hände. Dabei hat er doch schon Tausende Reden gehalten. Zu diesen zählen geradezu historische Auftritte, die, wie sein legendäres «Freude herrscht», mit dem er vor einem Vierteljahrhundert den Astronauten Claude Nicollier

Bild: Schweizerisches Sozialarchiv

nach dessen Erdumkreisung begrüsste, längst in das unverwechselbare Kulturgut unseres Landes eingegangen sind.
Nach dem Dähler Rolf noch Bundesrätin Sommaruga. Dann wird die Reihe an ihm sein. Dölf ist nervös. Er springt vom Stuhl. Angespannt tigert er durch das Hinterbühnenland. Er wischt sich ein paar Staubkörner vom Revers, richtet die Krawatte, atmet noch einmal tief durch. Ein letztes Räuspern. Dann geht der Vorhang auf.

Dölf hechtet auf die Bühne. Er taucht ins Scheinwerferlicht. 600 Leute applaudieren. Verflogen sind Nervosität und Unruhe. Er geniesst die Sympathie, das Wohlwollen, das ihm entgegenwogt. Und dann redet er. Souverän. Einen Zettel braucht er nicht. Dölf weiss, was er sagen will. Es ist ein Mix aus ernsthafter Hommage und persönlichen Anekdoten. Eine Melange aus Bonmots und der warmherzigen Ermutigung, dem Fertighaben mit Zuversicht zu begegnen.

Adolf Ogi und Alexander Tschäppät im Dezember 2016 am Abschiedsfest vom Berner Stadtpräsidenten im Bierhübeli Bern.

Ich sitze auf der Bühne und höre ihm zu. Ich glaube ihm jedes Wort. Ihm, dem charismatischen Oberländer. Dem begnadeten Referenten. Dem Causeur. Dem Botschafter für Zuversicht und Weltvertrauen.
Die Leute im Saal wissen: Der Dölf ist einer, der nicht nur reden kann. Er kann auch zuhören. Er ist längst eine Marke geworden. Sie steht für Respekt, Engagement, Aufrichtigkeit und Humor.
Und dann ist er fertig. Der Saal bebt.
Dölf strahlt. Ich auch. Dann eine herzliche Umarmung zweier Vollblutpolitiker, zweier Animaux Politiques, die sich aller Unterschiedlichkeiten zum Trotz einander verwandt und verbunden fühlen.
Ein wunderbarer Abend nimmt seinen Lauf. Nach dem grossartigen Auftritt von Massimo Rocchi gibt es Ghackets und Hörnli. Irgendwann wird es später und irgendwann ist der Dölf gegangen, hinaus in eine kalte Dezembernacht.

EINEN ZETTEL BRAUCHT ER NICHT. DÖLF WEISS, WAS ER SAGEN WILL.

Jetzt, wo wir fertig haben und endlich tun können, was wir auch noch und wirklich gerne tun, werden wir uns sicher wieder begegnen. Irgendwann. Irgendwo. Freude herrscht.

Lang lebe Dölf Ogi!

Alexander Tschäppät war von 1991 bis 2003 Mitglied des Nationalrats. Von 2005 bis 2016 war er Stadtpräsident von Bern. Seit 2011 ist er wiederum Mitglied des Nationalrats.

Es war ein wichtiger Tag!

ELISABETH ZÖLCH BÜHRER

alt Nationalrätin / Regierungsrätin des Kantons Bern

Es war ein wichtiger Tag. Für unser Land, für den Kanton Bern, für Dölf Ogi – und für mich.

Im Oktober 1987 wurde unser eidgenössisches Parlament neu gewählt. An der Spitze der SVP-Liste 1 mit dem Spitzenresultat von 124 191 Stimmen: Ogi Adolf, 1942, Generaldirektor Intersport, Fraubrunnen. Der Wahlkampf wurde mit weit über 50 Wahlveranstaltungen sehr engagiert geführt, wobei wir geschlossen auftraten und als Team kämpften. Dölf Ogi motivierte, argumentierte, diskutierte, ging voran und zog weitere nach.

Zu diesen gehörte auch ich, die er antrieb, in die Politik einzusteigen.

Und so sass ich an diesem Tag im Dezember in diesem eindrucksvollen, festlich geschmückten Saal, wo ich an der Seite von Dölf zusammen mit den anderen Parlamentsmitgliedern den Eid ablegte. Es begann die 43. Legislaturperiode. Und mir wurde die Verantwortung bewusst, die ich nun als Parlamentarierin übernommen habe. Ich sei das «gegen aussen hin wahrnehmbare Ergebnis der Öffnungspolitik von Adolf Ogi», schrieb eine Zeitung. Und tatsächlich habe ich ihm zu verdanken, dass er mich motivierte und immer wieder unterstrich, wie wichtig es sei, Menschen zu mögen und auch als Frau die politischen Debatten zu prägen.

DIESES FEUER IST NIE ERLOSCHEN. AUCH HEUTE NOCH NICHT.

Am 9. Dezember 1987 wurde der Bundesrat neu gewählt. Für uns Berner war die Ausgangslage klar. Es kam nur ein Kandidat in Frage: Adolf Ogi. Unser Motor, der für eine offene, moderne und zugleich werterhaltende Politik stand. Wir wussten, dass er vom Volk getragen wurde und über einen soliden Leistungsausweis verfügte. Sportlich, dynamisch, klug. Mit den Wurzeln in den Bergen über Kandersteg. Unser Freund.

Wie war ich aufgeregt. Er selber sass während der Zeit, als die Stimmen ausgezählt

Beginn der 43. Legislaturperiode in National- und Ständerat – Vorbereitungsarbeiten, Eröffnung und Wahl

Blumensträusse, Glückwünsche und feierliche Minuten

So erlebte die Bernerin Elisabeth Zölch ihren ersten Tag als Nationalrätin: Am Vormittag noch Aktenstudium im Büro.

Ein Blick aus dem Büro zum nahegelegenen Bundeshaus.

Gemütliche SVP-Runde wenige Stunden vor Eröffnung der Legislatur.

Erste Kontaktnahme mit neuen Kollegen, im Bild Dumeni Columberg GR.

Begrüssung durch den Weibel am Arbeitsplatz, neben den SVP-Kollegen.

Ein viel beachtetes Begrüssungsküsschen von Platznachbar und SVP-Bundesratskandidat Adolf Ogi.

Montag vormittag in Bern. Auf den ersten Blick ein ganz gewöhnlicher Tag, spätherbstlich garstig. Auch das Bundeshaus bietet äusserlich das gewohnte Bild: Beamte, die von Amt zu Amt, von

Text: Bernard Bickel
Bilder: Hansueli Trachsel

Sitzung zu Sitzung marschieren, im Hauptgebäude warten die Journalisten auf Ergebnisse der Bundesratssitzung. Alles deutet äusserlich auf einen gewöhnlichen Arbeitstag hin. Innen allerdings ein völlig anderes Bild: Emsiges Treiben der Weibel, letzte Arbeiten der Putzequipen, die bundeseigenen Gärtner schmücken Eingang, Wandelhalle und Ratssäle; gelb und weiss sind die dominierenden Farben. Für all jene, die indirekt mit dem Ratsbetrieb zu tun haben, ist es kein gewöhnlicher Tag, ebenso wenig für die 246 Parlamentarierinnen und Parlamentarier, die aus der ganzen Schweiz nach Bern gekommen sind. Für sie beginnt die 43. Legislaturperiode, ein vierjähriges Ringen, Feilschen, «Chären» um Worte, Gesetzesartikel, Ideen und Anliegen.

★

Unter den 87 Neuen des National- und Ständerats befindet sich eine Mehrheit mit Ratserfahrung, sei es auf kommunaler, kantonaler oder gar eidgenössischer Ebene, in einer Exekutive oder in einer Legislative. Keine Legislativ-, jedoch eine sechsjährige Gemeinderatserfahrung bringt die frischgewählte Berner SVP-Nationalrätin Elisabeth Zölch-Balmer mit. Bis 1981 gehörte sie der Gemeindeexekutive von Mühlethurnen an, legte aber nach ihrer Heirat und dem Wohnortswechsel nach Bern sämtliche Ämter ab.

★

Für Elisabeth Zölch, die erste gewählte SVP-Parlamentarierin, beginnt, zumindest in den ersten Stunden, ein gewöhnlicher Arbeitstag. Der 1. Direktionssekretär (offizieller Titel) der kantonalbernischen Gemeindedirektion ist in das Studium von «hauseigenen» Akten vertieft. Keine Spur von eidgenössischen Parlamentsunterlagen, von Budgets, Botschaften zu Sozialcharta oder Steuerharmonisierung (die wichtigsten Geschäfte dieser Session). Sie will eine klare Trennung zwischen ihrem Beruf und ihrem Mandat als Nationalrätin. Sie hofft aber dennoch, eine Art Bindeglied zwischen Bund und Kanton sein zu können, «allerdings wird mir das politische Gewicht fehlen, das bisher die im Nationalrat vertretenen Berner Regierungsräte hatten».

★

Elisabeth Zölch konnte sich nur im zweiten Anlauf – «nach Diskussionen mit Regierungsrat Peter Schmid und Freunden» – für eine Nationalratskandidatur erwärmen. «Die Juristerei stand für mich eindeutig im Vordergrund, nicht die Politik.» Doch von Berufes wegen steht sie mitten in der Politik. Der Schritt von der «passiven» in die aktive Politik sollte ihr deshalb keine allzu grosse Mühe bereiten.

★

Elisabeth Zölch ist das gegen aussen hin wahrnehmbare Ergebnis der SVP-Öffnungspolitik Adolf Ogis. Sie wehrt sich aber gegen das Etikett «Alibifrau». Sie will mit Argumenten arbeiten. Überhaupt, die frischgewählte Nationalrätin ist alles andere denn eine Feministin. Sie will sich zwar für die Anliegen der Frau einsetzen, wird sich aber mit Händen und Füssen gegen allfällige Versuche ihrer männlichen Kollegen wehren, ihr sämtliche Fragen anzuhängen, die irgendwie mit der Frau zu tun haben. «Frauen müssen sich zu Fragen wie Mutterschaftsversicherung und Gentechnologie äussern, doch Familienpolitik muss von Frauen und Männern gemeinsam getragen werden.» Sie will übrigens auch nicht von der Möglichkeit des neuen Eherechts Gebrauch machen, ihren Mädchennamen demjenigen ihres Ehemannes voranzustellen. Frau Zölch wird ab 1. Januar also nicht Frau Balmer-Zölch heissen.

★

Ihre Fraktionstätigkeit begann mit einem Paukenschlag: der Nomination eines SVP-Bundesratskandidaten vor zehn Tagen. «Für uns Berner war die Ausgangslage klar, es kam nur ein Kandidat in Frage, Adolf Ogi.» Allerdings: Die Berner SVPler waren nicht einfach nur für Ogi, weil er Berner ist, sondern «weil wir überzeugt sind, dass er aufgrund seines guten Wahlergebnisses vom Volk getragen wird und über einen guten Leistungsausweis verfügt».

★

Für Elisabeth Zölch endet ihr Arbeitstag in der Gemeindedirektion am Mittag. Sie muss sich umziehen, zur Feier des Tages wird sie ein dunkles Deux-pièces anziehen. Die zehn Berner SVP-Vertreter im Parlament treffen sich am Mittag in einem kleinen Saal des «Bellevue» zu einem Imbiss. Gemütliches Beisammensein und Vorbereitung im lockeren Rahmen auf die kommende Aufgabe.

★

Kurz vor 15 Uhr: Die Nationalrätinnen und Nationalräte treffen im festlich geschmückten Bundeshaus ein. Empfangen werden sie von einem Jodlerchor aus Stäfa ZH, der eigens angereist ist, um seinen Nationalratspräsidenten Rudolf Reichling zu feiern. Sofort werden sie von den Weibeln in Empfang genommen und an ihre Plätze geführt. Zahlreiche Änderungen bei der Sitzordnung: Die Fraktionen sitzen kompakter beieinander, die kleinen im Zentrum, FDP und Teile der CVP links und in der Mitte, die SP rechts von der Mitte, SVP und die deutschsprachigen CVP-Vertreter rechts. Auffallend: der harte SP-Kern (Hubacher, Ursula Mauch und Lilian Uchtenhagen), sonst immer zuunterst links plaziert, sitzt neu in der hintersten Reihe.

★

Kurz nach 15.30 Uhr wird die 43. Legislaturperiode von Alterspräsident Fritz Meier (na, Zürich) eröffnet. Der Saal ist voll, die Plätze der Damen schmücken Blumensträusse. Der Parlamentssaal bleibt während der Vereidigung und der Wahl des Ratspräsidiums gefüllt. Die feierliche Stimmung ist unter anderem auch daran zu erkennen, dass keine Zeitungen gelesen oder Akten studiert werden. Für Elisabeth Zölch ist vor allem die Vereidigung ein wichtiger Augenblick. Sie wurde zwar als bernischer Fürsprecher und später in diversen öffentlichen Ämtern bereits mehrmals vereidigt; für sie wird durch diesen Akt aber «die Verantwortung deutlich gemacht, die man als Parlamentarier übernimmt».

★

Nach knapp einer Stunde ist der feierliche Teil der Legislatureröffnung im Nationalrat vorüber, der neu gewählte Ratspräsident Rudolf Reichling (svp, Zürich) lädt das Kollegium und die zahlreichen Gäste zu einem kleinen Aperitif in sein Präsidentenzimmer. Der Wein, roter Klevner und weisser Riesling/Sylvaner aus dem Zürcher Staatskeller, ist von der Zürcher Regierung offeriert. Das erste Ratsgeschäft, die Beratung des PTT-Budgets 1988, findet praktisch unter Ausschluss der Öffentlichkeit statt.

Zur gleichen Zeit treffen im «Stöckli» die Ständeräte zusammen, die 19 Neuen mit den wiedergewählten Bisherigen. Auffallend im kleinen Rat die für Ständeratsverhältnisse recht bunte Bekleidung der fünf Damen. Die Begrüssung in diesem Rat ist nicht minder herzlich, die Neuen fühlen sich bereits nach kurzer Zeit ganz offensichtlich wohl. Mit einem Glanzresultat wird der Freisinnige Tessiner Ständeherr Franco Masoni zum Präsidenten gewählt. Und auch die Tessiner Delegation wartet mit einem guten Tropfen Merlot für Ratskollegen und Gäste auf.

Konsens und Dialog

ap/sda. Dem 73jährigen Zürcher NA-Vertreter war es vorbehalten, die 43. Legislaturperiode des Nationalrats zu eröffnen. In einer kurzen Ansprache wünschte er allen Kolleginnen und Kollegen Mut, Überzeugung und Toleranz bei der Erfüllung ihres Mandates. Er gab der Hoffnung Ausdruck, dass Konsens, Dialog und Kompromiss den harten Auseinandersetzungen vorgezogen würden und sich alle dafür einsetzten, den Nachkommen eine lebenswerte Schweiz zu erhalten.

Meier hob das Wirken des vor 200 Jahren geborenen Generals Dufour hervor, der es fertiggebracht habe, nicht nur in kürzester Frist den Sonderbundskrieg zu gewinnen, sondern auch sofort den Weg zur nationalen Versöhnung zu ebnen. Diesen Geist der Versöhnung wünschte sich Meier auch für die neue Legislaturperiode. Er konnte aber nicht umhin zu betonen, dass die starke Bevölkerungszunahme eine wesentliche Komponente der zunehmenden Umweltbelastung darstelle.

Masoni mit Glanz

ap. Der mit einem Glanzresultat (41 Stimmen) gewählte neue Ständeratspräsident Franco Masoni bezeichnete in seiner Eröffnungsrede das gegenseitige Akzeptieren der sprachlichen Minderheiten und Auffassungen als stillschweigende Voraussetzung für eine fruchtbare Zusammenarbeit im Rat. Die speditive Art der Geschäftsbehandlung durch den Ständerat dürfe nicht zu einer schnellen und unsorgfältigen Gesetzgebung führen. Masoni warnte auch vor Pauschalurteilen. In diesem Zusammenhang sei verschiedentlich sogar die Existenzberechtigung des Rates in Frage gestellt worden. Die kleine Kammer sei aber ein wesentliches Element in der erforderlichen Spannung von Föderalismus und Zentralismus.

Mit dem gleichen Ergebnis wie Masoni, nämlich mit 41 Stimmen, wurde Hubert Reymond (lib, Waadt) zum Vizepräsidenten gewählt. Erster und zweiter Stimmenzähler sind Luregn Mathias Cavelty (cvp, Graubünden) und Max Affolter (fdp, Solothurn).

Gespräche vor…

wurden, ruhig, fast gelassen, da. Neben uns. Familie, Freundinnen und Freunde auf der Tribüne. Aber mir schien, als spürte ich das Feuer, das in ihm brannte. Er wollte dieses Land mitregieren.
Erst als das Wahlresultat verlesen wurde und Dölf dann den Eid als Bundesrat ablegte, spürte ich die Entlastung bei ihm, verhaltenen Stolz auch und ich sah die Freude der Menschen überall bei den Wahlfeiern und überall, wo er auftrat.

Dieses Feuer ist nie erloschen. Auch heute noch nicht. Dölf hat so vieles erreicht und blieb trotzdem seinen Wegbegleitern stets ein wacher Ratgeber und Freund. Und als Berner hat er unseren Kanton weit über die Landesgrenzen hinaus bekannt gemacht.

Elisabeth Zölch Bührer war von 1987 bis 1994 Nationalrätin und von 1994 bis 2006 Regierungsrätin des Kantons Bern. Seit 2007 ist sie Präsidentin des Arbeitgeberverbandes der Schweizerischen Uhrenindustrie.

…und hinter den Kulissen. (zvg)

Wo ein Wille ist, ist auch ein Weg

FRANÇOIS LACHAT

alt Staatsrat

Das Motto Wilhelm des Schweigers – «Wo ein Wille ist, ist auch ein Weg» – könnte von Adolf Ogi sein.
Am Anfang hatten Dölf und ich nichts gemein ausser dem Jahrgang 1942. Von weitem verfolgte und bewunderte ich seine Arbeit an der Spitze des Schweizer Skisports und den Erfolg bei den Olympischen Winterspielen in Sapporo im Jahre 1972.
Unsere erste Begegnung fand in der Sport-Toto-Kommission statt, als er den Schweizerischen Ski-Verband vertrat und ich zusammen mit zwei anderen Regierungsräten die französischsprachigen Kantone. Sein Empfang war offen und herzlich (dieser Charakterzug ist Teil seiner DNA), trotz der Unterschiede, die zwischen einem Berner und einem Jurassier auftreten könnten. Seit diesem Tag ist der stetige Strom (und gewiss kein Wechselstrom) nicht abgerissen.
Als ich von Dölfi auf eine private Veranstaltung auf dem Landsitz Lohn eingeladen wurde, zog ich mich in einem Wald vor Belp um, als ich ihn vorbeifahren sah. Bei meiner Ankunft begrüsste er mich mit dem Satz: «Grossartig, du kannst deine Krawatte sogar im Wald justieren!»
Wir hatten die Abfahrt vom Wildhorn bis Anzère gemacht: er, der aussergewöhnliche Skifahrer, und ich, der miserable. Bei der Ankunft, als sich meine Aufregung wieder gelegt hatte, haben wir gleichberechtigt gefeiert. Aber er war immer schalkhaft und schelmisch. Jean-Pascal Delamuraz hat einige Tage später spöttisch nach mir gerufen und sprach von meinen «grossartigen» Fortschritten beim Skifahren.
Aber genug der Anekdoten, es gäbe Tausend und eine davon.
Adolf Ogi, der Freund von J.-P. Delamuraz, war immer der Liebling der Welschschweizer gewesen. Die beiden waren unzertrennlich. Ich sehe ihn immer noch mit Tränen in den Augen bei der Kathedrale von Lausanne. Er liebte es, immer den Emil zu machen, wofür er von den Romands sehr geschätzt wurde.
Sein «formidable» ist jedem in Erinnerung, aber er machte «splendiose» draus. «Ich habe ein neues Wort erfunden. Es ist die Kombination von splendide und grandiose», rief er aus.
Er, der Skilehrer (verglichen mit den anderen sechs Bundesräten) und belächelt von

François Lachat und Adolf Ogi in der Abfahrt vom Wildhorn ins Wallis, 1989. (zvg)

Otto Stich, fiel nie aus seiner Rolle des Weisen! Die Westschweizer haben ihm stets Zuneigung entgegengebracht, weil sie von seinem Charisma begeistert waren. Er rief dann aus: «Warum können wir uns keinen Bundesrat mit vier lateinischen und drei Deutschschweizern vorstellen? Alles würde viel schneller gehen!»

ADOLF OGI WAR IMMER DER LIEBLING DER WELSCHSCHWEIZER GEWESEN.

Mit F. Cotti, J.-P. Delamuraz und R. Felber hat er am 20. Mai 1992 die Waage in Richtung Verhandlungen zur Mitgliedschaft in der EU ausschlagen lassen. Ins gleiche Jahr fiel die Entscheidung über den Europäischen Wirtschaftsraum (EWR), ein Projekt, das von Jacques Delors, Präsident der Europäischen Kommission, initiiert wurde. Er verstand, dass dieser EWR kein Mitentscheidungsrecht bot und dass es dann besser war, den Beitritt bleiben zu lassen.

Vor der Wahl hatte ich den Staatssekretär F. Blankart vor dem jurassischen Parlament reden lassen. Das brachte die Zustimmung der Abgeordneten und des Jura. Dem stand die eidgenössische Ablehnung vom 6. Dezember 1992 gegenüber (50,3 % Nein, 16 Kantone gegen 7). Die Westschweizer und die Jugend hatten Tränen in den Augen. Delamuraz spach von einem schwarzen Sonntag.

Einige werden sagen, dass die Entscheidung, die Verhandlungen zu eröffnen, ein Eigentor für den EWR war. Aber der «Mann mit der Tanne» ist damit nicht einverstanden, er meint, dass es noch heute «richtig und ehrlich war, die Richtung im Voraus mitzuteilen, die der Bundesrat in seiner europäischen Politik einschlagen wollte».

Ausserdem hat er als Transportminister die riesige Baustelle der Neuen Alpentransversale (NEAT) begonnen. Er hat sich stark um die Anerkennung des Volkes für die Realisierung dieses Projekts (27. September 1992, 64 % Ja) bemüht.

Ich kann ihn noch hören, als er vor der jurassischen Regierung dafür warb. Wir haben uns dann als Exekutive öffentlich dafür engagiert und das Volk hat uns Recht gegeben.

Der Glücksbringer, der «Mann mit den Kristallen», und O. Stich waren sich nicht einig über die Finanzierung und die Rentabilität der NEAT. Der Streit zwischen den zwei Männern entbrennt im Sommer 1994 erneut: Der eine bleibt beim Konzept der zwei Achsen, der andere will nur eine davon. Die Alpeninitiative, die am 20. Februar angenommen wurde, änderte nichts daran. Allerdings gewann Adolf Ogi zweimal: Zuerst folgte das Parlament dem Bundesrat mit der Zustimmung zum Bau der zwei Basistunnel (Gotthard und Lötschberg), dann stimmte das Volk am 29. November 1998 mit 63,5 % dem Bau und der Finanzierung dieser zwei Werke zu. Stich wurde niedergestreckt! Am 21. Mai 2000 akzeptierten die Bürger das erste bilaterale Abkommen mit der EU. Das Landverkehrsabkommen sieht vor, dass die Union die Verkehrspolitik des Bundes akzeptiert. Der Mann der Vision hat über den Rappenspalter gesiegt! Am Tag nach der Einweihung des Gotthardtunnels war die Frankfurter Allgemeine begeistert: «Die kleine Schweiz beschämt dank ihrer Professionalität den Rest Europas.»

Niemand wird ihm diese Auszeichnung und diese Ehre absprechen können – er wollte regieren und nicht nur verwalten.

Und der Jura hat ihm viel zu verdanken, da er erfolgreich die Kleeblatt-Initiativen bekämpft hat, die – falls angenommen – dem historischen Jura die Transjurane verweigert hätte, die am 6. April 2017 vollständig freigegeben wurde.

Mit der Ankunft von Moritz Leuenberger im Jahr 1995 wurde er «in die nationale Linie B zurückgestellt» gemäss der damaligen Formulierung, die sich tatsächlich als eine sehr falsche Beurteilung herausstellte, wie die Fakten zeigen.

Als Vorsteher des VBS verstand er schnell, dass Alexander Suworow nicht mehr durch den Gotthard rasen würde, dass die Grenzverteidigung keinen Sinn mehr ergab und Kooperation notwendig war, «Sicherheit durch Kooperation», gemäss seiner Formel. Er hat die richtigen Fragen gestellt.

Unter dem Vorsitz des ehemaligen Ministers Edouard Brunner beauftragte er eine Kommission von 41 Mitgliedern damit, diese Fragen zu beantworten. Die Wirtschafts-, Banken-, Medien- und Politikwelt waren darin vertreten. Die Medien haben diese Kommission als «Suisse miniature» bezeichnet. Ich war Teil davon.

Man musste eine neue Verteidigungspolitik festlegen gegen künftige Gefahren: Terrorismus, Cyber-Krieg usw.

Der Schlussbericht wurde einstimmig angenommen – in der Abwesenheit von C. Blocher, der auf die Annahme des Berichts mit dem Versand eines Gegenberichts an alle Haushalte reagierte.

Das war der Anfang der Armeereform, die vom «Mann aus Kandersteg» begonnen wurde und noch lange nicht abgeschlossen ist. Nicht zu vergessen sein Engagement bei internationalen Friedensbemühungen (z. B. Gelbmützen, Swisscoy, die Stiftung Genfer Internationales Zentrum für Humanitäre Minenräumung).

Insgesamt zeigen diese drei Beispiele, dass Dölf lieber regierte als verwaltete, und er hat es immer für die Menschen gemacht, denn um eine gute Politik zu machen, muss man vor allem Menschen mögen! Er hat mit Freude und Begeisterung regiert und hatte keine Angst, «etwas Ungewöhnliches zu machen». Sein energisches Engagement hat er oft mit Witz und Emotion begleitet und während seiner Karriere hat er seine Rolle als Leiter nie vernachlässigt.

Adolf Ogi hat sich wirklich um sein Land verdient gemacht!

Auf der Aktionsebene habe ich ihn geschätzt, auf Herzensebene sehr gern gehabt – und das ist noch immer der Fall.

François Lachat ist ein Schweizer Politiker. Von 1995 bis 2003 war er Mitglied des Nationalrats. Er war erster Staatsratspräsident des Kantons Jura.

Höhepunkte mit Gewitterwolken

HANNA MURALT MÜLLER

alt Vizekanzlerin

Es gibt nicht nur politische, sondern auch gesellschaftlich-gesellige Höhepunkte im Leben eines Bundespräsidenten. Zur zweiten Kategorie gehört jeweils ganz gewiss der zweitägige Ausflug der Landesregierung nach der letzten Bundesratssitzung vor der Sommerpause. Dabei will der jährlich wechselnde Bundespräsident seinen Kolleginnen und Kollegen «seinen» Kanton näherbringen und unter anderem jene Orte und Landschaften besuchen, die ihm besonders viel bedeuten, weil sie mit seinem Leben eng verbunden sind. Für Dölf Ogi, seit 1988 Mitglied des Bundesrates, kam dieser Moment im Sommer 1993. Denn gemäss einer ungeschriebenen Regel wird ein Bundesrat erst dann Bundespräsident, wenn allen vor ihm in dieses Gremium gewählten Mitgliedern diese Ehre bereits zugekommen ist.

Als Vizekanzlerin hatte ich die Aufgabe, mit dem jeweiligen Bundespräsidenten und seinem engsten Stab diesen Ausflug vorzubereiten. Wir, die dreiköpfige Führungsspitze der Bundeskanzlei mit dem damaligen Bundeskanzler François Couchepin, Vizekanzler Achille Casanova und mir, waren an den Sitzungen des Bundesrates mit unseren je unterschiedlichen Funktionen beteiligt und durften deshalb auch mit auf die «Bundesratsreisli».

Die Wettervorhersage vor diesem Ausflug war vielversprechend, aber es drohten andere Gewitterwolken. Unmittelbar vor der Reise hatte der Bundesrat mit seinem Beschluss, den Milchpreis zu senken, bei vielen Bauern Ärger ausgelöst. Auch im oberen Emmental, in Schangnau, war das bäuerliche Murren nicht zu überhören. Kurz vor unserer Abreise wurde gar darüber debattiert, ob man überhaupt mit dem Gesamtbundesrat zusammenkommen wollte. Nur gerade mit knapper Mehrheit wurde schliesslich entschieden, trotz Milchbeschluss die Regierung, wie geplant, zu empfangen. Da ich selber im Emmental aufgewachsen bin, wusste ich, dass man hier nicht gerade obrigkeitsgläubig ist und durchaus seine Meinung sagt, Autoritäten hin oder her. Man musste wegen der aufgeheizten Stimmung durchaus auch mit unmissverständlichen Unmutsbezeugungen rechnen, unter Umständen gar unter Einsatz von Gülle (Jauche) und Miststock.

Für Dölf war trotz des unheilvollen Szenarios klar: Wir gehen erst recht! Dann hören wir uns eben an, was die Schangnauer uns zu sagen haben. Aber es kam ganz anders, was eben auch typisch für das Emmental ist: Wir wurden mit grosser Herzlichkeit und Freundlichkeit empfangen und bewirtet.

Das Gewitter kam dann doch noch, aber ganz anders. Es war ja klar, dass wir am ersten Abend im Ogi-Dorf Kandersteg bei René Maeder im legendären Waldhotel Doldenhorn / Ruedihus übernachten würden. Dölf hatte für den folgenden Tag einen ganz besonderen Höhepunkt eingeplant: ein gemeinsames Frühstück «Uf der Höh» (auf der Höhe) oberhalb Kandersteg, einem Aussichtsort, der schon bei seiner Heirat eine Rolle gespielt haben soll. Aber der Morgen war grau, es regnete und die über den bundesrätlichen Freiluft-Frühstückstischen aufgespannten Plastikdächer hielten zwar den Regen ab, hätten sich da nicht plötzlich «Glunggen» (Wasserlachen) von selber entleert. Es erwischte uns irgendwie alle mehr oder weniger. Danke, lieber Dölf, dass du trotz der widerborstigen Natur auf der Exkursion bestanden hast. Gerade deswegen sprachen wir noch Jahre danach von diesem «Reisli». Wir werden es nie vergessen.

Dölf wollte dem Kollegium «seinen» Kanton zeigen und ging das Risiko ein, unter Umständen auch mit weniger Erfreulichem konfrontiert zu werden. Das Kollegium sollte durch Eindrücke und Erlebnisse ausserhalb des gewohnten Rahmens zusammengeschweisst werden. In dieser Haltung liegt auch ein Teil seines Vermächtnisses. Denn die beiden kleinen Episoden enthalten im Kern einiges, was Dölf so unverwechselbar, so authentisch macht.

Dölf war es stets ein Anliegen, in seinen beiden Präsidialjahren «seine Mannschaft» zusammenzuhalten, sie etwas Verbindendes erleben zu lassen. Und viele Einsichten, die Dölf ganz selbstverständlich lebt, stammen aus der Welt des Sports. Nicht nur im Mannschaftssport, auch in der Einzelsportart muss der Teamgeist stimmen. Und das gelingt nur, wenn Brücken zwischen Menschen geschlagen werden, die sich nicht einfach sofort verstehen oder die sich gar gegenseitig nicht unbedingt nur wohlgesinnt sind. Dölf Ogi war stets darauf bedacht, Brücken zu schlagen, im Bundesrat selber, aber auch zwischen dem Bundesrat als Behörde und dem Volk.

DÖLF WAR ES EIN ANLIEGEN, «SEINE MANNSCHAFT» ETWAS VERBINDENDES ERLEBEN ZU LASSEN.

«Man muss Menschen mögen»: Das lebte Dölf so selbstverständlich wie authentisch. Es braucht solche Bundesräte und es gab und gibt sie immer wieder und in allen Parteien. Es sind häufig jene, über die es am meisten Bonmots oder auch Witze gibt. Und die gibt es über Dölf zu Hauf – er wusste, was dies bedeutet, und hat selber Witze über sich gesammelt und oftmals auch selber genüsslich erzählt.

Hanna Muralt Müller leitete von 1987 bis 1991 das Direktionssekretariat des schweizerischen Bundeskanzlers. Von 1991 bis 2005 war sie Vizekanzlerin der Schweizerischen Eidgenossenschaft.

Der Gesamtbundesrat versammelt sich am Mittwoch, 15. November 2000 ausnahmsweise im Tessin im Hotel Villa Castagnola in Lugano, wo die Bundesräte Joseph Deiss, Kaspar Villiger, Bundespräsident Adolf Ogi, Pascal Couchepin, Vizekanzler Achille Casanova,

Bundeskanzlerin Annemarie Huber-Hotz, Ruth Dreifuss, Moritz Leuenberger, Ruth Metzler und Vizekanzlerin Hanna Muralt Müller (v. l. n. r.), im Tagungsraum Platz nehmen.

Die Bundesratsreise führt im Juli 1993 die Bundesräte mit Kutschen an die Chilbi nach Schangnau im Emmental. In der ersten Kutsche sitzt Bundespräsident Adolf Ogi, in der nachfolgenden Bundesrat Otto Stich.

© Keystone

So wa(h)r es!

GEORGES WÜTHRICH, OSWALD SIGG, ANDRÉ HÄFLIGER, JÜRG STÜSSI-LAUTERBURG

Ein Buchtitel ist auch ein Wagnis. In leichter Selbstüberschätzung gingen wir es ein, weil der Titel über Georges Wüthrichs Beschreibung des Lebens von Adolf Ogi insgeheim signalisieren sollte: Das ist eine abschliessende Würdigung. Wir hatten ausser Acht gelassen, dass damals – die erste deutschsprachige Auflage der Biographie erschien 2012 – der 70-jährige Jubilar ein noch relativ junger alt Bundesrat war. Unbewusst wohl war die leise Absicht da, angesichts der bereits über zehn verschiedenen Ogi-Bücher vor allem ihren Autoren und Verlegern zu sagen: Es reicht jetzt. Wir machen das ultimative Ogi-Lexikon.

ES IST KEINESWEGS UNTYPISCH, WENN ER HÖCHSTENS HALBWEGS DEN ERWARTUNGEN DES PUBLIKUMS ENTSPRICHT.

Doch der Gefeierte lebte – und lebt zur Freude seiner Freunde immer noch! – einfach munter weiter. Statt als Ex-alt-Bundesrat endlich den wohlverdienten Ruhestand zu geniessen. Wandern, Jassen, Vorwörter schreiben. Skifahren. Reden. Interviews geben. Nachwörter verfassen. Kongresse bereichern. Mehr noch: sich weiterbilden! Eine Alters-Universität besuchen! Das wäre doch jetzt wirklich sinnvoll gewesen, dachten wir. Aber nein.

Und doch. Es ist keineswegs untypisch, wenn er höchstens halbwegs den Erwartungen des Publikums entspricht. Obschon ein guter Politiker wie Adolf Ogi vom Vertrauen

Bei der Buchvernissage «So wa(h)r es» am 30. Juni 2012 in Kandersteg. (zvg)

seiner Wählerinnen und Wähler, auch der ehemaligen, lebt. Das war und ist ja bei ihm auch immer so. Seine Popularität liegt mit darin, dass er in einigen Fragen und Grundwerten eine von einigen Hardlinern seiner Partei abweichende Haltung vertritt. Ogi war immer und ist auch heute noch der durchaus auch als Protestpartei entstandenen, aber seit Jahrzehnten staatstragenden bernischen BGB verpflichtet, selbst wenn diese sich längst auch SVP nennt und ihr Geist weit über die Grenzen des Kantons Bern hinaus wirkt. Das ist seine politische Familie.

Für die Ambivalenz im Titel «So wa(h)r es!», die sich auch auf unser Buch auswirkte, gibt es ein geradezu historisches, weil seit 2016 durch amtlichen Rückzug erledigtes, Beispiel. Wie war das denn damals, mit dem berühmten Schreiben des Bundesrates vom

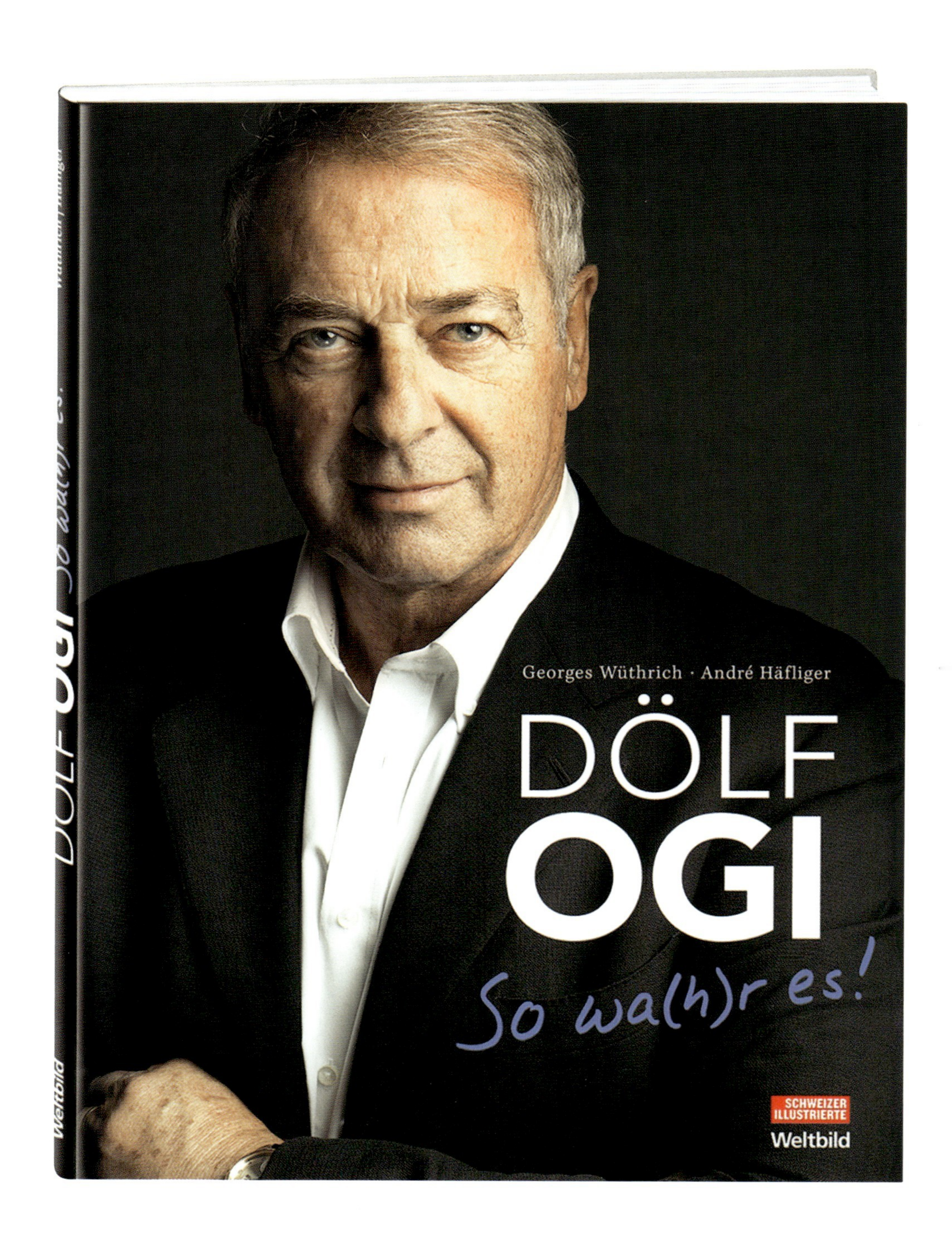
Georges Wüthrich · André Häfliger
DÖLF
OGI
So wa(h)r es!
SCHWEIZER ILLUSTRIERTE
Weltbild
DÖLF OGI So wa(h)r es!
Weltbild

20. Mai 1992 und wie wahr ist die Behauptung, es sei ein EG(EU)-Beitrittsgesuch gewesen? Und ist es wahr, dass Ogi in jener Sitzung der Landesregierung den Ausschlag gab, damit der Brief nicht im Papierkorb, sondern in Brüssel landete? Im Buch sagt er dazu nicht viel mehr, als dass der Brief zum damaligen Zeitpunkt richtig und vor allem ehrlich gewesen war: «Wir haben unsere Strategie noch vor der EWR-Abstimmung offengelegt.»

Wir Autoren selbst beurteilen diese Episode unterschiedlich. Einerseits kann man sie als unbedeutende Fussnote der Geschichte betrachten. Anderseits ist das ominöse Schreiben für viele Zeitgenossen für die Ablehnung des EWR in der Abstimmung vom 6. Dezember 1992 wenigstens mitverantwortlich.

Die Mehrheit des Bundesrates, zu der eben auch Adolf Ogi zählte, hatte dem Volk und den Ständen den Beitritt zum Europäischen Wirtschaftsraum (Vorläufer der EU) mit Worten empfohlen, die heute tatsächlich wie aus dem letzten Jahrhundert anmuten: Europa ist eine Realität. Wir sind Europäer. Unser Denken und Handeln, unsere Wertvorstellungen und unsere Mentalität sind zutiefst geprägt von der engen geographischen und geschichtlichen Verankerung unseres Landes in der europäischen Welt.

Die SVP hingegen wird vom Bundesrat unter anderem mit folgenden Sätzen zitiert: Die Schweiz verliert ihre Unabhängigkeit. Sie gibt einen Teil ihrer heutigen Freiheiten auf, wenn sie der EG (EU) beitritt. Das Demokratiedefizit in der EG ist gross. Es wird nicht kleiner, auch wenn wir dort mitmachen. Stark bleibt die Schweiz nur, wenn sie selbständig und unabhängig bleibt.

Das waren zwei Haltungen, deren widersprüchliche Wahrheiten bis heute gültig sind. Wir sind uns aber vor allem einig in der Hoffnung, Dölf Ogi, sich selber treu, noch viele Jahre gesund unter uns zu wissen.

Georges Wüthrich (Autor), André Häfliger (Fotos), Oswald Sigg und Jürg Stüssi-Lauterburg (Herausgeber):
Dölf Ogi, So wa(h)r es!
Schweizer Illustrierte und Weltbild-Verlag, Olten 2012

Georges Wüthrich, geboren 1949 in Arbon, war langjähriger Bundeshausredaktor von «Blick». In dieser Zeit begleitete er Adolf Ogi, während dessen Bundesratszeit und auch später bei seiner UNO-Tätigkeit, mit kritischem journalistischem Blick. Wüthrich ist seit 1973 Journalist, unter anderem gehörte er auch der Gründungsredaktion der «SonntagsZeitung» sowie der Chefredaktion der Frauenzeitschrift «annabelle» an. Er liess sich 2009 frühzeitig pensionieren und ist im Unruhestand weiterhin als freier Publizist tätig.

André Häfliger, geboren 1956 in Luzern, ist als langjähriger Chefreporter in den Verlagshäusern Ringier («Blick» und «SonntagsBlick») sowie NLZ-Gruppe («Neue Luzerner Zeitung») einer der angesehensten Gesellschafts-Journalisten der Schweiz. Er kennt Adolf Ogi seit Beginn der Achtzigerjahre, hat über 1500 Berichte über ihn verfasst und ihn ebenso oft fotografisch ins Bild gesetzt.

Jürg Stüssi-Lauterburg ist ein Schweizer Militärhistoriker und ehemaliger Leiter der Bibliothek am Guisanplatz.

Oswald Sigg, Journalist, arbeitete bei SDA, SRG und beim Bund und war von 2005 bis 2009 Vizekanzler und Bundesratssprecher.

Adolf Ogi

Schweizer Bundesrat und Departementschef

Wie ich Adolf Ogis Generalsekretär wurde

JUAN F. GUT

ehemaliger Generalsekretär des VBS

Das Jahr 1996 war erst wenige Wochen alt. Ich war knapp drei Jahre schon als Staatsschreiber des Kantons Aargau tätig. Zu dieser Funktion kam ich als Quereinsteiger. Zwar hatte ich Staatswissenschaften an den Universitäten Zürich und St. Gallen studiert, dann aber meine ersten beruflichen Schritte als Kader und Dozent im Ausbildungszentrum Wolfsberg der Schweizerischen Bankgesellschaft und alsdann als Generalsekretär des Energiemanagementunternehmens Landis & Gyr absolviert. Ich war weder Aargauer Bürger noch im Kanton Aargau wohnhaft noch Mitglied einer politischen Partei. Trotzdem hatte ich mich gut ins System der aargauischen Verwaltung eingelebt. Die Zusammenarbeit mit dem Regierungsrat war offen und herausfordernd, die Akzeptanz als Ratsschreiber des Grossen Rates ausgezeichnet.

In diesen ersten Wochen war ich wieder einmal als Milizoffizier an einem militärischen Kurs. Neben den üblichen militärischen Verrichtungen war ein Thema besonders gesetzt: Bundesrat Adolf Ogi hatte das Departement gewechselt. Nachdem unter Bundesrat Kaspar Villiger eben die Armee 95 in die Realisationsphase getreten war, fragte sich jedermann im Stab des Grossen Verbandes, was denn nun wohl unter dem quirligen «Eierkocher»- und «Freude-herrscht»-Bundesrat im EMD anders werden würde. Wir waren gespannt, denn es wurden allgemein auch personelle Veränderungen im militärischen wie auch im zivilen Apparat des mächtigen Departements erwartet. Ein guter, vertrauter Freund – er war Direktor des Bundesamtes für Sport in Magglingen – war auf der «Transferliste»: Es war die Rede davon, dass dieses Amt ins EMD integriert werden sollte. Offenbar hatte sich Adolf Ogi dies als Bedingung für seinen Wechsel ins EMD ausbedungen. Und was auch durchgesickert war: Der langjährige EMD-Generalsekretär Hans Ulrich Ernst sollte abgelöst werden. In einer dieser Diskussionen meinte mein Freund: «Das wäre doch ein Job für dich – du passt genau zu Adolf Ogi!» Zunächst hatte ich dieser Bemerkung keine Beachtung geschenkt. Aber wenige Zeit später

Bundesrat Kaspar Villiger (links vorne), Juan Gut vom VBS (links hinten), Bundesrat Adolf Ogi und Nationalrat Boris Banga (SO) (rechts vorne) begrüssen sich vor der Fragestunde nach den Pfingstferien am Dienstag, 13. Juni 2000 im Nationalrat. ©Keystone

bat mich mein Freund telefonisch um mein CV – «nur eine Seite, Bundesrat Ogi mag keine langen Papiere!» Was sollte das? Ich hatte keine Absicht und keine Lust, jetzt schon wieder die Stelle zu wechseln. Umso mehr, als wir gerade daran gewesen waren, uns mit einem Wohnortswechsel in den Aargau zu befassen, mindestens mittelfristig, denn zurzeit waren unsere Töchter am Gymnasium in Kreuzlingen und ein Wechsel in dieser Schulphase kam wegen der unterschiedlichen Schulsysteme nicht in Frage. «Wenn Du nach Australien gehst, kommen wir sofort mit, aber in den Aargau? Just forget it!» – das war die einhellige Meinung meiner Töchter. Doch die Sache mit dem CV liess mir keine Ruhe. Nach einigen Tagen schickte ich die «One-Page-Fassung» meines Lebenslaufs meinem Freund. Und es sollte nicht das letzte Mal gewesen sein, dass ich ein einseitiges Papier zu verfassen hatte! Niemand sonst wusste davon, auch nicht meine liebe Gattin und die Kinder auch nicht – ich war es gewohnt, meine beruflichen Entscheide im Stillen vorzubereiten und «autonom» zu treffen.

Am folgenden Dienstagmorgen war ich länger zuhause geblieben. In Zug war ich bei der Landis & Gyr zur feierlichen Einweihung einer Kunstinstallation eingeladen worden. Denn als Generalsekretär war ich unter anderem auch für die Kunst an und in den Gebäuden der Firma zuständig gewesen. Ich sass mit meiner Gattin am Tisch, als das Telefon klingelte.

«Hier spricht der Bundesrat Adolf Ogi!» Ich musste mehr als einmal leer schlucken und meine Gemahlin gegenüber erschrak und

ICH SPÜRTE, DASS MICH DIE ART, WIE DIESER MANN DIE SACHE ANGING UND KONSEQUENT VERFOLGTE, FASZINIERTE.

spitzte dann gleichwohl die Ohren. Adolf Ogi sagte, den Lebenslauf hätte er erhalten, er stehe mitten im Auswahlprozess, es eile, er müsse rasch handeln, es gebe viel zu tun. Und dann: «Wann kann ich Sie kennenlernen?» Wir einigten uns auf den kommenden Freitagmittag, 13.00 Uhr im Bundeshaus Ost. «Und ich habe nur eine halbe Stunde Zeit!» Und dann kam noch der Nachsatz: «Warum sind Sie noch zuhause? Fangen Sie immer so spät mit der Arbeit an?» Meine Begründung mit der Einweihung einer Kunstinstallation in Zug fiel nicht sehr überzeugend aus. «Also, ich erwarte Sie pünktlich!»

Doch nun war die Reihe an meiner Gemahlin Ursula: «Welcher Bundesrat war das? Was läuft da ab?» Ich wich aus und sagte, es gehe um ein vertrauliches Geschäft der Regierung, in welches das EMD involviert sei, und ich müsse deshalb Bundesrat Adolf Ogi am Freitag in Bern treffen. Ganz überzeugend war wohl auch diese Begründung nicht.

Am vereinbarten Freitagmittag war ich viel zu früh in Bern. Ich wurde vom Weibel sofort in Empfang genommen und ins Büro von Adolf Ogi geführt. «Ich habe nur eine halbe Stunde Zeit!», wiederholte er, «also fassen Sie sich kurz!» Die Ansage war klar. Was nun folgte, war eine intensive Befragung mit allen Details: Familie, Frau, Töchter, Eltern, Schwiegereltern, bisherige Vorgesetzte, meine Arbeitsweise, meine Freizeit, meine gesundheitliche Konstitution, meine sportliche Kondition. Und dann: «Die Arbeit hier im Departement wird wie eine Wanderung in der Wüste werden. Wir sind allein, aufeinander angewiesen, wir müssen jeden Tropfen Wasser miteinander teilen – würden Sie mir den letzten Schluck überlassen?» Das Gespräch dauerte mehr als 30 Minuten, es wurden über 90, obwohl eine Dame mehrmals die Türe öffnete und dem Chef beschied, er habe noch andere Termine. «Bis wann können Sie sich entscheiden?» Ich antwortete, noch niemand sei über meine Absichten informiert und es brauche wohl etwas Zeit für meine Familie und die Aargauer Regierung. Am Abend sassen wir mit den Töchtern beim Nachtessen, ich hatte noch nicht mit meiner Frau sprechen können. Da klingelte das Telefon – «Adolf Ogi, ich wollte nur fragen, ob Sie gut nach Hause gekommen sind und schon mit der Frau und den Töchtern sprechen konnten?» Ich verneinte, würde es aber heute Abend noch tun.

Damit war das Thema gesetzt und ich legte offen, dass ich mich wohl oder eventuell oder so oder vielleicht für diese neue Herausforderung entscheiden könnte. Die Töchter fanden es cool, meine Gemahlin Ursula nicht so, aber sie unterstützte mich fortan tatkräftig

Am Tag danach, Samstagabend. Wir hatten Gäste. Das Telefon klingelt. «Adolf Ogi!» «Guten Abend, Herr Bundesrat!» Natürlich spitzten da alle Anwesenden die Ohren. Was war da los, dass an einem Samstagabend ein Bundesrat beim Staatsschreiber des Kantons Aargau anrief? Ich formulierte irgendeine Ausrede. Dölf Ogi hatte nur einen Fortschrittsbericht erwartet. Ich sagte ihm, ich würde ihn am Montagabend anrufen. Am nächsten Abend, Sonntagabend, hatten wir zu unserer «heiligen» Apéro-Zeit um 17.00 Uhr wiederum einige Gäste in der Stube, als das Telefon wieder ging: «Adolf Ogi ...», er wollte wieder einen Fortschrittsbericht.

Diese Telefonate nervten, sie erzeugten einen unheimlichen Druck, ich konnte fast nicht mehr schlafen, fand keine Ruhe, war hin- und hergerissen. Aber ich spürte auch, dass mich die Art, wie dieser Mann die Sache anging und konsequent verfolgte, faszinierte – und das schuf Vertrauen. Ich entschied mich, den Sprung nach Bern zu wagen!

Aber nun kam die Frage: Wie kommuniziere ich das meinem geschätzten Arbeitgeber, dem Regierungsrat und der Öffentlichkeit im Kanton Aargau?

Am Montagmorgen in Aarau hatte ich die Absicht, den Landammann und die Regierung zu orientieren. Ich hatte jeden Montagmorgen eine Besprechung mit dem Landammann, um die Sitzung des Regierungsrats vom Mittwoch vorzubereiten. Diesmal fiel diese Besprechung aus. Ich musste also zuwarten. Doch Adolf Ogi liess nicht locker: Auch am Montag- und Dienstagabend rief er an. Und so wurde es halt Mittwochmorgen.

Der Landammann war ein früher Bürogänger und so klopfte ich um 7.00 Uhr an seine Tür. Er wollte jeweils vor der Sitzung bei seinen Vorbereitungen nicht gestört werden. Und so erstaunte es mich nicht, dass er etwas unwirsch reagierte und auf die Aktenberge für die Regierungsratssitzung hinwies. Ich fasste mich kurz und sagte, dass ich mich entschieden hätte, die Stelle als Generalsekretär des EMD anzunehmen. Der Landammann war sprachlos, die Sitzungsvorbereitung dahin. Als um 9.00 Uhr die Sitzung des Regierungsrates durch Landammann Peter Wertli eröffnet wurde, bebte seine Stimme. Er gab mir gleich nach der Begrüssung das Wort: «Der Herr Staatsschreiber hat eine wichtige Mitteilung zu machen.» Ich berichtete, was sich entwickelt hatte, und dass ich – wenn auch sehr schweren Herzens – meinen Entscheid zugunsten der neuen Stelle in Bern gefällt hätte. Betroffenheit machte sich im Raum breit, die Sitzung wurde, kaum richtig begonnen, schon unterbrochen. Der Regierungsrat war hin- und hergerissen, wie ich selbst ja auch. Einerseits war es eine Auszeichnung für den Kanton, dass sein Staatsscheiber in eine so wichtige Bundesfunktion wechselte, andererseits wollte der Regierungsrat vermeiden, kritisiert zu werden, er hätte damals bei meiner Wahl nicht vorsichtig genug gehandelt. Zusammen mit Bundesrat Adolf Ogi einigte sich der Regierungsrat, meine Nomination als Berufung zu bezeichnen, was überall wertschätzende Beachtung fand.

Am 1. August 1996 war mein erster Arbeitstag in Bern. Es folgte bis Ende des Jahres 2000 eine spannende Zeit der Zusammenarbeit mit Adolf Ogi. Eine Menge Projekte wurde in Angriff genommen und auch realisiert, insbesondere auch die Umbenennung des Departements in «VBS» – Departement für Verteidigung, Bevölkerungsschutz und Sport. Dies bedeutete Aufwertung und Diversifikation zugleich und die neue Marke wurde wegweisend für die politische Arbeit der kommenden Jahre.

Und geblieben ist eine Freundschaft mit dem «Dölf» – einem Vertrauten, einem Menschenfreund, einem empathischen Chef und politischen Visionär!

Juan Felix Gut, lic.rer.publ., ist Forscher, Bildungsspezialist, ehemaliger Staatsschreiber des Kantons Aargau und ehemaliger Generalsekretär des VBS. Seit 2008 selbstständig, er ist unter anderem Präsident der Schweizerischen Diabetes-Gesellschaft.

Der Name ist Programm

ROBERTA OTTOLINI

Persönliche Sekretärin

Kurz und einprägsam – deshalb steht sein Name immer in der Zeitung, pflegte Dölf zu sagen. Sein Name hat es tatsächlich in sich.

D wie Duzis

Quasi als erstes machte Adolf Ogi 1996 bei seinem Wechsel ins Eidg. Militärdepartement EMD mit dem Bundesratsweibel und seinem Chauffeur Duzis. Für unser Team nicht weiter verwunderlich, doch bei den EMDlern löste dies fast einen Tsunami aus. Alle hohen Beamten und militärische Chefs pilgerten daraufhin ins Weibelzimmer und machten auch Duzis mit dem (eher verwunderten) Weibel und dem Chauffeur. Was ein kleines Wörtchen so alles auslösen kann. Vor allem, wenn dahinter eine Haltung steht.

Ö wie Oeschinensee

Kein Ministerbesuch, kein Programm und kein Anlass ohne einen Gang an die frische Luft. Es gibt kein schlechtes Wetter, nur schlechte Kleidung, sagte Dölf immer. Im Jahre 2000 organisierte er als Bundespräsident den Ausflug des in Bern akkreditierten diplomatischen Korps. Klarer Fall: Kandersteg und Wanderung am Oeschinensee. Der Protokolldienst des Eidg. Departements für auswärtige Angelegenheiten fand das eher skurril: Der päpstliche Nuntius, amtsältester Würdenträger in der Schweiz, in der langen Sutane am Wandern? Man werde ihm diese Idee noch ausreden, liess man uns wissen. Tja, wir machten wie immer ein Schön- und Schlechtwetterprogramm, und am besagten Tag war es eher trüb. Die Ausflügler liessen sich nicht beirren und zogen das Schönwetterprogramm bei schlechtem Wetter durch. Es war ein wichtiger Schritt für die Verständigung unter den Völkern: Nichts schweisst mehr zusammen, als bei feuchtem Wetter auf der Sesselbahn zum Oeschinensee zu sitzen.

L wie Legende

Alle Jahre im September hat Adolf Ogi ein zweitägiges Kaderseminar durchgeführt. Bodenständig, back to the roots, ab nach Kandersteg! Kurzerhand wurde der Saal über der Turnhalle der Dorfschule zum Kongresszentrum umfunktioniert. Die alphabetische Teilnehmerliste stiess nicht

Tschuldigung! Bern, 11. September. *«Alles halb so schlimm – sie lacht schon wieder.»* Bei einem departementsinternen Match bekam Roberta Ottolini einen Ball von Ogi an den Kopf

September 1993, Fussballturnier des EVED, Stadion Neufeld, Bern.
(Ausschnitt aus der Schweizer Illustrierte)

überall auf ungeteilte Freude, gab sie doch dem Namen und nicht Rang oder Titel den Vortritt. Aber eben, wie Dölf immer so schön sagt: «Man muss Menschen mögen.» Die Seminare wurden zur Legende. Die ausgelassenen Schulkinder unten in der Turnhalle sorgten für die spezielle Begleitmusik zu den illustren Referaten. Man begegnete den Kindern auch auf der Treppe zum gemeinsamen WC. Die hohen Gäste fanden die familiäre Atmosphäre einmalig, und speziell die ausländischen Referenten waren beeindruckt von der Bürgernähe der Schweizer Politiker, die sich hier so eindrucksvoll präsentierte. Michel Rocard (ehemaliger französischer Premierminister), Franz Vranitzky und Viktor Klima (österreichische Bundeskanzler a.D.), Antonio di Pietro (italienischer Staatsanwalt), Otto von Habsburg, Nobelpreisträger, Vertreter der Geistlichkeit und unzählige Persönlichkeiten aus Politik, Wirtschaft, Journalismus, Naturwissenschaft, Sport: Sie alle waren schon einmal in der Dorfschule Kandersteg zu Besuch.

F wie feu sacré

Für mich die treffendste Umschreibung von dem, was ihn antreibt. Eine unglaubliche

Energie, ein eiserner Wille, eine nimmermüde Kraft, Sturm und Drang.

OHNE RÜCKSICHT AUF PARTEIBUCH, KONVENTIONEN, AMT ODER HERKUNFT HAT UNSER CHEF STETS DEN MENSCHEN IN DEN VORDERGRUND GERÜCKT.

O wie Original

Das Original, das war das Mutschli der Käserei Hari in Kandersteg. Man bekam es nicht nur zum Geburtstag, als Dank oder Anerkennung. Das Mutschli war auch in heikler oder brisanter Mission unterwegs, als eine Art Sonderbotschafter: Als «Entschuldigung» für einen etwas «raueren» Ton (das kam auch vor ...), um einen politischen Opponenten milde zu stimmen oder einen Exponenten der eigenen Partei näher anzubinden. Dieses Mutschli mussten die Kritiker von Dölf gemeint haben, wenn sie sagten: Aus dem Departement Ogi kommt viel Käse ...

G wie Gasterntal

Im idyllischen und wildromantischen Gasterntal ob Kandersteg kreiert die herabfliessende Kander seit Jahrhunderten formschöne Steine. Diese sammelte Dölf gelegentlich bei seinen Ausflügen ein und trug sie hinunter nach Kandersteg. Für grössere Anlässe wurden die Steine auch kistenweise von seinem Bruder Ruedi oder anderen guten Seelen hinuntergefahren. Dank dem steten Nachschub der Natur ist dort oben nie eine Lücke aufgefallen, obwohl in all den Bundesratsjahren der Abbau fast industrielle Dimensionen angenommen hat. Führte der Bundesrat aus Kandersteg noch einen geheimen Steinbruch? Nein – jeder Stein wechselte die Hand und kam von Herzen. Dölf übergab den Stein jeweils persönlich als Geschenk, beschrieb wortreich die Herkunft, die schwierige Bergung und der Beschenkte spürte förmlich Gewicht und Bedeutung des Präsents. «Ein Stein gegen das Vergessen», pflegte er zu sagen. Natürlich erhielten auch alle Teilnehmer des Kaderseminars in Kandersteg einen Stein aus dem Gasterntal mit auf den Heimweg. Ja, Ogi hat tatsächlich viele Steine aus dem Weg geräumt!

I wie italienische Gastarbeiter

Ich bin die Tochter von italienischen Gastarbeitern. Zu Beginn meiner Tätigkeit für Dölf besass ich nur den italienischen Pass, eingebürgert wurde ich später. Ohne Rücksicht auf Parteibuch, Konventionen, Amt oder Herkunft hat unser Chef stets den Menschen in den Vordergrund gerückt und jedem eine Chance gegeben. Das zeichnet ihn für mich ganz besonders aus.

Roberta Ottolini war Adolf Ogis persönliche Sekretärin zu Bundesratszeiten und ist es seit August 2016 wieder.

6. Mai 2000, Privataudienz bei Papst Johannes Paul II. und Vereidigung der neuen Schweizergardisten. (zvg)

Im Schweizerhof in Bern, 1990. (zvg)

Bern, Bundeshaus Ost im Jahr 2000 beim Morgenrapport. Damals war bereits bekannt, dass Dölf zurücktreten wird. (zvg)

Bern, Bundeshaus Nord (EMD) im Jahr 2000. (zvg)

NEAT: Notwendigkeit oder falsche Investition

ULRICH GYGI
ehemaliger Direktor Eidgenössische Finanzverwaltung

In den 90er-Jahren des letzten Jahrhunderts herrschte Aufbruchstimmung. Der Zusammenbruch der sozialistischen Wirtschaft in Europas Osten – symbolisiert durch den Fall der Berliner Mauer – und technologische Neuerungen entfesselten marktwirtschaftliche Kräfte und intensivierten den Wettbewerb sowohl zwischen Unternehmen wie zwischen Nationen weltweit. Auch die Schweiz spürte frischen Wind, trotz des Neins zum EWR im Dezember 1992. Die grossen Regiebetriebe wurden aus der Verwaltung ausgegliedert und mit eigener unternehmerischer Verantwortung versehen. Der Zeitgeist war einem grossen Infrastrukturprojekt, wie es die NEAT darstellte, gewogen. Allerdings bedurfte es, wie alle grossen Ideen, eines tatkräftigen Förderers und Fürsprechers, der gegen alle Widerstände unbeirrt voranschritt und auf Verwirklichung drängte. In der Person des noch amtsjungen und unverbrauchten Bundesrats Adolf Ogi war der richtige Mann am Drücker. Ihm gelang dank seiner Energie, Überzeugungskraft und seines langen Atems der grosse Wurf: Im September 1992 sagte das Volk in einer Referendumsabstimmung Ja zu einer Nord-Süd-Verbindung durch die Alpen am Gotthard/Ceneri und am Lötschberg sowie zu Anschlüssen Richtung Ost- und Westschweiz.

> IN DER PERSON DES NOCH AMTSJUNGEN UND UNVERBRAUCHTEN BUNDESRATS ADOLF OGI WAR DER RICHTIGE MANN AM DRÜCKER.

Als Hüter der notorisch zu Defiziten neigenden Bundesfinanzen oblag es dem EFD, die Notwendigkeit und Finanzierbarkeit eines solchen Jahrhundertprojektes zu beurteilen.

Adolf Ogi, UNO-Sonderbeauftragter für Sport, und Ulrich Gygi, Konzernleiter der Schweizerischen Post, enthüllen eine neue Briefmarke anlässlich der Olympischen Spiele in Athen 2004 ©Keystone

Es sei vorweg gesagt: Das EFD war nie gegen eine leistungsfähige Flachbahn durch die Alpen. Allerdings schien ihm eine Verbindung inklusive aller notwendigen Ausbauten der Zufahrtsstrecken ausreichend. Bei der Wahl zwischen Gotthard- und Lötschbergachse hatte aus EFD-Sicht der Gotthard Priorität, da er grössere Räume erschliesst und mehr Güterverkehr auf die Bahn bringen würde. Das UVEK und mit ihm die ganze Westschweiz sahen das anders und setzten zusätzlich auf den Lötschberg-Basistunnel, obwohl soeben erst der Doppelspurausbau auf der Bergstrecke vollendet worden war. Zudem geisterten optimistische Wirtschaftlichkeitsrechnungen durch die Amtsstuben, die dem Gesamtprojekt eine Wirtschaftlichkeit innert 60 Jahren nach Inbetriebnahme voraussagten: ein Märchen, das durch eine von den zuständigen Departementen kommissionierte Studie von Coopers & Lybrand klar widerlegt

Einweihung der Durchmesserlinie Altstetten-Oerlikon im Juni 2014. Ulrich Gygi mit den alt Bundespräsidenten Adolf Ogi und Moritz Leuenberger (v.l.n.r.). (zvg)

wurde. So kam dann als Kompromiss eine Lösung zustande, die eine solide Finanzierung des Projektes ermöglichte und beim Lötschberg einen bloss einspurigen Tunnel vorsah. Der eigens für die Finanzierung von Eisenbahnprojekten geschaffene FinöV-Fonds sollte schwergewichtig aus der LSVA, aus einer Erhöhung der Mehrwertsteuer, aus Teilen der Mineralölsteuer und einer begrenzten Verschuldung gespiesen werden.

Der Lötschberg-Basistunnel wurde in der vorgesehenen Frist und innerhalb der gesprochenen Kredite erstellt und 2007 eingeweiht. Neben seiner Funktion als Güterverkehrsachse brachte er dem Wallis eine hervorragende Verkehrserschliessung, von welcher Wirtschaft und insbesondere Tourismus profitieren, und die es vielen Wallisern ermöglicht, im Grossraum Bern zu arbeiten und abends nach Hause zu pendeln. Diese in der Planungsphase überhaupt nicht in Rechnung gestellte Erfolgsgeschichte hatte zur Folge, dass heute mit viel Energie gefordert wird, die zweite Tunnelröhre voll auszubauen, und dass die damaligen Verfechter des seinerzeitigen Kompromisses (Einspurbetrieb) etwas alt aussehen.

Die ganze NEAT-Planungsphase war auf Ebene des Bundesrates über viele Jahre durch einen notorisch gewordenen Streit zwischen den beiden Antagonisten Ogi und Stich gekennzeichnet. Die beiden Persönlichkeiten hätten unterschiedlicher nicht sein können: Hier der begeisterungsfähige junge Bundesrat Ogi, der sportlichen Schwung in die Verwaltungsmühlen brachte

und seine Equipen mit Zuckerbrot und Peitsche vorantrieb. Da der behäbige, etwas eigenbrötlerische, kühle Rechner Stich, dem grosse Auftritte und Medienkampagnen ein Greuel waren, der aber genau so hartnäckig gewinnen wollte wie der Dölf. Manche köstliche Anekdote ergab sich aus diesem über Jahre andauernden Ringen. Die Diskretion der Direktbeteiligten gebietet es, darüber den Mantel des Schweigens zu bewahren.

Bevor überhaupt mit dem Bau der Alpentransversalen begonnen wurde, hatten beide Bundesräte ihre Verantwortung weitergegeben. BR Stich trat 1995 zurück, nicht ohne anzutönen, dass er die Verantwortung für das NEAT-Abenteuer nicht mehr tragen möchte. BR Ogi wechselte 1997 ins VBS. Seinem Nachfolger Moritz Leuenberger war es vergönnt, im Oktober 2010 dem Durchstich der Gotthardröhre beizuwohnen – ein enorm emotionaler Augenblick, zu dem er auch den Hauptpromotor und 2000 zurückgetretenen Bundesrat Ogi eingeladen hatte. Heute freuen wir uns an der erfolgreichen Inbetriebnahme des Gotthard-Basistunnels am 1. Juni 2016 (was auch dem Schreibenden erlaubte, am 15. Juni 2016 als VRP der SBB zurückzutreten …) und warten ungeduldig auf die Vollendung des gesamten Bauwerks.

Ulrich Gygi war Direktor der Eidgenössischen Finanzverwaltung von 1989 bis 2000 und Konzernleiter der Schweizerischen Post von 2000 bis 2009. Von 2009 bis 2016 war er Verwaltungsratspräsident der SBB.

Bundesrat Ogi und der epochale Ausbau der Bahninfrastruktur

BENEDIKT WEIBEL
ehemaliger CEO SBB

Am 6. Dezember 1987 stimmte das Schweizer Volk dem Konzept Bahn 2000 zu und genehmigte einen entsprechenden Kredit. 1988 wurde Adolf Ogi zum Bundesrat gewählt und übernahm das Verkehrs- und Energiewirtschaftsdepartement EVED. 1989 absolvierte ich einen militärischen Kurs, als ich – entgegen aller Gepflogenheiten – ans Telefon gerufen wurde. Am Apparat war Bundesrat Ogi, der mir mitteilte, der Bundesrat habe mich zum Generaldirektor der SBB ernannt. Von nun an trug ich die oberste Verantwortung für das Projekt Bahn 2000.

Bald zeigte sich, dass die Gerüchte über massive Kostenüberschreitungen nicht aus der Luft gegriffen waren. In unserem Ausbildungszentrum Löwenberg machten wir mit über hundert unserer Ingenieure eine Auslegeordnung. Wir konnten es drehen und wenden, wie wir wollten, es war offensichtlich, dass das Programm mit den bewilligten Mitteln nicht zu realisieren war. Es führte kein Weg an einer Redimensionierung vorbei. Wir traten beim Departementschef Bundesrat Ogi an und eröffneten ihm die Hiobsbotschaft. Das befürchtete Donnerwetter blieb aus. Wir erörterten die Möglichkeiten, wie wir die Essenz des Konzeptes erhalten könnten, ohne den Kredit zu überziehen. Das Zauberwort hiess «Etappierung» (was schon in der Botschaft des Bundesrates zu Bahn 2000 als Eventualität vorgesehen war). Zum Glück handelte es sich ja vorderhand «nur» um geplante und nicht um tatsächliche Kostenüberschreitungen. Wir gingen radikal vor und strichen drei der vier vorgesehenen Neubaustrecken, und so gelang es uns, ohne allzu grosse Abstriche am geplanten Angebotskonzept festzuhalten. Nun hatte Bundesrat Ogi die nicht eben dankbare Aufgabe, dem Parlament dieses Etappierungskonzept schmackhaft zu machen. Das war nicht unheikel, weil damals schon die Vorbereitung des Geschäftes Neue Alpentransversale NEAT auf Hochtouren lief. Aber Bundesrat Ogi war überzeugt von der präsentierten ersten Etappe Bahn 2000, und wenn er von etwas überzeugt war, dann brachte er es durch. Das Parlament stimmte dem Vorgehen zu.

Bundespräsident Ogi mit Pepo Weibel, Präsident der Generaldirektion der SBB, am Rüttelhorn, 1993. (zvg)

Nun begannen die praktischen Probleme. Die verbleibende Neubaustrecke im Herz des SBB-Netzes von Mattstetten nach Rothrist war in der betroffenen Gegend extrem umstritten. Da konnte es schon passieren, dass die Bauern mit ihren Mistgabeln zum Protest aufmarschierten. Nicht leichter machte es, dass die Interessen der beiden beteiligten Kantone Bern und Solothurn zum Teil entgegengesetzt waren. Es hagelte Einsprachen, 7000 waren es schliesslich. Alle 7 Meter und 32 Zentimeter eine Einsprache, sagte Bundesrat Ogi mit der ihm eigenen Fähigkeit, die Dinge auf den Punkt zu bringen. 7,32 m ist übrigens die Breite eines Fussballtors. Dass es gelungen ist, die Linienführung so zu optimieren, dass sich heute kein Mensch mehr darüber aufhalten muss, ist ein kleines Wunder.

Bei Bahn 2000 musste Bundesrat Ogi ein Konzept, das er von seinem Vorgänger übernommen hatte, ausbügeln. Die NEAT aber

Dölf in der Wand, Pepo Weibel sichert ihn, 1993. (zvg)

war sein Projekt. Er hat ein Vorhaben, das seit 1960 zerredet wurde, endlich mit Entschlossenheit an die Hand genommen. Mit dem damals «Netzvariante» genannten Projekt mit den beiden Ästen Gotthard und Lötschberg präsentierte er etwas völlig Neues und Unerwartetes. Der Abstimmungskampf war bisweilen bizarr. Wir waren zwar alle für die Netzvariante, glaubten aber nicht, dass eine Finanzierung für beide Basistunnel zustande käme. Es gab eine Lötschbergfraktion mit Bern, den Westschweizer Kantonen und der BLS, es gab die Fraktion mit den Gotthardkantonen von Basel bis Tessin und den SBB und schliesslich noch die Ostschweizer Kantone, die einfach stocksauer waren, weil sie überhaupt keinen Tunnel erhalten sollten.

Das NEAT-Konzept wurde an der Volksabstimmung 1992 mit 64 Prozent Ja-Stimmen angenommen, aber damit waren die Probleme noch nicht vom Tisch, zu unsicher war die vorgesehene Finanzierung. 1996 übernahm Bundesrat Moritz Leuenberger das nun UVEK genannte Departement und damit das Dossier NEAT. Er setzte eine Arbeitsgruppe zur Prüfung aller Möglichkeiten ein. Der Durchbruch zu einer soliden Finanzierung gelang mit der Erhöhung der maximalen Lastwagengewichte auf 40 Tonnen und der Abschöpfung des dadurch bewirkten Produktivitätsgewinns mit einer leistungsabhängigen Schwerverkehrsabgabe LSVA. 1998 wurde das neue Finanzierungskonzept mit der LSVA vom Volk angenommen. Nun konnten die Tunnelmaschinen auffahren.

Bahn 2000 und die NEAT haben den öffentlichen Verkehr in der Schweiz von Grund auf verändert. Seit dem 12. Dezember 2004, als der neue Bahn-2000-Fahrplan umgesetzt wurde, hat die Bahnbenutzung sprunghaft zugenommen. Der Kanton Wallis ist dank dem Lötschberg viel stärker in die Schweiz eingebunden, als er es vorher war. Das gleiche ist für das Tessin zu erwarten, erst recht, wenn der Ceneri-Basistunnel in Betrieb genommen wird.

OHNE ADOLF OGI WÜRDEN WIR WAHRSCHEINLICH IMMER NOCH AUF DEN LÄNGSTEN TUNNEL DER WELT WARTEN.

In der Schweiz kann man mit dem öffentlichen Verkehr von überall nach überall reisen, mindestens jede Stunde, in vielen Relationen jede halbe Stunde. Das gibt es nirgendwo sonst auf der Welt. Das ist auch Adolf Ogis Verdienst. Ohne Adolf Ogi würden wir immer noch auf den längsten Tunnel der Welt warten und den Lötschberg-Basistunnel gäbe es nicht.

Benedikt Weibel war von 1993 bis 2006 Generaldirektor der Schweizerischen Bundesbahnen (SBB).

Visionär Dölf Ogi – Vater der NEAT

PETER SUTER
Dipl. Ing. FH SIA/SVI

Alt Bundesrat Dölf Ogi dürfte zu seinem 75. Geburtstag mit vielerlei Geschenken aus allen Azimuten überhäuft werden. Dieses eine wird den ehemaligen schweizerischen Verkehrsminister aber besonders freuen: die neueste Meldung des Bundesamtes für Verkehr über eine weitere Senkung der Kosten der Neuen Eisenbahn-Alpentransversalen (NEAT).

Bern, 06.04.2017 – Das Bundesamt für Verkehr (BAV) hat die Prognose für die Endkosten der NEAT um weitere 250 Millionen Franken gesenkt. Unter Berücksichtigung von Teuerung, Mehrwertsteuer und Bauzinsen konnte die Kostenprognose von 23 auf 22,6 Milliarden Franken reduziert werden.

Sie ist und bleibt ein Erfolgsprojekt – «seine» NEAT. Die höchst notwendige Modernisierung unserer Alpenbahnen läuft seit 1994 ohne Debakel, Finanz- oder Bauskandale ab. Die NEAT ist das grösste Infrastrukturvorhaben, das die Schweiz je in Angriff genommen hat. Die Dimension der drei NEAT-Projekte mit dem im Jahre 2007 eröffneten Lötschberg-Basistunnel (34,6 km), dem im Juni 2016 eröffneten Gotthard-Basistunnel, mit 57 km der längste Eisenbahntunnel der Welt, und dem im Bau befindlichen Ceneri-Basistunnel mit 15,4 km Länge stellt alle bisherigen Tunnelbauten unseres Landes in den Schatten.

Im vergangenen Jubeljahr der Eröffnungsfeierlichkeiten GOTTARDO 2016 widerfuhr ihm als vielgenanntem «Vater der NEAT» hohe Ehre. Bis weit nach Europa hinein sprach man vom sogenannten «Wunder vom Gotthard». Aber das «Wunder» wurde zu Recht nicht nur als Meisterleistung der Tunnelerbauer, sondern auch als politische Meisterleistung beim Entscheid für eine Flachbahn durch die Schweizer Alpen und beim NEAT-Projektmanagement des Bestellers (Schweizerische Eidgenossenschaft) gewürdigt.

Ogi war sich bewusst: Für den nachhaltigen Erfolg eines Bauprojektes müssen ganz zu Beginn des Realisierungsprozesses zwei fundamentale Grundsteine gelegt werden. Es braucht bereits am Start einen genau definierten Auftrag mit klaren Zielsetzungen sowie eine präzis vorgegebene Projekt-

Bundesrat Adolf Ogi und Mitarbeiter Peter Suter an der NEAT-Baufront. (zvg)

Bundesrat Otto Stich wollte nur den Gotthard-Basistunnel und aus Kostengründen auf den Lötschberg verzichten. Karikatur von Jürg Spahr, Abdruck mit freundlicher Genehmigung von Charlotte Stella-Ann Bühler.

steuerung auf der Basis eines transparenten Controllings und Reportings.

Die NEAT war ein einmalig grosses und komplexes Bauvorhaben, vor dem nicht nur der von 1988 bis November 1995 dafür verantwortliche Bundesrat Ogi, sondern auch das Eidgenössische Parlament, die Kantone, die Bundesverwaltung und die Bauwirtschaft grössten Respekt und auch ängstliche Skepsis hatten. Mut und Weitsicht allein genügen nicht.

Deshalb hat Ogi persönlich drei historisch einmalige Verdienste an der NEAT:

- Er hat das Projekt im In- und Ausland zwischen 1988 bis 1991 politisch genial «aufgegleist» – dank seiner visionären und kommunikativen Fähigkeiten;
- mit einer Volksabstimmung hat er sich 1992 vom Volk einen unmissverständlich klaren Bauauftrag (64 % Zustimmung) geben lassen;
- und für die zu erwartende Bauzeit von gegen 25 Jahren liess er ab 1993 eine nachhaltige Projektorganisation sowie rigorose Projektsteuerung und -kontrolle auf Behördenstufe entwickeln und diese – von

ihm persönlich unterzeichnet – als verbindliche Weisung an seine Amtsstellen und die Ersteller vorgeben. Er setzte damit eine integrierte Steuerung von der Stollenbrust bis zum Bundesrat in Gang, welche sich durch alle Stürme bewährt hat und auch noch heute funktioniert.

Die Anforderungen an die Projektsteuerung dieses Mammutprojektes mit drei Basistunneln Lötschberg, Gotthard und Ceneri waren hoch. Es galt zu berücksichtigen

- die ausserordentlich hohe Komplexität, enorme Kosten und die voraussichtlich gegen 20 Jahre dauernde Bauzeit;
- den grossen und raschen Umsatz beim Bauablauf bei wechselndem Umfeld;
- viele Risiken und Unvorhergesehenes infolge der Geologie, wegen Technologiesprüngen, Personalwechsel sowie internationalen Entwicklungen.

Den ersten Spatenstich – als knallendes Startsignal für die NEAT – konnte er selbst am 4. März 1994 mit einer symbolischen Sprengung beim Lötschberg-Sondierstollen auslösen. In einem sehr persönlichen Fernsehinterview mit Norbert Hochreutener und Anton Schaller hat Ogi damals schon geäussert, dass die NEAT so etwas wie sein politisches Lebenswerk werden könnte. Jedenfalls erklärte er damals offen und authentisch:

«Für einen Politiker gibt es fast nichts schöneres, als wenn er den Anfang eines solchen Jahrhundertprojektes starten kann und dann viel später noch erleben darf, wie es realisiert und schliesslich in Betrieb genommen wird.»

Am Schluss des Interviews wurden die Befrager dann ganz persönlich: *«Und wenn Sie, Herr Ogi – der den gordischen Knoten der Alpentransversal-Frage durchschlagen und mit der erfolgreich verkauften Tunnel-Netzlösung brilliert hat – wenn Sie dann mit uns zwei alten Journalisten im Jahre 2010 als Pensionäre an der Tunneleröffnung zusammensitzen: Werden wir uns freuen oder werden wir an der Beerdigung eines Projektes dabei sein, das man vielleicht niemals hätte beginnen sollen …?»*

Nach einem tiefen Durchatmen kommt dann Ogis fast demütige Reaktion: *«Ich werde dann 68 Jahre alt sein und ich hoffe, dass wir uns dann freuen. Ich bin sogar überzeugt, dass wir uns dann freuen dürfen!»*

Woher diese Gewissheit Herr Ogi? *«Weil ich es spüre, weil ich doch feststelle, dass unser Land in schon immerwährender Tradition eine wichtige verkehrspolitische Rolle über und durch die Alpen gespielt hat. Was wäre denn die Alternative ohne das Umweltschutzprojekt NEAT?»*

Würden Sie deshalb behaupten, Herr Ogi, dass jetzt aus heutiger Sicht im Jahre 1994 die NEAT das grosse Zukunftsprojekt ist?

Nach einem kurzen Insichgehen erklärt Ogi: *«Das kann ich heute nicht sagen. Ich hoffe, dass es wird.»*

Es ist und wurde das grosse Zukunftsprojekt der Schweiz. Der Lötschberg funktioniert erfolgreich seit 10 Jahren. Der Gotthard wurde im Dezember 2016 problemlos in Betrieb genommen und der Ceneri ist voll im Plan mit Eröffnungsziel Ende 2020.

Ogi hat immer an die NEAT geglaubt und Recht behalten. Viele haben dazu beigetragen. Aber es war insbesondere sein unermüdlicher persönlicher Einsatz, der Vorbild und zugleich Motivation ausstrahlte. Man nahm ihm im In- und Ausland seine Mission ab. Legendär sind seine Helikopterflüge mit den europäischen Verkehrsministern

Adolf Ogi am Spatenstich vom Sondierstollen Frutigen vom 12. April 1994. © Peter Teuscher

und EU-Kommissaren in unsere zerklüftete Alpenwelt. Im Massstab eins zu eins vermittelte er ihnen kitzelnden Anschauungsunterricht über alle Fragen des Alpentransits. Mit seinen ebenso klassischen wie selbstsicheren Auftritten auf dem internationalen Parkett konnte er überzeugen: Alpentransit durch die Schweiz Ja – auf unsere Kosten, aber à notre façon! Mit unentwegter Hartnäckigkeit hat er mit seiner jovialen Art für die Akzeptanz unserer Schienen-Transitpolitik gekämpft und sich durchgesetzt.

Mit dem Vollzug der NEAT-Projektsteuerung auf Behördenstufe betraute er das Bundesamt für Verkehr. Er setzte dabei voll auf seine Mitarbeiter und stärkte den «BAV-Beamten» an der NEAT-Front den Rücken gegenüber den mächtigen Erstellern und einflussnehmenden Politikern. Oft kommunizierte er auch direkt quer durch die Amtshierarchie seines Departementes. Unvergesslich sind deshalb die gemeinsamen Auftritte vor der Finanzdelegation, Baudirektorenkonferenz und andern politischen

Aufsichtsgremien, welche seinen Aufbau des NEAT-Projektmanagements von Beginn an mit Argusaugen verfolgten.

Es gab viele Probleme an der NEAT-Front zu lösen. Denn die Realisierung von Gemeinschaftswerken wurde schon damals immer schwieriger. Die mannigfaltigen Einwände gegenüber Planungsvorlagen vonseiten privater Betroffener, Gemeinden und Kantonen mussten ernst genommen werden. Aber Ogi stellte sich immer auf den Standpunkt, dass man als Politiker Volksbeschlüsse zeitgerecht und unbeirrt durchziehen müsse. Trotzdem verursachten am Anfang verschiedenste Stolpersteine immer wieder Stop and Gos. Dank der bereits funktionierenden Projektsteuerung konnten sie im Griff behalten werden.
Echte Sorge bereitete Ogi Bundesratskollege Otto Stich mit seiner oppositionellen Haltung gegen den Lötschberg-Basistunnel. Trotz klarem Volksentscheid wollte der Finanzminister diese Eisenbahnachse noch nachträglich aus dem Transitkonzept streichen oder auf die lange Bank schieben. Seine Begründung eines solchen Verzichts war: *«Letztlich leben wir in einer Demokratie und in einer solchen gibt es Fehler, man macht Fehler und man kann sie auch wieder korrigieren. Wenn man nicht korrigiert, kann man für die Fehler zahlen.»* Ogis Replik war sehr authentisch: *«Es ist einfacher, Tee zu trinken, abzuwarten und immer gegen alles zu sein. Aber dieses Land, in welchem wir uns alle wohl fühlen, lebt in erster Linie von mutigen Leuten, von ihren Pionierideen und deren Umsetzung.»* (Auszug aus einem Fernsehinterview.)

OGI HAT IMMER AN DIE NEAT GEGLAUBT UND RECHT BEHALTEN.

In diesem Sinne blickt Visionär Ogi heute bereits wieder weit voraus und denkt an die 10-Millionen-Schweiz. Letzthin hat er empfohlen, die SwissMetro-Idee wieder aus der Versenkung zu holen. Technologisch auf den neuesten Stand gebracht, könnte diese Highspeed-Bahn in unserm Land einen weiteren Schub im öffentlichen Verkehr auslösen. Und wenn die Innovation funktionieren würde, hätten wir bis dann ein neues, international vermarktbares Swiss-made-Produkt.

Peter Suter war ab 1975 als Planer im Generalsekretariat EVED bzw. UVEK (Verkehrsministerium) tätig. Er wirkte mit im Stab für die Gesamtverkehrskonzeption Schweiz (GVK-CH) und war ab 1982 stv. Informationschef, zuständig für den Verkehrsbereich des EVED. 1989 wechselte er für die Aufstartphase der Eisenbahn-Alpentransversalen (NEAT) ins Bundesamt für Verkehr (BAV). Zwischen 1993 und 1996 wirkte er dort als Leiter des Bereichs NEAT-Projektsteuerung/-Controlling und von 1996 bis 2001 als Sektionschef AlpTransit.

Adolf Ogi: 7 Jahre Verkehrspolitik mit Herz und Verstand

HANSPETER VOGEL

ehemaliger Sektionschef im Bundesamt für Verkehr

Im Frühjahr 1990 erhält der französische Verkehrsminister Delebarre Post von seinem schweizerischen Kollegen. Adolf Ogi erklärt ihm ohne Umschweife, wie die Schweiz optimal ins französische TGV-Netz zu integrieren sei. Frankreich hatte kurz zuvor den TGV-Leitplan veröffentlicht und die Schweizer Presse fürchtete, wir würden in Zukunft via Colmar – Besançon – Lyon – Turin umfahren und aus dem europäischen Bahnnetz gekippt.

Ogi sah das gelassener und erkannte den Plan als Chance zur optimalen Einbindung der Schweiz, dank Verknüpfung von TGV, Bahn 2000 und NEAT. Als Realist setzte er nur auf Anknüpfungspunkte an bestehenden oder verbindlich beschlossenen Hochgeschwindigkeitslinien: Mâcon und Basel. Für eine direkte TGV-Linie Genf – Mâcon (– Paris und Barcelona) bestand bereits eine Planungsstudie, die auf ein hohes Verkehrsaufkommen und auf eine gute Rentabilität schliessen liess.

Ogis Brief überzeugte Delebarre: Innert Kürze wurde eine binationale Arbeitsgruppe gebildet, die das Projekt weiterverfolgte. Das war bloss der Anfang. Ogi überlebte im Amt vier weitere Verkehrsminister sowie Präsident Mitterrand, denen er die schweizerische Verkehrspolitik immer wieder von Grund auf erklärte. Besonders «belehrungsresistent» war der Savoyarde Bosson. Anlässlich einer Verkehrsministerkonferenz in Kopenhagen nahm ihn Ogi zur Seite und sprach über TGV. Dort trat ich offenbar etwas zu patriotisch auf. Zum Ärger von Bosson. Auf dem Rückflug nach Belp sprach Ogi kein Wort mit mir. Doch tags darauf klopfte er mir wieder auf die Schulter. Echt Ogi!

Die Integration der Schweiz ins europäische Hochgeschwindigkeits-Bahnnetz war nie ein Selbstzweck, sondern ein Mittel zur Verbesserung der Standortgunst sowie zur Reduktion des Strassenverkehrs und des Kurzstrecken-Luftverkehrs. Neue Schnellfahrlinien führen zudem zu mehr Kapazität für Güter auf dem bestehenden Netz.

Ein Pfeiler dieses Konzeptes geriet anfangs der 90er ins Wanken: Bahn 2000. Je konkreter die SBB planten, desto höher stiegen die

Kosten: von 5,4 Mrd. bis auf 16,4 Mrd. Da zog Ogi die Notbremse und rettete so das Projekt. Gebaut wurde nur, was unbedingt notwendig und mit 5,4 Mrd. Franken möglich war. Der Rest wurde auf später verschoben.

Ähnlich erging es der NEAT. Zum ursprünglich vorgesehenen Preis des Gesamtkonzeptes wurden anstatt neuer Linien bloss drei Tunnel gebaut. Ohne den unermüdlichen Einsatz von Ogi wäre der Lötschberg aus dem Konzept herausgestichelt worden. Der fein austarierte innenpolitische Konsens hätte Schiffbruch erlitten und möglicherweise das Ende der gesamten NEAT zur Folge gehabt. Auch von der TGV-Linie Genf – Mâcon wurde nur ein Teil gebaut. Die vielen Redimensionierungen führten zu längeren Fahrzeiten als ursprünglich geplant:

- Lausanne – Bern – Luzern
  2 h 10 min statt 1 h 55 min
- Zürich – Bellinzona
  1 h 38 min statt 1 h 10 min
- Paris – Genf 2 h 58 min statt 2 h 15 min

Verkehrsminister Ogi war aber nicht nur der Macher. Er konnte auch bremsen, wenn er von einer Subvention nicht überzeugt war. So geschehen bei der Aigle – Les Diablerets-Bahn, die bekanntlich auf der den Siedlungen gegenüberliegenden Talseite verläuft, sodass sogar im regionalen Entwicklungskonzept aus den 80ern neben dem Bahnausbau der Ausbau der Strasse gefordert wurde, da die Bahnbenützung den Arbeitspendlern nicht zugemutet werden könne.

Er stoppte auch die Arbeiten zum Bahnanschluss des Flughafens Basel, nachdem Ende der 80er-Jahre umfangreiche Studien (Bund/Frankreich/Basel-Stadt) gezeigt hatten, dass die damalige Nachfrage zu klein und das Vorhaben nicht rentabilisierbar war.

Als erster Verkehrsminister setzte er sich bei der Wahl eines SBB-Generaldirektors über die Empfehlung des Verwaltungsrates hinweg, indem er dem Bundesrat beantragte, einen Mann seines Vertrauens einzusetzen

OHNE ADOLF OGI WÄRE DAS GLAS BLOSS EIN VIERTEL VOLL.

(Prof. Dr. Hans Peter Fagagnini). Mit dem Auftrag, die Ertragslage der SBB wesentlich zu verbessern. Und die Rechnung ging auf. Es wurden bald hunderte von Millionen Franken jährlich wiederkehrend eingespart, etwa durch den würdigen Ausstieg aus der jahrzehntealten SBB-Tragödie Stückgutverkehr, die Neuorganisation des Einzelwagenladungsverkehrs oder den Verzicht auf Kondukteure im lokalen Personenverkehr.

Zudem wurde durch die Systematisierung des Transit-Güterverkehrs, dem Joint Venture mit Trenitalia Cargo und die Expansion nach Deutschland die Basis zur Marktführerschaft im europäischen Nord-Süd-Güterverkehr gelegt. Zum Vollzug des Alpenschutz-Artikels wurden Konzepte für hoch effiziente, rentable rollende Strassen von Basel zur Südgrenze entwickelt. Zudem arbeiteten die SBB aktiv an der Konzeption und Förderung eines modernen europäischen Nachtreiseverkehrs (DACH-Hotelzug).

Leider wurden die meisten dieser Projekte nach der SBB-Reorganisation von 1998 nur noch halbherzig oder gar nicht mehr weiter verfolgt, teils sogar rückgängig gemacht.

Ist das Glas nun halbvoll oder halbleer? Die Frage ist müssig. Fest steht bloss: Ohne Adolf Ogi wäre es bloss ein Viertel voll.

Dr. Hanspeter Vogel war Chef der Sektion Planung im Bundesamt für Verkehr und danach Beauftragter EWLV/Güterverkehr der Generaldirektion SBB.

Der Vater der Liberalisierung im Kommunikationsmarkt

MARC FURRER

ehemaliger Direktor BAKOM

Adolf Ogi ist der Vater des Bundesamtes für Kommunikation (BAKOM). Am 1. April 1992 (kein Scherz!) gab er den Startschuss für das neue Amt mit der neuen Aufgabe, den Kommunikationsmarkt zu öffnen und zu beleben. Es war aber weit mehr als der Start eines neuen Amtes, es war der Beginn der Liberalisierung des Radio- und TV-Marktes und des Telekommarktes. Das Zeitalter der Digitalisierung war damit auch politisch eingeläutet.

Dieses Projekt stand bei ihm in den ersten Jahren seiner Amtszeit ganz oben auf der Agenda, er liess mit Volldampf das neue Fernmeldegesetz und das neue Radio- und TV-Gesetz ausarbeiten. Für ihn als liberalen Politiker, der möglichst Wettbewerb wollte, wenig Monopole und wenig Bürokratie, war diese Marktöffnung prioritär. Und es gelang ihm auch im Parlament, klare Mehrheiten zu schaffen für diese Liberalisierung, was nicht einfach war. Mit politisch geschickten Zugeständnissen vermochte er zu verhindern, dass SP oder Gewerkschaften das Referendum gegen diese Vorlagen ergriffen. So konnte z.B. den diesen Kreisen nahestehenden Konsumentenorganisationen klar gemacht werden, dass ein liberalisierter Markt günstigere, bessere und vor allem vielseitigere Dienstleistungen bringen wird.

Bundesrat Ogi war aber mit dem Erreichten nicht zufrieden. Denn die Öffnung 1992 war, vor allem im Telekombereich, eine zu zögerliche, nur teilweise Öffnung. Er sah die riesige Dynamik des Kommunikationsmarktes und unterstützte mit seiner ihm eigenen Energie die Absicht der BAKOM-Führung, das noch frische Fernmeldegesetz sofort zu revidieren, was dann 1998 zu einer völligen Liberalisierung des Telekommarktes führte. Auch da musste er sich gegen Widerstände durchsetzen. Die Linke trat mit der ersten Garde an, Helmut Hubacher, Peter Bodenmann und Elmar Ledergerber waren Teil der vorberatenden Kommission – auf Gewerkschaftsseite der spätere National- und Ständerat Christian Levrat. Ich mag mich sehr gut daran erinnern, wie er in Debatten immer betonte, dass diese Öffnung wesentlich sei für das wirtschaftliche Wohl unseres

Adolf Ogi mit dem damaligen Bundespräsidenten Pascal Couchepin und BAKOM-Direktor Marc Furrer 2001 anlässlich der Vorbereitung des WSIS in Genf (UNO-Gipfel über die Informationsgesellschaft). Dölf Ogi unterstützte dabei als alt Bundesrat das BAKOM und den Bundesrat bei den politischen Gesprächen vor dem Gipfel. ©Keystone

Landes und wie er die Bedenkenträger scharf kritisierte – Bedenkenträger, die es auch bei diesen Vorlagen natürlich zuhauf gab –, aus welchen Ecken und Gründen auch immer. Dieses neue, total revidierte Fernmeldegesetz 1998 vertrat dann sein Nachfolger im EVED (heute UVEK), Bundesrat Leuenberger, aber Bundesrat Ogi hat diesen Prozess eingeläutet und anfangs entscheidend vorangetrieben.

Das ist die politische Seite. Es gibt aber auch die menschliche Seite, diejenige von Bundesrat Ogi als Patron des BAKOM quasi. Ich durfte ja als erster BAKOM-Direktor diese Marktöffnung mitgestalten und operativ leiten. Ich durfte eine Dynamik in der Schweizer Wirtschaftspolitik miterleben, die heute eigentlich undenkbar wäre. Ich war schon zu Beginn seiner Amtszeit 1988 sein persönlicher Mitarbeiter und konnte bei den Vorbereitungsarbeiten aktiv mitarbeiten. Ich war 1992 der jüngste Amtsdirektor im jüngsten Bundesamt, und sowohl mein Amt, wie wohl auch ich, wurden innerhalb der Verwaltung

Bundesrat Adolf Ogi (Mitte) eröffnet mit BAKOM-Direktor Marc Furrer (links) und SRG-Chef Antonio Riva (rechts) am Freitag, den 28. April 1995 in Biel das neue Gebäude des Bundesamtes für Kommunikation (BAKOM).

etwa als Enfants Terribles und Jungspunde angeschaut. Wir folgten beim Aufbau nicht immer den Grundsätzen der Bürokratie und nahmen uns da und dort gewisse Freiheiten heraus. Aber wir konnten stets auf die volle, loyale Unterstützung von Bundesrat Ogi zählen – und wenn wir dann wirklich einmal über das Ziel hinausschossen, nahm er mich väterlich zur Seite und sagte, dass wir uns da Ärger einhandelten, wenn wir das so durchziehen. Das war aber selten der Fall. Er hatte Vertrauen in uns und liess uns arbeiten. Das war eine enorme Motivation für uns. Er mischte sich kaum ins Operative ein, aber er war zur Stelle, wenn man ihn politisch brauchte.

Wir waren in Biel – er in Bern. Aber diese Distanz bestand geographisch, nicht menschlich. Ihm war der persönliche Kontakt mit dem BAKOM und seinen Leuten dort wichtig. Er wollte wissen, wer da in Biel seine Geschäfte vorbereitet, welche Gesichter hinter den Namen auf den Dossiers stecken. So schaute er denn auch ein paar Mal pro Jahr in Biel an der Zukunftsstrasse vorbei, besuchte Büro um Büro und liess sich von den Mitarbeitenden erklären, was sie genau machten und was der Nutzen ihrer Tätigkeit ist. Auf Schmunzeln stiess er, als er einmal eine jüngere Juristin in der Sektion Funkkonzessionen fragte, wie sie sich denn als Frau in dieser technischen Materie zurechtfinde. So war er: direkt, offen, manchmal «fadegrad» – aber man wusste bei ihm immer, was er dachte und was er wollte.

Einmal pro Jahr lud er auch alle Mitarbeitenden seines ganzen Departementes in den Berner Kornhauskeller ein. Der «Kübel» war heillos überfüllt, aber es war jeweils ein riesiger Teamevent. Er begrüsste dabei jeden und jede oben an der riesigen Treppe mit Handschlag und hatte für alle ein gutes Wort. So war der Chef Dölf Ogi: Er kümmerte sich nicht nur um die Geschäftsleitung seiner Ämter, sondern auch in gleichem Masse um das «Fussvolk». Ihm waren nicht nur die Obersten und Hauptleute wichtig , die befahlen, sondern auch die Leute, die die politischen Kanonen durch den Morast ziehen mussten. Denn er wusste, dass es diese sind, die einen grossen Teil des Erfolges einer Firma, eines Amtes oder eines Departementes ausmachen.

ER HATTE VERTRAUEN IN UNS UND LIESS UNS ARBEITEN.

Die BAKOM-Mitarbeiterinnen und Mitarbeiter der ersten Stunde erzählen auch heute noch mit strahlenden Augen ihre Geschichten der persönlichen Begegnungen mit dem «Gründervater» Adolf Ogi.

Marc Furrer war Direktor des Bundesamtes für Kommunikation unter Adolf Ogi und Moritz Leuenberger und Präsident der Eidgenössischen Kommunikationskommission (Comcom) unter Doris Leuthard.

David gegen Goliath

ROY OPPENHEIM

Kulturpublizist

Als sein grösster Erfolg wird die NEAT, die Alpentransversale bezeichnet. Es gibt aber vergleichbare Leistungen, die heute kaum mehr im Zusammenhang mit Dölf Ogi erwähnt werden. Dazu gehört das Konzept eines gemischtwirtschaftlichen Fernsehkanals, an dem sich sowohl SRG als auch Private beteiligen könnten. Dölf Ogi steht bekanntlich zwischen 1988 und 1995 dem Eidgenössischen Departement für Umwelt, Verkehr, Energie und Kommunikation vor. Damit nimmt Ogi auch die Funktion eines Medienministers wahr und stellt neue Weichen.

Zu Beginn der 90er-Jahre wird die helvetische Medienlandschaft grundlegend verändert und liberalisiert. Die digitalen Technologien öffnen neue Chancen. Erstmals drängen auch Schweizer Verlage in die elektronischen Medien. Ringier, Basler Zeitung und Curti Medien möchten eigenes Radio und Fernsehen produzieren. Die Medienpolitik muss sich etwas Neues einfallen lassen. Eben ist – neben den drei traditionellen Fernsehkanälen der SRG – ein landesweiter vierter TV-Kanal entstanden. Primär als Sportkette gedacht, sekundär aber als neue Chance für neue Anbieter, ausgehend von der Erkenntnis, dass der helvetische Fernsehmarkt zu klein für ein funktionierendes duales System ist. Das Projekt heisst S PLUS und ist das Ergebnis jahrzehntelanger Untersuchungen im Rahmen der IG Regionalfernsehen, in der sowohl SRG als auch private Medienunternehmungen neue Modelle entwickeln. Grundlage ist die Idee eines nationalen TV-Networks, dessen Programm aus der Zusammenarbeit zwischen SRG und privaten, vor allem inländischen Veranstaltern besteht – verbunden mit der Idee eines publizistischen Binnenpluralismus.

Nach langen, kontroversen Debatten beschliesst der Bundesrat, die SRG mit dem Aufbau des neuen Fernsehkanals zu beauftragen. In der SRG-Konzession von 1992 steht: «Auf dem 4. Fernsehkanal ist die SRG verpflichtet, konzessionierten Veranstaltern Sendeplätze einzuräumen. Für dieses Programm wird eine autonome Programmdirektion eingerichtet…» Für diese Aufgabe werde ich, damals noch Direktor von Schweizer Radio International, angefragt. Kurz vor Weihnachten 1992 unterbreiten mir der Präsident der SRG, Eric Lehmann, und SRG-

Generaldirektor Antonio Riva die Idee, mich für die neue Aufgabe einzusetzen. Einen Tag später werde ich von Dölf Ogi zu einem Gespräch unter vier Augen eingeladen. Man habe sich im Bundesrat über die personelle Besetzung der neu zu schaffenden Direktion unterhalten und sei mehrheitlich der Auffassung, dass ich der Richtige für diese Aufgabe sei. Dölf Ogi erläutert mir mit seiner bekannten Verve, seinem positiven Denken, seiner Überzeugungskraft, wie wichtig ihm dieses Unternehmen sei. «In der Politik gibt es Augenblicke, in denen auch in einer Demokratie grosse Entscheidungen möglich sind; man muss aber diese Momente erkennen. Jetzt haben wir wiederum eine solche Situation, eine einmalige Chance, ein neues, anderes Fernsehen zu entwickeln, das sich vom verkrusteten, biederen ‹Geist von Leutschenbach› unterscheidet.» Ogi überzeugt mich und ich nehme die Herausforderung im Januar 1993 an, auch wenn ich ahne, dass der Weg zum Ziel steinig sein könnte. Am Tag meiner Ernennung erhalte ich per Fax eine Mitteilung des damaligen SRF-Fernsehdirektors. Er erklärt mir unumwunden: Mit seiner Unterstützung dürfe ich nicht rechnen. Denn das neue, von höchster Stelle abgesegnete Modell eines autonomen, eigenständigen Kanals läuft den Ambitionen des Zürcher TV-Chefs zuwider. Sein Ziel: «Ein Programm auf zwei Kanälen», um jede Konkurrenz auszuschliessen. In der Folge setzt die Zürcher TV-Direktion alles daran, das Unternehmen S Plus scheitern zu lassen. Trotz solch extrem schwieriger Verhältnisse startet die vierte Fernsehkette unter der Bezeichnung S Plus zeitgerecht am 25. September 1993 in Gstaad.

Der neue, autonome Kanal S Plus betreibt ab 1993 einen eigenen, integralen Fernsehkanal mit 75 festen Mitarbeitern und einem Jahresbudget von 32 Mio. Franken; SRF-TV 1 verfügte damals über 1000 eigene Mitarbeiter und 270 Mio. Finanzmittel (heute: Betriebskosten 568 Mio). S Plus verfolgt eine völlig neue Programmphilosophie und orientiert sich am System des Kanalmanagements, wie es damals im angelsächsischen Raum entwickelt wird. Feste, eigene Strukturen werden auf ein Minimum reduziert. Alles Übrige wird in Kooperation mit externen, freien Kräften und in Partnerschaft mit privaten Medien – NZZ, Ringier, Curti Medien, Rincovision etc. –, aber auch mit den anderen SRG-Unternehmenseinheiten (RSI, TSR, Radio DRS) realisiert. In enger Zusammenarbeit mit Privaten entsteht eine Reihe neuer Sendeformen, die beispielhaft sind und teilweise, wenn auch unter anderem Titel, noch heute bestehen: Spotlight, Motorshow, Tourismusmagazin, Computer-Magazin, Formel S, City Polis, City Arte, City Beladonna, Cash-TV, Alpha-Vision, Beo Plus, u.a. S Plus wird zudem zum Ereigniskanal und überträgt wichtige Festivals.

Die damals erstmals eingesetzten digitalen Produktionstechnologien revolutionieren bekanntlich die Medienwelt. Beispielsweise werden im Rahmen des 4. TV-Kanals erstmals in der Schweiz Videojournalisten ausgebildet, welche im Alleingang die Arbeit eines traditionellen 3- bis 4-Personen-Teams übernehmen. Damit werden TV-Sendungen zu einem Bruchteil der Kosten realisiert – eine Provokation für traditionelle Fernsehmacher, für die heutigen Regional-Fernsehveranstalter eine Selbstverständlichkeit. Unvergesslich die Szenen, als ein S-Plus-Videojournalist anlässlich der Überschwemmungskatastrophe von Brig im September 1993 vor Ort erscheint und auf eine ganze

Horde von SRF-Mitarbeitern mit Übertragungswagen und Satellitenspiegeln stösst. Der Kontrast hätte nicht grösser sein können. Das Ergebnis aber überraschte sogar die SRF-Kollegen: S Plus schafft mit minimalstem Aufwand eindrückliche Reportagen. Viele haben sich von diesem Pioniermodell inspirieren lassen, auch Roger Schawinski, der während des 6-monatigen Aufbaus von S Plus – 6 Monate vor der Premiere von TeleZüri (Start: 3. Oktober 1994) – regelmässig die Studios im Zürcher Hagenholz besucht und sich inspirieren lässt: Nach S Plus setzt Schawinski als Zweiter polyvalente Videojournalisten ein.

IN DER POLITIK GIBT ES AUGENBLICKE, IN DENEN AUCH IN EINER DEMOKRATIE GROSSE ENTSCHEIDUNGEN MÖGLICH SIND.

Als – realistisches – Fernziel von S Plus gilt die Finanzierung der Programmfenster für Private mittels Werbung, eine Teilung, wie sie heute in Österreich mit dem «revenue-share»-Modell erfolgreich praktiziert wird. Da der 4. Kanal landesweit verbreitet wird, eignet er sich zudem vorzüglich für die Ausstrahlung der damals aufkommenden lokal-regionalen privaten Fernsehfenster. Durch eine Platzierung auf dem 4. Kanal würden diese Veranstalter eine sehr viel grössere Reichweite und Entwicklungschance erhalten. Doch so weit sollte es nicht mehr kommen, denn das Experiment S Plus wird von der SRG vorzeitig abgebrochen. Gewisse Kreise wittern im neuen Kanal S Plus/Schweiz 4 eine bedrohliche Konkurrenz zum bestehenden SRF-Angebot und verwehren ihm die notwendige Unterstützung. Auch andere SRG-Manager sehen im neuen Kanal Konkurrenz zum bestehenden SRF. Wahrscheinlich kam man mit diesem Modell 20 Jahre zu früh. Heute erinnert noch «PresseTV» (PTV) an die damalige Pionierzeit. PTV entsteht damals im Rahmen von S Plus und strahlt noch heute hochstehende Produktionen privater Programmlieferanten als Programmfenster auf SRG-Kanälen aus: etwa NZZ Format oder Gesundheit heute. Die beteiligten Unternehmen sind aktuell die Neue Zürcher Zeitung AG, die Basler Zeitung Medien, die Ringier Axel Springer Schweiz AG, die Südostschweiz TV AG u.a. Die Zusammenarbeit mit der SRG SSR regelt ein bis Ende 2018 dauernder Kooperationsvertrag.

S Plus wird somit nach kurzer Zeit aufgegeben – ohne dieser auf schweizerische Verhältnisse zugeschnittenen Lösung eine faire Chance zu geben. Nach wenigen Monaten mutiert S Plus unter Druck von SRF und Generaldirektion zum Programm Schweiz 4 und aus diesem gehen die heute noch bestehenden 3 Programme SRF Zwei, RTS deux und RSI LA 2 hervor; die Zürcher TV-Idee von «einem Programm auf zwei Kanälen» hat gesiegt.

Die Idee, im kleinen, mehrsprachigen Fernsehmarkt Schweiz anstelle der Konkurrenz die Zusammenarbeit zu suchen, bleibt auch heute noch eine Variante, die auf Anregung von Dölf Ogi entwickelt wird und auch aus der Retrospektive geniale, zukunftsweisende

Züge aufweist. In einem solchen, damals ansatzweise praktizierten Mediensystem würde die SRG als Veranstalterin auftreten, die sowohl eigene Programme realisiert, als auch Sendungen anderer Anbieter ausstrahlt, vergleichbar einem Warenhaus, das nach dem Shop-in-Shop-Modell auch Dritten Ladenflächen für deren Produkte bereitstellt. Die SRG-Doktrin – wir machen alles mit eigenen Mitteln und wenn möglich mit eigenem Personal – würde in einem modernen Kanalmanagement abgelöst werden durch ein Dach, unter dem die Angebote anderer Anbieter ihren Platz finden. Solche Anbieter von medialen «Service-public»-Leistungen müssen nicht zwingend Medienhäuser sein. Als Anbieter könnten auch Programmmacher auftreten, die für bedeutende Bereiche der Gesellschaft, die nicht zur klassischen Medienwelt zählen, professionell Sendungen realisieren. Avenir Suisse hat kürzlich diese Grundidee weiterentwickelt und geht in ihren Überlegungen noch weiter, wenn sie die SRG in einen gebührenfinanzierten Public Content Provider umwandeln möchte: Die SRG würde damit in einen reinen Inhaltsproduzenten ohne eigene Verbreitungsplattform verwandelt. Als solcher würde die SRG vielfältige mediale Inhalte in allen Landessprachen produzieren und privaten, dritten Plattformen als Vorleistung zur Verfügung stellen. Das Unternehmen S Plus verbindet uns – Dölf Ogi und mich – bis heute. Die spannende, abenteuerliche, intensive, höchst kreative Kooperation hat uns beide geprägt. Beflügelt hat uns die Überzeugung, dass wir die Schweizer Medienlandschaft durch zukunftsweisende, noch heute gültige Impulse bereichert haben.

Roy Oppenheim, Kunsthistoriker, leitete das Ressort Kultur bei SF DRS, heute SRF. Er war Direktor von Schweizer Radio International und der 4. Fernsehkette, Kommunikationschef der SUISA und leitete das Skulpturenmuseum Rehmann. Bis 2017 präsidierte er das Forum Helveticum sowie die audiovisuelle Kulturplattform ART-TV. Oppenheim ist Autor verschiedener Bücher und Dokumentarfilme (Alberto Giacometti, Turo Pedretti, Ted Scapa, Silvio Mattioli, Heinz Aeschlimann u.a.).

Der vierte TV-Landessender der SRG SSR mit dem Namen «S Plus» geht am 25. September 1993 in Gstaad, Schweiz, auf Sendung. Bundesrat Adolf Ogi und Direktor Roy Oppenheim haben den symbolischen Stecker zum Start in der Hand: Jetzt ist «S Plus» am Netz.

© Keystone

Adolf Ogis Beitrag zu einer umfassenden Sicherheitspolitik

PHILIPPE WELTI

ehemaliger Botschafter und
Politischer Direktor (1998 – 2004) im VBS

Adolf Ogis fünfjähriges Wirken an der Spitze des schweizerischen Verteidigungsministeriums und im letzten Amtsjahr auch als Bundespräsident stellt den Ruck dar, der durch die schweizerische Politik ging und die Tür zur dringend notwendigen neuen schweizerischen Sicherheitspolitik aufstiess.

Erst in den 90er-Jahren des letzten Jahrhunderts vollzog sich bei uns die Wende vom Konzept einer flächendeckenden armeelastigen Territorialverteidigung zu einer modernen, kooperativen Sicherheitspolitik. Der welthistorische Hintergrund war 1991 der Zusammenbruch der Sowjetunion und ihres Herrschaftssystems über den halben Kontinent, die daraus folgende Verklärung des «Sieges des Westens über den Sozialismus», das akademische Wort vom «Ende der Geschichte», die politische Debatte um eine «Friedensdividende» und schliesslich, quasi als «Rückkehr der Geschichte», der Ausbruch alt-neuer Konflikte auch auf dem europäischen Kontinent. Mit diesen Zeilen werfen wir ein Licht auf ein paar ausgewählte Episoden, die stellvertretend für das Ganze stehen, das Adolf Ogi zu verdanken ist. Der neue Verteidigungsminister Ogi kam aus dem Verkehrs- und Energieministerium, das er liebte und wo er, seinem Naturell entsprechend, bereits politisch und historisch bedeutsame Impulse gegeben und grosse Projekte politisch durchgesetzt und konkret in Angriff genommen hatte. Bei seinem Wechsel zum Eidgenössischen Militärdepartement EMD forderte und erhielt er als Ergänzung seines neuen Ministeriums die Bereiche Sport und Zivilschutz. Er wertete diese, unabhängig von den Grössenunterschieden, sogleich zu selbständigen Departementsbereichen auf und stellte sie auf die gleiche hierarchische Stufe wie den militärischen Bereich. Mit der thematischen Erweiterung der Departementszuständigkeit einher ging die Umbenennung des EMD in «VBS – Verteidigung, Bevölkerungsschutz, Sport». Was oberflächlich nur als Namensänderung erschien, hatte grosse politische Bedeutung. Sie brachte in Übereinstimmung mit internationalen Standards zum

Bundespräsident Adolf Ogi mit US-Verteidigungsminister William Cohen, vor dem Pentagon in Washington, im Juli 2000. (zvg)

Ausdruck, dass auch in Militärfragen das politische Primat der zivilen Führung gehört. Dies war für die Schweiz bedeutungsvoll, da während anderthalb Jahrhunderten zwischen Armeeführung und EMD-Spitze eine symbiotische Beziehung bestanden hatte. In der grossen Mehrheit waren seit 1848 EMD-Chefs als Milizoffiziere selber hohe Offiziere gewesen, womit der Armeeführung stets ein sehr grosser Einfluss auf die politische Führung gesichert war. Der Wechsel zum sichtbaren politischen Primat über das Militär gelang Ogi besonders gut, weil er selber als höherer Offizier und gewesener Bataillonskommandant über militärische Glaubwürdigkeit und Legitimation verfügte. Für ihn sollte Sicherheitspolitik von der Politik geführt und umfassend zivil-militärisch angelegt sein und auf internationale Kooperation ausgerichtet werden. Noch im ersten Amtsjahr im VBS vollzog er, zusammen mit seinem Bundesratskollegen, Aussenminister Flavio Cotti, den Beitritt zur «Partnership for Peace», der von der NATO offerierten Kooperationsplattform, die für Mitglieder und Nichtmitglieder gleichermassen offen stand. In Wahrnehmung des politischen Primats baute er in seinem Departement auch die nicht-militärische Sicherheitspolitik aus und initiierte zivile und militärische Angebote für die gesamteuropäische Zusammenarbeit. Ein besonderes Kapitel in der jüngsten Geschichte der schweizerischen Sicherheitspolitik schrieb Bundesrat Ogi zudem mit der Gründung der drei «Genfer Zentren», dem Genfer Zentrum für Sicherheitspolitik (GCSP), dem Genfer Zentrum für humanitäre Minenräumung (GICHD) und dem Zentrum für die demokratische Kontrolle von Streitkräften (DCAF). Alle drei Zentren, als schweizerische Stiftungen mit internationaler Beteiligung ausgebildet, waren konzeptionell, organisatorisch und finanziell Schöpfungen des schweizerischen Verteidigungsministeriums, wurden aber später von seinen Nachfolgern an das Aussenministerium abgetreten. Sie bilden den Kern des heute in Genf und von dort weit in die Welt ausstrahlenden «Maison de la Paix». Adolf Ogis tiefsitzende Überzeugung, dass wirkungsvolle Sicherheit nur über eine internationale Zusammenarbeit zu erzielen ist, fand ihren konzeptionellen Ausdruck auch in dem von ihm in Auftrag gegebenen «Sicherheitspolitischen Bericht 2000». Auf dieser Grundlage stiess er noch vor seinem Ausscheiden aus dem Bundesrat Ende 2000 die seit Jahrzehnten umfassendste Armeereform an. Aber noch bevor die Arbeiten für eine neue, modernere Armee abgeschlossen waren, nahm er 1999 die reale Herausforderung der Geschichte an und entsandte ein militärisches Helikopter-Detachement in die Region des eskalierenden Kosovo-Konflikts, mit dem die Basis für weitere Auslandeinsätze und auch für die notwendig werdende Militärge-

DER WECHSEL ZUM SICHTBAREN POLITISCHEN PRIMAT ÜBER DAS MILITÄR GELANG OGI BESONDERS GUT.

Bundespräsident Adolf Ogi mit dem chinesischen Premierminister Zhu Rongji, 2000. © Keystone

setzesrevision gelegt wurde. Eine kurze historische Skizze von Adolf Ogis Leistung für die schweizerische Sicherheitspolitik wäre unvollständig ohne einen Hinweis auf seine persönliche Ausstrahlung und Wirkung auf Ministerkollegen. Er dürfte zu seiner aktiven Regierungszeit der schweizerische Magistrat mit der besten persönlichen Vernetzung mit ausländischen Amtskollegen gewesen sein. Stets war es die einzigartige Verbindung von Vitalität, Glaubwürdigkeit und Überzeugungskraft sowie persönlichem Charme, die ihn die Sympathie von ausländischen Verteidigungsministern gewinnen liess, die manchmal keine grosse Veranlassung sahen, der Schweiz besonders aufmerksam zu begegnen. Denkwürdig unter vielen war beispielsweise die Begegnung mit dem amerikanischen Amtskollegen William Cohen, der ihn nach einem lebhaften und sehr freundschaftlichen Gespräch in Washington der wartenden Medienwelt als Freund und «man for all seasons» vorstellte. Im Lande der unternehmerischen Pioniertradition eine höchste Auszeichnung! Entsprechend fiel dann auch das mediale Interesse für «our friend from Switzerland» aus.

Philippe Welti ist ein Schweizer Diplomat. Von 1998 bis 2004 war er Mitglied der Departementsleitung des VBS, zuerst als Stellvertretender Generalsekretär, dann als Politischer Direktor.

1999: Die Operation «ALBA» der Schweizer Armee in Albanien

KKDT AD
CHRISTOPHE KECKEIS

ehemaliger Chef der Armee

Am 1. April 1999 (Donnerstag vor Ostern) läutet das Telefon beim Pikettoffizier der Luftwaffe: Charles Raedersdorf, Chef des Katastrophenhilfekorps, hatte beim Chef VBS (Eidgenössisches Departement für Verteidigung, Bevölkerungsschutz und Sport), Bundesrat Ogi, dringend Helikopter der Armee für eine humanitäre Operation in Albanien beantragt.

Spontan hat «unser Dölf» dies digital zur Bearbeitung weitergegeben, mit dem Ziel, so rasch wie möglich drei Super-Puma-Helikopter der Armee einzusetzen.

Sofort hat Botschafter Philipp Welti eine sicherheitspolitische Lösung (Memorandum of Understanding) vorbereitet.

Sofort hat auch Korpskommandant Fernand Carrel, Kommandant der Luftwaffe, seine Offiziere wie auch sein internationales Netzwerk aktiviert.

Dies hat für alle Beteiligten ein unvergessliches Osterwochenende 1999 bedeutet. Noch nie in meinem Leben konnte ich eine so tolle Kombination von konstruktiven internationalen Netzwerken erleben. Vor allem hat mich das Netzwerk der DEZA (Direktion für Entwicklung und Zusammenarbeit) tief beeindruckt, sowie die Erfahrung von Toni Frisch, der mich begleitete. Alle bekannten «Neinsager» in Bern waren bereits im Osterurlaub und liessen das Feld frei für unkonventionelle Lösungen.

Der dramatische Krieg in Kosovo zwang täglich Tausende von Menschen zur Flucht nach Albanien. Dort wurden sie in Lager aufgenommen. Nach Tirana wurden aus aller Welt Tonnen von humanitären Gütern eingeflogen, die aber wegen der Zerstörung aller Strassen und Brücken nicht zur Destination gefahren werden konnten. Es ging also darum, diese Güter zu den Flüchtlingen zu bringen.

Der Luftraum war dreistöckig belegt: Oben flogen die Touristen in die Ferien, unten war humanitärer Einsatz und in der Mitte war Luftkrieg, geführt von AWACS-Flugzeugen (Airborne Warning and Control System) unter NATO-Einsatzgrundsätzen.

Trotz allem konnten wir uns da integrieren

«Unser Dölf» mit Christophe Keckeis in einem Super Puma der Schweizer Armee unterwegs zwischen Tirana und Kukës. (zvg)

Von links nach rechts: Korpskommandant Scherrer GSC, ein englischer Freund von BR Ogi, BR Ogi, Brigadier Keckeis (Kommandant der Operation «ALBA»), beim Besuch des Flüchtlingslagers in Kukës am 20. April 1997. (zvg)

und am Ostersonntag eine Erkundung vor Ort durchführen, um Lösungen in diesem Chaos zu erarbeiten. Unser Dölf wollte am Montag in Zermatt eine Demonstration der Machbarkeit dieser Operation anhören, um dann «befehlen» zu können. Botschafter Welti, KKdt Carrel, Paul Kälin (damals Referent bei BR Ogi) und meine Wenigkeit hatten die Ehre, diesen Dialog zu führen.
Am gleichen Ostermontagabend um 22.30 Uhr war das Detachement von 43 freiwilligen Schweizern in einer Halle in Alpnach gebrieft und geimpft, bereit für einen neuartigen Einsatz, voll im Sinne der «Sicherheit durch Kooperation und Friedensförderung».
Alle Familien, welche dies erleben durften, denken heute noch bei jeder Osterzeit an diese «ogische» Ostern 1999.
Unser Dölf hatte aber noch eine grosse Herausforderung vor sich: Er musste über diese Urlaubszeit alle seine Kollegen im Bundesrat orientieren und für diesen exklusiven Einsatz motivieren.
Aus diesem Grund hatte er mir verboten, in den albanischen Luftraum einzufliegen, be-

vor dies erfolgt war. So waren wir in Brindisi bereit und um 16.00 Uhr am Dienstag kam der definitive Befehl: «Go».
Wie unser «Dölf» diese Herausforderung gelöst hat, kann nur er erzählen. Eher selten hatte die offizielle Schweiz so etwas Wichtiges so rasch entschieden. Die richtigen Leute waren im entscheidenden Moment am richtigen Platz.
Am 20. April hat unser Dölf die Operation auch persönlich inspiziert und ein Flüchtlingslager besucht. Kein anderer Minister der im Einsatz stehenden 19 Nationen hat dies gewagt.
Während der Operation «ALBA» wurden dank optimaler Zusammenarbeit mit dem UNHCR (the UN Refugee Agency) 348 Leben gerettet, 5194 Passagiere transportiert, 878 Tonnen Hilfsgüter geliefert und 725 Super-Puma-Einsätze geflogen.
Anschliessend wurde ab Mitte 1999 bis heute noch die Swisscoy mit grossem Erfolg in der Region eingesetzt.

Am 26. Dezember 2004 (wieder ein idealer Moment, wo die «Neinsager» im Urlaub weilten), unmittelbar nach dem tragischen Tsunami im indischen Ozean, hat das UNHCR der Schweiz das gleiche «Modul» (3 Super Puma) beantragt wie damals für Albanien, und gleichzeitig ein Transportflugzeug Antonow-124 gechartert, um die Sache auch machbar zu präsentieren. Die Schweiz konnte sofort diesen humanitären Einsatz leisten.
Dank unserem Dölf hat die Schweiz im Bereich Friedensförderung historische Fortschritte machen und sich das nötige Selbstvertrauen erarbeiten können.

KEIN ANDERER DER 19 MINISTER HATTE EINEN PERSÖNLICHEN BESUCH GEWAGT.

Christophe Keckeis wurde am 30. Oktober 2002 vom Bundesrat zum Generalstabschef gewählt und gleichzeitig als künftiger Chef der Armee und Projektleiter von Armee XXI designiert. Am 1. Januar 2003 übernahm er die Funktion des Generalstabschefs und ein Jahr darauf wurde er der erste Chef der Armee im Rang eines Korpskommandanten.

«Man muss Menschen mögen»

JEAN ABT

Korpskommandant KKdt aD, Feldarmeekorps 1

Am 9. Dezember 1987 war auch ich auf dem mit Menschen gefüllten Bundesplatz. René Felber und Adolf Ogi wurden neu in den Bundesrat gewählt. Ohne den Neuenburger Sozialdemokraten abzuwerten: Es gab einen Unterschied. Der eine verschwand im Grau der Mauer des Bundeshauses, der andere nahm das Bad in der Menge. Nun war es nicht so, dass Ogi dies herbeisehnte, vielmehr verlangte das Volk es von ihm; das Volk wollte ihn sinnbildlich auf seinen Händen tragen, um seine Liebe ihm gegenüber ausdrücken zu können.

«Man muss Menschen mögen», sagte Ogi einmal. Aber diese Phrase muss man zuerst einmal begreifen.

DIESER MENSCH WAR GEPRÄGT VON EINER UNGLAUBLICHEN DYNAMIK.

Als ehemaliger Korpskommandant des Feldarmeekorps 1 diente ich unter Adolf Ogi, als er dem VBS (und zeitweise noch dem EMD) vorstand. Das EMD wurde in der Ära zuvor souverän geführt, trotzdem wehte unter Ogi ein frischer Wind. Dieser Mensch war geprägt von einer unglaublichen Dynamik: Man könnte es auch als eine Verschmelzung von Menschlichkeit und Verlangen oder Erwartung beschreiben. Zum einen kannte er seine Schwächen – und holte sich seine fehlenden Kapazitäten bei entsprechenden Spezialisten ein –, zum anderen war er fordernd in den Bereichen, in welchen er sich auskannte. Sei es die Organisation der Planung, das Sichkümmern um den Nachwuchs oder der persönliche Austausch: Ogi war dazu angetrieben, die Strukturen zu analysieren und entsprechend zu optimieren, jedoch stets auf Bewährtem basierend, ohne die etablierten Raster zu zerstören. Es war folglich kein Zufall, dass er direkt nach seinem Amtsantritt persönlich zu den Korps anreiste und die Korpsführung zusammenrief, um sie genau-

Bundesrat Adolf Ogi und Korpskommandant Jean Abt, im September 1997 im Casino in Bern am Gesamtschweizerischen Feldpredigerrapport. © Keystone

er unter die Lupe zu nehmen. Wo sind die Schwächen und Stärken, wer wird die Alteingesessenen einmal ersetzen, wie wird geführt? Alles wollte er wissen. Dieses Verlangen oder diese Erwartungshaltung war jedoch stets gepaart mit einem tiefen Verständnis für das menschliche Sein; so ist es bis heute nicht zuletzt seine Ehrlichkeit, beziehungsweise die Fähigkeit, in direkter, aber fairer Manier mit Menschen umzugehen, welche Ogi auszeichnet. Ich habe Ogi seit seiner Rekrutenzeit gekannt und wir sind uns über die Jahre nahe geblieben, sei es durch eine Begegnung an einem Sportanlass in Le Brassus, durch die lange Zeit in der Armee oder den Austausch im familiären Kreis. Was mir nach wie vor imponiert an Adolf Ogi, ist genau dieses «Sich-selber-Bleiben», das die Grundlage der Pflege und Weitergabe seiner Werte bildet.

«Menschen mögen» bedeutet nicht nur, ein Gutmensch zu sein, vielmehr ist es ein Drang, im Menschen nicht bloss das Gute zu sehen, sondern es auch aus ihm herauszuholen. Es ist eben diese Verschmelzung von Menschlichkeit und Verlangen oder Erwartung, ja vielleicht besser gar Ambition, welche aus Ogi einen echten Leader gemacht hat. Eine solche Dynamik vergisst man nicht so schnell.

Jean Abt ist der ehemalige Kommandant des Feldarmeekorps 1. Seit 2001 ist er Mitglied des Internationalen Komitees vom Roten Kreuz (IKRK).

Adolf Ogi – Wegbereiter einer modernen Milizarmee

ULRICH F. ZWYGART

Prof. Dr., Divisionär aD

Adolf Ogi hat die Grenadier-Rekrutenschule, eine der strengsten Grundausbildungen unserer Armee, absolviert. Er wurde Offizier und als Major Kommandant eines Infanteriebataillons. Das hat er so gewollt und darauf war er – zu Recht – auch stolz.

Als Bundesrat war das Militärdepartement nicht seine erste Wahl. Als er in einem Interview darauf angesprochen wurde, ob er nicht auch Verteidigungsminister werden wolle, antwortete er: «Ich will in der Champions League spielen.» Zu diesem Zeitpunkt war ich Kommandant der Panzerschulen in Thun. Ich nahm allen Mut zusammen und schrieb dem Herrn Bundesrat Ogi, dass das Eidgenössische Militärdepartement (EMD) in der Champions League spiele. Kurze Zeit später wechselte Adolf Ogi ins EMD. Eine seiner ersten Amtshandlungen bestand in der Umbenennung des EMD zu VBS (Verteidigung, Bevölkerungsschutz und Sport). Meine Interpretation: Verteidigung allein macht noch keinen Champions-League-Club.

Die Armeereform 95 mit einer Reduktion des Armeebestandes und dem Wechsel vom Ein-Jahres-Rhythmus der Wiederholungskurse zu einem Zwei-Jahres-Rhythmus war gerade in Kraft getreten, als Adolf Ogi das Verteidigungsministerium übernahm. Er wusste von den diversen Klagen über die Armeereform und gab einer Arbeitsgruppe den Auftrag, die diversen Mängel zu sichten. Die Liste umfasste mehr als 100 Punkte, was ihn dazu bewog, einen neuen Reformprozess anzustossen. Alt Staatssekretär Edouard Brunner erhielt die Aufgabe, zusammen mit 30 Persönlichkeiten aus Politik und Wirtschaft eine sicherheits- und militärpolitische Auslegeordnung bis Ende 1997 zu präsentieren: den Bericht Brunner. Als Chef des Kernteams der Armee XXI bestand meine Aufgabe darin, eine umfassende Vernehmlassung des Berichts durchzuführen und daraus Leitlinien für das weitere Vorgehen abzuleiten. Unter der Leitung von Botschafter Dr. Anton Thalmann wurde der Sicherheitspolitische Bericht 2000 redigiert; ich durfte das Kapitel über die Armee verfassen und parallel zusammen mit dem Kernteam und einem speziell zusammengestellten Mitarbeiterstab das Armeeleitbild XXI entwerfen. In Übereinstimmung mit den Erkenntnissen der Kommission Brunner sowie der sicherheitspolitischen Entwicklung in Europa engagierte sich Bundesrat Ogi zugunsten der notleidenden Bevölkerung im Kosovo und ebnete den Weg zu einer Teilnahme am Programm «Partnership for Peace» der NATO. Die «Swisscoy», eine aus Freiwilligen bestehende Schweizer Kompanie, sollte im Kosovo im Rahmen der Friedenserhaltung eingesetzt werden. Die knapp gewonnene Abstimmung zur Bewaffnung dieser Einheit im Frühjahr 2001, also nach dem Ausscheiden Ogis aus dem Bundesrat, und die Volksabstimmung über die Armee XXI zwei Jahre später vervollständigten das ambitiöse Reformvorhaben.

Zwischen 1998 und 2000 erlebte ich unseren Verteidigungsminister hautnah. Er vertraute mir, erteilte mir weitgefasste Aufträge und überprüfte als Patron und oberster Chef mit Wohlwollen, aber auch mit klarem Blick für das Wesentliche und Machbare. Einmal machte er mir klar, dass es nicht angehe, wenn ich die Fragen seiner persönlichen Mitarbeiterin mit einem Lächeln quittiere: «Es gibt keine dummen Fragen, Herr Oberst, sondern nur dumme Antworten!» Ein andermal schickte er mich zu allen Bundesratskollegen, um gewisse Reformvorhaben zu erklären. Erst im Nachhinein wird mir bewusst, welches Vertrauen mir Adolf Ogi damit geschenkt hat. Unvergessen bleibt mir auch ein Abend im Sommer 2000, als mich Bundespräsident Ogi nach 19 Uhr in seinem Büro empfing und mir eröffnete, dass das von mir vorgelegte Dokument völlig unzureichend sei; er gebe mir Zeit für Verbesserungen bis morgen früh um 06.30 Uhr. Zerknirscht ging ich zurück ins Büro, rief meine Frau an und teilte ihr mit, dass ich erst um Mitternacht nach Hause kommen werde und sie nicht auf mich warten soll. Als ich um 23.45 Uhr die Schwelle meines Hauses betrat, bestand sie darauf, mir etwas im Wohnzimmer zu zeigen: einen grossen Blumenstrauss. Auf dem Begleitkärtchen las ich: «Liebe Frau Zwygart, vielen Dank, dass Sie mir Ihren Mann für diese grosse Reform zur Verfügung stellen! Ihr Adolf Ogi, Bundespräsident.»

«ICH WILL IN DER CHAMPIONS LEAGUE SPIELEN.»

Was bleibt von Adolf Ogi als Verteidigungsminister? Adolf Ogi gebührt das Verdienst, unsere Milizarmee für das 21. Jahrhundert gerüstet zu haben. Grosse Teile der Armee XXI sind noch heute gültig, die Teilnahme an friedenserhaltenden Massnahmen im Kosovo und im Programm «Partnership for Peace» bestehen nach wie vor. Kein Verteidigungsminister hat nach ihm Vergleichbares geleistet. Als ich im Jahre 2006, sechs Jahre nach dem Ausscheiden Adolf Ogis, den US-Streitkräften einen Besuch abstattete, begrüsste mich ein Vier-Sterne-General mit den Worten: «Ich kenne Ihren Verteidigungsminister. Adolf Ogi ist ein bewundernswerter Mann!»

Ulrich F. Zwygart ist Honorarprofessor für Unternehmensführung an der Universität St. Gallen; er berät Verwaltungsräte und Konzernleitungen in Führungsfragen.

Adolf Ogi

Sein Engagement für den Sport

Adolf Ogi – und die staatliche Förderung des Sports

HEINZ KELLER
ehemaliger Direktor BASPO

Der Departementswechsel des Sports vom EDI zum neuen VBS auf den 1.1.1998 war speziell. Einige empfanden ihn als Trostpflaster für Adolf Ogi, der das ehemalige EMD übernahm. Völlig falsch: Das zunehmend wachsende Phänomen Sport benötigte eine umfassende nationale Politik – und diese kostete politische Energie, Zeit und Überzeugung. Adolf Ogi war gefragt.

Unsere erste Begegnung – neuer Departementschef und Chef Magglingen – war spannend. Ich wagte es, den Bundesratsentscheid vom 19.2.1997 zu hinterfragen. Dölf schätzte das nicht. Also bestellte er mich nach Bern – Kappeler Milchsuppe. Bei diesem emotionalen Fachgespräch lernte ich meinen analytisch denkenden, visionären, energischen Departementschef kennen: einen kantigen Bergkristall.

Mit seinen grossen Händen packte er zu – vom ersten Januar 1998 an. Am erstmöglichen Tag besuchte er Magglingen – natürlich eine Ehre, aber auch eine Art Lawine. Er besichtigte den hinterletzten Winkel bis ans Ende der Welt. Er sprach mit allen Mitarbeitenden, Kursteilnehmenden – und reservierte ein eigenes Garderobenkästchen im Lehrerzimmer. Erstaunlich und wunderbar war dabei seine Fähigkeit des Zuhörens. Er verlangte eine Prioritätenliste aller Schlüsseldossiers im Sport. Diese existierte: Die Schweiz benötigte ein nationales Sportanlagenkonzept, Jugend+Sport musste entwickelt und vor allem nicht kantonalisiert werden, Bewegung und Gesundheit sollen durch Sportaktivitäten bis ins Seniorenalter durch den Bund gefördert werden, Spitzensport soll vor allem im Nachwuchsbereich durch den Staat ermöglicht und qualitativ unterstützt werden, der Bund muss sich für Schadensbegrenzung (Doping, Korruption, Gewalt) im Sport wirksam einsetzen, die Förderung des Sportes muss in einem sportpolitischen Konzept für die Politik fassbar gemacht werden – und für diese nachhaltigen Aufgaben müssen ein Bundesamt für Sport und eine Fachhochschule für Sport geschaffen werden. In seinem eigenartigen Notizheft hielt er das für ihn Be-

Ogis zielstrebiges Team in Magglingen bei der Übernahme des Sportdepartementes, 1995. (zvg)

Bundespräsident Adolf Ogi (links) diskutiert am Montag, 25. September 2000 in Bern mit Heinz Keller, Direktor des Bundesamtes für Sport. Der Bundesrat hat an seiner Sitzung beschlossen, am Grundsatz der drei obligatorischen Sportlektionen im Schulunterricht festzuhalten. © Keystone

deutsame unsichtbar fest. Vergessen wurde nichts.

Die Erwartungen im Sport an «unseren Dölf» waren riesig und seine Erwartungen an den Sport noch grösser. Unsere Prioritätenliste erweiterte er beinahe täglich mit neuen Ideen. Seine Aufgebote für frühmorgendliche Besprechungen endeten immer mit Aufträgen: «Wir brauchen eine Lehre für Sportler, Sport ist ein Beruf, Heinz, mach dich dahinter» – oder: «Die Armee muss dem Spitzensport mehr Unterstützung zukommen lassen, Magglingen muss …» – oder: «Die Arbeitgeber in der Schweiz müssen aktive Spitzensportler beruflich unterstützen, also …» – oder: «Die Medien in der Schweiz sollen guten Spitzensport positiver ‹transportieren› …». Die Prioritätenliste wurde zur Dringlichkeitsliste, der Tag hatte zu wenig Stunden und das Jahr zu wenig Tage. Aber hinter der unendlichen Vielzahl von Ideen steckte seine tiefe Überzeugung, dass Sport echte und sinnvolle Beiträge für die Entwicklung einer entfesselten Gesellschaft leisten kann. Er wollte im Sport Menschen zusammenbringen: «Heinz, wir brauchen jährlich eine ‹Landsgemeinde› in Magglingen!» Ihm schwebte ein riesiges

Lagerfeuer vor, das vom Jura aus ins Mittelland ausstrahlt – um zu zeigen, dass der Schweizer Sport Zuversicht und Wärme ausstrahlt. Verrückt! Aber der Magglinger Tag existiert heute noch.

Schritt für Schritt arbeiteten wir uns durch. Schlüsselentscheide wurden in diesen drei Ogi-Jahren gefällt: Der Nationalrat stimmte am 4.3.1998 dem Bundesbeschluss für die Olympischen Winterspiele 2006 zu, die Eidgenössische Fachhochschule für Sport in Magglingen wurde am 13.5.1998 durch den Bundesrat geschaffen, am 31.8.1998 wurde das Kandidatur-Dossier Sion 2006 mit allen Bundesgarantien beim IOC eingereicht, am 18.11.1998 wandelte der Bundesrat die ESSM Magglingen in das Bundesamt für Sport um, in der Wintersession 1998 genehmigte das Parlament die Kreditvorlage betreffend Sportanlagen von nationaler Bedeutung, auf den 1.1.1999 setzte der Departementschef die neue Verordnung für den Seniorensport in Kraft, die Planungsarbeiten für eine Spitzensportler-Lehre konnten 1999 abgeschlossen werden, der Bundesrat erteilte am 20.12.1999 den Startschuss für die Erarbeitung eines sportpolitischen Konzepts, der Spitzensportler-Lehrgang der Rekrutenschule wurde entscheidend verbessert, die Verordnung über die Förderung von Turnen und Sport wurde teilrevidiert, die anwendungsorientierte Forschung im Sport wurde gefördert und die Dopingbekämpfung verbessert. Wenige Tage vor Dölfs Funktionsende, am 11.12.2000, genehmigte der Bundesrat das neue sportpolitische Konzept, das den Sport als wichtigen Bestandteil des Lebens, der Gesellschaft und damit des Staates anerkennt. Damit wurde die gigantische Arbeit sauber und kompetent abgeschlossen.

HINTER DER UNENDLICHEN VIELZAHL VON IDEEN STECKTE SEINE TIEFE ÜBERZEUGUNG, DASS SPORT ECHTE UND SINNVOLLE BEITRÄGE FÜR DIE ENTWICKLUNG EINER ENTFESSELTEN GESELLSCHAFT LEISTEN KANN.

Wir schätzten ihn, bewunderten, begleiteten, stützten, liebten ihn. Seine Wertschätzung und Höflichkeit gegenüber allen Menschen war für jeden Einzelnen von uns spürbar. Er hat dem Sport damit eine beispielhafte Kultur vorgelebt.

Heinz Keller war von 1985 bis 1999 Direktor der Eidgenössischen Sportschule Magglingen. Von 1999 bis 2005 war er Direktor des neu geschaffenen Bundesamtes für Sport (BASPO).

Ein lebenslanges Engagement für den Sport

THOMAS BACH
Präsident des IOC

Im September 2015 wurde die «Agenda 2030 für nachhaltige Entwicklung» von allen Mitgliedsstaaten der Vereinten Nationen verabschiedet. Nie zuvor hat sich die internationale Staatengemeinschaft auf so weitreichende und umfassende Ziele einigen können. Es war auch ein historischer Moment für die Olympische Bewegung, denn der Beitrag des Sports zum Erreichen dieser weltweiten Nachhaltigkeits- und Entwicklungsziele wurde dabei ausdrücklich hervorgehoben. So ist zum ersten Mal die tragende Rolle des Sports als «wichtiger Ermöglicher» für nachhaltige Entwicklung und Frieden von der Staatengemeinschaft anerkannt worden.

Dieser historische Moment war in vielerlei Hinsicht auch ein Verdienst von Adolf Ogi. Im Jahr 2001 wurde er vom damaligen UNO-Generalsekretär Kofi Annan zum ersten Sonderberater für Sport im Dienste von Entwicklung und Frieden ernannt. In dieser Funktion trug Adolf Ogi entscheidend dazu bei, den Grundstein für die Zusammenarbeit zwischen der internationalen Staatengemeinschaft und dem Sport zu legen. Er stellte die Weichen für eine enge Kooperation. Die Partnerschaft zwischen der UNO und dem Internationalen Olympischen Komitee (IOC) ist heute weitreichender denn je zuvor. Der gebürtige Kandersteger geniesst in der Welt des Sports hohes Ansehen. Dies sollte keinen verwundern, wusste er doch immer seine Schweizer Tugenden von Verlässlichkeit und Effizienz auch auf dem internationalen Parkett klug einzusetzen. Seine Leidenschaft für den Sport wurde zu einem roten Faden in seinem Leben und einer Karriere, die ihresgleichen sucht. Ob als Leiter des Schweizer Skiverbandes, als Bundesrat, als Bundespräsident oder eben als UNO-Sonderberater für Sport: In allem, was er tat, war sich Adolf Ogi stets bewusst, dass der Sport die Kraft hat, die Welt zusammenzubringen.

Adolf Ogi war sein Leben lang ein Freund der Olympischen Familie. Er trug massgeblich dazu bei, die enge Beziehung zwischen der Schweiz und dem IOC weiter zu vertiefen. Seit der Gründervater des IOC, Pierre

de Coubertin, Lausanne vor über hundert Jahren als Hauptsitz der Organisation auswählte, ist das IOC in der Schweiz beheimatet. Heute geniesst das IOC den Status einer internationalen Organisation in der Schweiz, wofür sich Adolf Ogi in seiner Zeit als Bundesrat auch immer persönlich eingesetzt hatte. Er war bei unzähligen Gelegenheiten ein treuer Wegbegleiter der Olympischen Familie. Zu nennen sind das 75-Jahr-Jubiläum des IOC in Lausanne 1990, die Eröffnung des Olympischen Museums 1993, die 100-Jahr-Feier des IOC oder der Olympic Centennial Congress 1994. Im Jahre 2000 verlieh ihm das IOC den Olympischen Orden, um seine Verdienste für den Sport zu würdigen.
Der 75. Geburtstag von Adolf Ogi gibt uns daher einen besonderen Anlass, sein lebenslanges Engagement für den Sport zu ehren. Seine Grundwerte werden ihn für immer mit der Olympischen Bewegung verbinden.

Adolf Ogi habe ich persönlich zum ersten Mal bei den Nordischen Skiweltmeisterschaften 1987 in Oberstdorf kennengelernt. Ich habe ihn immer als einen Mann mit klaren Visionen hoch geschätzt. Deswegen ist es mir eine Ehre, Adolf Ogi sowohl im Namen des Internationalen Olympischen Komitees als auch persönlich herzlich zum Geburtstag zu gratulieren. Ich wünsche mir, dass er der Olympischen Familie mit seinem unnachahmlichen Enthusiasmus auch weiterhin als treuer Freund und Wegbegleiter verbunden bleibt, und hoffe, auch in Zukunft auf seinen wohlwollenden Rat zählen zu können.

ER STELLTE DIE WEICHEN FÜR EINE ENGE KOOPERATION.

Thomas Bach ist Präsident des Internationalen Olympischen Komitees und Olympiasieger im Fechten. Der Wirtschaftsanwalt aus Deutschland wurde 2013 zum IOC-Präsidenten gewählt.

Adolf Ogi und Thomas Bach im Hauptsitz des IOC in Lausanne, 2014.

Dölf Ogi und die integrative Kraft des Sports

JÜRG STAHL

Nationalratspräsident 2016/2017 und Präsident des Schweizerischen Olympischen Komitees

Erst vor kurzem habe ich Adolf Ogi getroffen. Es war während der Skiweltmeisterschaften Anfang Februar in St. Moritz. Ich sass beim Frühstück, als er an meinen Tisch trat und schmunzelnd fragte, ob einem ehemaligen Bundespräsidenten erlaubt sei, sich zu einem amtierenden Nationalratspräsidenten zu setzen. Nach kurzem Wortgeplänkel redeten wir über dieses und jenes – und am Ende war es wie immer nach einem Gespräch mit Dölf: Man geht aufgestellt und zufrieden seines Weges. Der Grund lässt sich leicht erklären. Es liegt an Adolf Ogis Herzblut, das er in eine Sache steckt, an seiner positiven Einstellung, der Begeisterungsfähigkeit, die er ausstrahlt – und die rundherum ansteckt.

SPORT BRINGT MENSCHEN ZUSAMMEN, BAUT BRÜCKEN.

Das muss auch vor bald 45 Jahren der Fall gewesen sein. Ich war ein Knirps mit hochfliegenden Träumen, überwältigt vom Medaillensegen «unserer» Olympia-Delegation bei den Winterspielen 1972. Meine Eltern hatten sich für das Sportereignis extra einen Farbfernseher angeschafft. Die olympischen Ringe waren bunt. Und die Goldmedaille glänzte auf der Mattscheibe echt golden. Dass nicht Miraculix den wundersamen «Schweizer Geheimwachs» zusammenbraute, sondern hinter den «Goldenen Tagen von Sapporo» drei Buchstaben standen, habe ich allerdings erst Jahre später realisiert.

Der Erfolg in Japan, an dem Adolf Ogi als damaliger Direktor des Schweizerischen Skiverbands (SSV) entscheidend beteiligt war, trug viel zum Meinungsumschwung in der Öffentlichkeit bei: Spitzensport wurde hierzulande wieder populär – und Adolf Ogi weitherum bekannt. Sein Einstieg in die Politik hat mich selbst in die Politik geführt und im Jahr seiner Wahl in den Bundesrat bin ich der gleichen Partei beigetreten. Zwei Jahrzehnte nach ihm schaffte ich den Sprung in den Nationalrat. Während eines Jahres hatten wir die Gelegenheit, uns auf dem nationalen Politparkett auszutauschen. Trotzdem ist es nicht nur die Politik, die uns bis heute verbindet: Es ist der Sport. Der Sport, der aus weit mehr Facetten besteht als aus Superlativen. Sie sind das eine, und wir freuen uns über die Schnellsten, die Besten, die Grössten. Aber am schönsten ist die integrative Kraft des Sports: Sport bringt Menschen zusammen, baut Brücken. Sport ist auch Erziehung, Gesundheit, Toleranz, Teamwork, Arbeit, Disziplin, Wissenschaft, Solidarität. Sport ist für mich die beste Lebensschule. Vor einigen Jahren sahen weite Kreise im In- und Ausland das noch anders. Man spöttelte über die gesellschaftliche Bedeutung des Sports, reduzierte ihn auf Geld, Doping, Gewalt und Emotionen. Heute bestreitet die positiven Effekte von Sport niemand mehr. Auch dank seines internationalen Beziehungsnetzes konnte alt Bundesrat Ogi zum Imagewandel beitragen. UNO-Generalsekretär Kofi Annan hätte keinen Besseren als den weltoffenen Bergler zum Sonderbotschafter für Sport im Dienst von Entwicklung und Frieden ernennen können. Er ist authentischer Netzwerker – das kommt sowohl beim Staatschef wie bei der einfachen Bürgerin an. Dahinter steht ein Leitgedanke, den er so formuliert: «Mit dem festen Glauben an das, was ich tue, und einer Mischung aus Selbstbewusstsein und zurückhaltender Bescheidenheit. Je nach Gegenüber muss man das eine oder andere anwenden. Grundsätzlich gelten für mich die vier M: Man muss Menschen mögen.» Zweifellos: Auch die Menschen mögen Adolf Ogi. Ich gehöre dazu. Dass ich heute das bin, was ich bin, habe ich ein Stück weit auch ihm zu verdanken.

Alles Gute zum Geburtstag, viel Freude, Gesundheit und schöne Momente! Ich freue mich auf unser nächstes Tischgespräch.

Jürg Stahl ist ein Schweizer Politiker und seit 1999 Nationalrat. Im Amtsjahr 2016/17 ist er Nationalratspräsident.

Jürg Stahl, Präsident von Swiss Olympic, kündigt einen positiven Entscheid des Exekutivrats von Swiss Olympic zu der Lancierung einer Schweizer Kandidatur für die Olympischen und

Paralympischen Winterspiele 2026 während einer Pressekonferenz an, am Dienstag, 7. März 2017, im Haus des Sports in Ittigen.

© Keystone

Dölf Ogi: Mut zur Vision

BERNHARD RUSSI

Abfahrtsolympiasieger

Wenn es Dölf Ogi nicht gäbe, gäbe es vieles nicht. Gäbe es viele nicht. Wäre vieles nicht so, wie es heute ist und es wären viele nicht dort, wo sie heute sind. Ich gehöre auch dazu. Auch ich gehöre zu den Profiteuren und zu den Leidtragenden von Dölf Ogi, darf mich als Freund bezeichnen. Als Gegner bezeichne ich mich nur deshalb nicht, weil man mit Dölf Ogi anderer Meinung sein kann, streiten und gegeneinander kämpfen kann, ohne nachtragend zu sein.

SEIN BERUF WAR FUNKTIONÄR. ABER ER BEWEGTE UND VERHIELT SICH IMMER WIE EIN SPITZENSPORTLER.

Dölf Ogi hat den Sport und seine Organisationen in den 70er-Jahren aus dem amateurhaften Dornröschenschlaf aufgeweckt und in professionelle Bahnen geleitet. Nur deshalb konnte der Slogan «Ogis Leute siegen heute» geboren werden. Nur deshalb sprechen wir noch heute von den «Goldenen Tagen von Sapporo» und nur deshalb wurden auch die Olympischen Spiele in Innsbruck 1976 bis und mit Calgary 1988 zu erfolgreichen Schweizer Spielen.

Der Sportstratege Dölf Ogi hatte nicht nur Visionen. Er hatte auch die Pläne, den Willen, die Kraft und den Mut, diese auch umzusetzen.

Er verlangte von allen überdurchschnittlich viel. Egal, ob es sich um seine Angestellten oder um seine Athleten handelte.

«Mittelmass genügt nicht, um gut zu sein, und 100 % genügen nicht, um der Beste zu sein!», das hat er uns bereits als Coach eingetrichtert.

Und wir lernten sehr schnell, dass man nicht auf alles Verrückte und Unlogische, was ein Trainer oder ein Coach verlangt, auch eine Antwort brauchte.

Dass man bei – 20 ° im Tiefschnee auf allen Vieren durch den Schnee kriechen muss, um schneller Ski zu fahren und irgendeinmal

Olympische Winterspiele 1972 in Sapporo, Japan. In der Abfahrt der Männer gewinnt Bernhard Russi Gold und Roland Collombin Silber. © Keystone

Olympiasieger zu werden, konnte wohl niemand erklären. Nicht einmal der damalige Coach der C-Mannschaft vom Schweizerischen Skiverband.

Sein Beruf war Funktionär. Aber er bewegte und verhielt sich immer wie ein Spitzensportler.

Er verlangte nicht nur. Dölf hat es uns immer und zu jeder Zeit vorgelebt.

Als Läufer spielte er den Tempomacher vorneweg und wir versuchten, ihm zu folgen. Auf dem Fussballplatz gab es zwar immer wieder sogenannte Freundschaftsspiele zwischen Skifahrern und anderen. Nie war ich glücklicher als in diesen 90 Kampfminuten, dass ich nicht gegen den Dölf habe spielen müssen. So blieben uns lediglich die Entschuldigungen beim Gegner für die «ogischen» blauen Flecken.

Seine grossartigen menschlichen Züge bewies Dölf aber immer wieder in der Niederlage. Ich kann mich nicht erinnern, dass er uns jemals nach einem verpatzten Rennen kritisiert oder demoralisiert hätte. Obwohl er dazu fast mehr Gelegenheit gehabt hätte, als Lobeshymnen anzustimmen. In diesen Momenten wurde Dölf zum Freund und väterlichen Betreuer.

Und wir sangen oder jodelten trotzdem. Dölf logischerweise am lautesten, nicht am schönsten, dafür, wie sichs für einen Perfektionisten gehört, absolut textsicher.

Bernhard Russi ist ein ehemaliger Schweizer Skirennfahrer. Seit Beendigung seiner Sportkarriere ist Russi unter anderem als Werbebotschafter, als Co-Kommentator und Rennanalyst beim Schweizer Fernsehen sowie als technischer Berater des Weltskiverbandes FIS tätig.

Alt Bundesrat Adolf Ogi erhält einen Ehren-Award aus den Händen von Bernhard Russi bei der Verleihung der Credit Suisse Sports Awards 2007 am Samstag, 15. Dezember 2007 in Bern.

© Keystone

Eine wunderbare Jugendzeit unter der Führung von Dölf

PIRMIN ZURBRIGGEN
ehemaliger Skirennfahrer

Hochachtung – Respekt – Menschlichkeit – Freund und Motivator – dies sind nur ein paar Wörter, mit denen ich Dölf beschreiben möchte und die dazu führten, ihn als einen ehrenwerten Sportverantwortlichen und schlussendlich als guten Freund wahrzunehmen.
In den 70er-Jahren, als ich meine ersten, nervösen Schritte im Swiss-Ski-Jugendkader tat, wurde mir eines sehr schnell klar – dieser Vorgesetzte, Swiss-Ski-Direktor Adolf Ogi, ist nicht nur ein Dirigent, sondern ein Herzblut-Skisportler.
Seine überzeugende Art und Weise machte uns bewusst, dass wir zu mehr fähig sind. Mit seiner klaren und einfachen Sprechweise konnte Dölf fordernd und zugleich liebenswürdig erscheinen.

DÖLFS HERZBLUT UND GROSSE INITIATIVE WAREN DIE BASIS DER GROSSEN ERFOLGE.

Sein lösungsorientiertes Denken und anstachelnder Spirit führten viele junge Athletinnen und Athleten zum Optimismus und zur Bereitschaft, Neues in Bewegung zu setzen.
Dölf erkannte sehr schnell, dass unserer Skijugend die Verbindung von Sport und Schule ermöglicht werden musste. Er stellte also kurzerhand dem Juniorenkader einen Lehrer bei den Trainings zur Seite.
Einsatz und Wille waren für ihn Voraussetzung, Leitplanke und Zukunftsperspektive.
Dölfs Herzblut und grosse Initiative waren die Basis zu den grossen Erfolgen im Schweizer Skirennsport der 80er-Jahre.
Wie unerwartet und überraschend Dölf als Swiss-Ski-Direktor sein konnte, zeigte er bei seiner plötzlichen Anwesenheit an der Junioren-Meisterschaft . Er wollte sich nach den jungen Athletinnen und Athleten und der Einsatzplanung erkundigen. Nach meinem Junioren-Abfahrtsieg war ich mehr als überrascht, dass sich ein Swiss-Ski-Direktor für mich (noch sehr jung und ein Nobody) interessierte. Nicht mehr erstaunt war

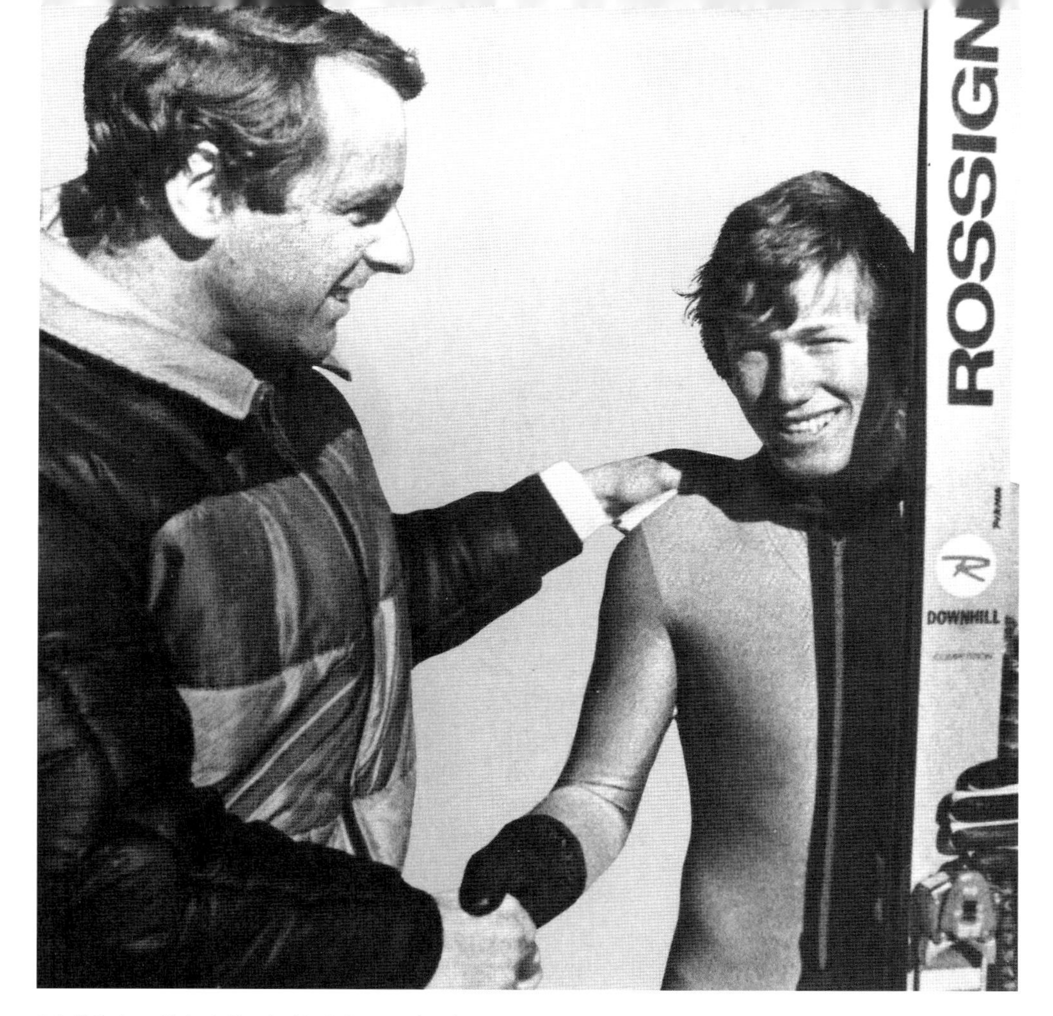

Adolf Ogi motiviert Pirmin Zurbriggen. (zvg)

ich, als ich kurz darauf von unserem Europacup-Trainer, der alles andere als eine Zukunftshoffnung in mir sah, eine Einladung zu der zweiten Europacupserie des Jahres erhielt.

Diese kleine Geschichte wurde zu meiner grossen Chance und ermöglichte mir, meine Sportkarriere so richtig in Gang zu bringen. Wenn ich bei der Jahrhundertsportler-Ehrung davon gesprochen habe, dass ich Dölf einen gewichtigen Teil meiner Skikarriere zu verdanken habe, dann finden sich gerade diese Fundamente, diese wunderbare Art von Dölf darin. Wie unbegreiflich war es für mich, als ich viele Jahre danach bei einem grossen Tennisturnier in Basel mitanhören musste, wie Politiker und Wirtschaftsspezialisten gerade dies als seine Schwachstelle darstellten.

Mein Staunen über sein grosses und reichhaltiges Tun habe ich bis heute nicht verloren und möchte mich nur bei Dölf bedanken und ihn als grossen Vater des Schweizer Skirennsportes in Erinnerung behalten.

Pirmin Zurbriggen ist ein ehemaliger Schweizer Skirennfahrer. Heute ist Zurbriggen Hotelier und Präsident des Walliser Skiverbandes.

Hansi Hinterseer, Adolf Ogi, Pirmin Zurbriggen und Bernhard Russi (v.l.n.r.), anlässlich des Eröffnungsturniers des Golfplatzes «Andermatt Swiss Alps Golf Course», im Juni 2016 in Andermatt.

© Keystone

Freundschaft kennt keine Grenzen!

KARL SCHRANZ
ehemaliger Skirennfahrer

Es war eine gesunde Konkurrenz zwischen der Schweizer und der österreichischen Skinationalmannschaft, als ich Adolf Ogi Ende 1960er-Jahre kennenlernen durfte.

ES WAR VON UNSEREN ERSTEN BEGEGNUNGEN AN KLAR, DASS UNS ETWAS VERBINDET, WAS VIELLEICHT NICHT SO EINFACH ZU ERKLÄREN IST.

Es war jedoch von unseren ersten Begegnungen an klar, dass uns etwas verbindet, was vielleicht nicht so einfach zu erklären ist. Hier ich, «der einsame Wolf vom Arlberg» – Karl Schranz –, dort «Everybody's Darling» – Adolf Ogi.
In meinem Jahreskalender gibt es einen Termin, den ich um keinen Preis der Welt verpassen möchte: das Lauberhornrennen. Neben der faszinierenden Atmosphäre ist es vor allem die Gewissheit, Dölf dort zu treffen. Bei so manchem guten Glas Wein erinnern wir uns gemeinsam an die guten alten Zeiten. Seine Sicht der Dinge und sein untrügliches Gedächtnis sind immer wieder Garant für einige meiner schönsten Stunden im Jahr.
Ich erinnere mich noch gut, als ich im Schweizer TV sehr stolz die Wahl von Dölf zum Bundesrat mitverfolgte – es war kein Eintrag im Facebook, kein Tweet, kein WhatsApp – nein, es war das gute alte Fax, das den Weg über den Arlberg nach Bern mit folgendem Inhalt fand:
«DÖLF – WELTKLASSE, MIT ABSOLUTER BESTZEIT ZUM BUNDESRAT! Gratulation von Herzen – Karl»
Neben seiner menschlichen Art durfte ich Dölf auch als herausragenden Politiker kennenlernen.
Die im Jahr 2000 verhängten EU-Sanktionen gegenüber Österreich überschatteten auch die Vorbereitungsarbeiten zur FIS

Bundesrat und Sportminister Adolf Ogi begrüsst im Zielraum der Weltcupabfahrt am Lauberhorn die österreichische Abfahrtslegende Karl Schranz im Januar 1997 in Wengen. ©Keystone

Alpinen Ski-WM 2001 in meiner Heimat St. Anton am Arlberg.
Es war Bundespräsident Adolf Ogi, der die Türen für Österreich wieder öffnete. Bei unserem gemeinsamen Treffen mit dem österreichischen Bundespräsidenten Thomas Klestil in Salzburg hat er ein starkes Signal für Österreich nach Europa gesendet, welches der österreichischen Seele und unseren Beziehungen zu Europa sehr geholfen hat.
Dölfs Rede anlässlich meiner Hochzeit klingt immer noch im Ohr – ein brillanter Redner, aber auch ein faszinierender Zuhörer. Reden können viele – zuhören nur ganz Grosse. Dölf ist ein ganz Grosser.

Es heisst: «Wenn du gute Freunde hast, dann hast du alles richtig gemacht.»
Adolf Ogi hat viele gute Freunde. Ich bin stolz, einer davon zu sein.

Karl Schranz ist ein ehemaliger österreichischer Skirennfahrer. Er wurde dreimal Weltmeister und gewann zweimal den Gesamtweltcup.

Jedes Jahr ein Treffen am Lauberhorn, seit zig Jahren – das Lauberhornrennen gibt den Termin vor.

© André Häfliger

Wie mich Dölf aus dem Gefängnis holte

ROLAND COLLOMBIN

ehemaliger Skirennfahrer

An den Olympischen Winterspielen in Sapporo im Jahre 1972 durfte Dölf Ogi die Früchte seiner grossen Anstrengungen, die er mit uns Skirennfahrern unternommen hatte und worauf er mit grosser Kraft und Konsequenz hingearbeitet hatte, ernten.

FÜR MICH GALT DIE ARBEIT IM RENNEN ALS DAS MASS ALLER DINGE.

Der Slogan «Unser Ziel Sapporo» wurde Tatsache und hat Dölf und dem Schweizer Skisport einen der grössten Triumphe beschert. Die Ausbeute war grossartig und einmalig: 4 Mal Gold, 3 Mal Silber und 3 Mal Bronze. Dölf, ein Mann des starken, klaren und direkten Wortes, hat nach diesem Slogan Taten folgen lassen, die ihm Ruhm und Ehre einbrachten.

Mit der von ihm geforderten professionellen Einstellung, die auf hartem Training und neuen Erkenntnissen in der langjährigen Ausrichtung der Arbeit fusste, hat er Zeichen für den nationalen Spitzenskisport gesetzt, die von seinen Nachfolgern nachhaltig übernommen und weiterentwickelt werden konnten.

Die «Goldenen Tage von Sapporo» waren das Resultat einer harten und konsequenten Trainingsarbeit, die für die damalige Zeit neu war. Sie waren auch der Ausdruck eines neuen Verständnisses für die Nachhaltigkeit und Zielgerichtetheit im Skirennsport. Nichts sollte dem Zufall überlassen werden.

Ich gebe zu, dass ich diese konsequente Haltung zu meiner Zeit als Skirennfahrer nicht so richtig einsah und sie nur mit inneren Widerständen gepaart über mich ergehen liess. Dies äusserte sich zuallererst im Training, welches fordernd war.

Mit Dölf war ich diesbezüglich nicht immer gleicher Meinung. Für mich galt die Arbeit

im Rennen als das Mass aller Dinge, denn dort zählt der Rang an der Spitze, die Medaille – das Training ist ein notwendiges Übel, das zu leisten ist, mehr nicht.
Heute kann ich nur zu gut verstehen, dass die damalige Forderung von Dölf die einzig richtige war. Nur sie hat die Erfolge gebracht, die dann bejubelt werden konnten und die auch heute noch Massstab für Leistung, Leistungswille und zielgerichtete Arbeit im Spitzensport sind.
Als Gewinner der Silbermedaille in der Abfahrt von Sapporo hinter Bernhard Russi bleibt mir dieser Erfolg unvergesslich, vor allem auch deshalb, weil ein Ereignis, das auch für Dölf sehr typisch ist, mit dem Gewinn meiner Medaille einherging.
Drei Tage nach dem Medaillengewinn unternahm ich mit dem Eishockeyspieler Jacques Pousaz, meinem Copain, eine «tour en ville», um die Silbermedaille zu feiern. Im Verlauf dieses «Ausflugs in ein einschlägiges Lokal» in Sapporo, wo wir zechten und feierten, wurden wir von der Polizei verhaftet und mussten die Nacht hinter schwedischen Gardinen verbringen.
Um 2 Uhr in der Früh hat es Dölf Ogi nach mehreren Interventionen bei den Stadtbehörden von Sapporo geschafft, uns aus dem Gefängnis zu befreien.
Auch hier hat Dölf seine Entschlossenheit und sein Engagement bewiesen. Dank Dölf wurden die «Goldenen Tage von Sapporo» auch für mich zu einem grossen Ereignis, das mir mehr als die Silbermedaille in der Abfahrt brachte.

Danke, lieber Dölf!

Roland Collombin ist ein ehemaliger Schweizer Skirennfahrer. Er gewann die Silbermedaille in der Abfahrt in Sapporo 1972 sowie den Abfahrtsweltcup in den Jahren 1973 und 1974. Heute ist Roland Collombin als Winzer, Weinhändler und Hotelier tätig.

Schweizer Skigrössen beweisen, dass sie ihr Tempo im Griff haben: Walter Tresch (12), Roland Collombin (14), Walter Vesti (21) und Dani Mahrer feuern hier den Schweizer Sportbotschafter Adolf Ogi an, aufgenommen im Dezember 2002 auf dem Titlis, Engelberg. Wer mit hoher Geschwindigkeit

über die Pisten rast, setzt sich und andere grossen Gefahren aus. Die Suva will mit einer Präventionskampagne auf die Folgen des Temporausches aufmerksam machen und «Pisten-Gangster» ausbremsen.

Retter in der Not vor dem Olympia-Slalom

WALTER TRESCH
ehemaliger Skirennfahrer

Wenn Dölf etwas anpackt, dann richtig. Das zeigt sich nicht nur an seinen Erfolgen mit dem Schweizer Skiverband (SSV), den er jahrelang als Direktor leitete, sondern auch an seinen späteren Tätigkeiten in der Politik und natürlich als Bundesrat. Dölf war als Funktionär und Direktor des SSV ein harter aber fairer Chef. Und er war immer für seine Leute da. Dazu eine kleine Geschichte:

Kurz vor den Olympischen Spielen in Innsbruck 1976 hatten wir von unserem Alpin-Chef knallharte Auflagen erhalten. Kein Sex, kein Alkohol, kein Ausgang nach 22 Uhr. Doch Dölf fiel noch etwas anderes auf. Als er uns einmal beim Jassen sah, sagte er: «Es isch nid zum Fasse, jetz sinds scho wieder am Jasse.» Jetzt mussten wir also auch noch beim Jassen kürzertreten. Aber wir wussten, dass er Recht hatte und wir uns aufs Wesentliche konzentrieren sollten.

In Sapporo, bei den Olympischen Spielen 1972, habe ich zwar die Silbermedaille in der Kombination gewonnen. Diese war damals aber noch nicht olympisch und so zählte sie «nur» als WM-Medaille. Auch in den anderen Disziplinen war ich nah dran, aufs Podium hats aber knapp nicht gereicht. In Innsbruck wollte ich nun voll angreifen. In der Abfahrt landete ich auf dem 7. Platz. Das Rennen war nicht nach meinen Vorstellungen verlaufen. Der Riesenslalom war auch vorbei und mit einer Erkältung bin ich im 2. Lauf kraftlos und enttäuschend ausgeschieden. Es blieb noch der Slalom.

Dölf mit seinem Team unternahm alles, um uns auf die letzte Disziplin, den Slalom, vorzubereiten. Wir trainierten auf eisiger Piste in Scuol, wohin wir uns für zwei Tage zurückgezogen hatten. Bei der Rückfahrt nach Innsbruck im Range Rover mit meinem Trainer Willi Lamprecht überholte uns vier Mal innerorts ein Opel Kadett mit Wiener Kennzeichen. Beim Rotlicht in Telfs kamen wir hinter dem Wiener zu stehen. Willi Lamprecht zeigte ihm aufgrund seiner Manöver kurz den Vogel, worauf dieser wutentbrannt das Fahrzeug verliess und ihm durchs Fenster einen KO-Schlag verpasste. Als Mitfahrer im Auto stieg ich aus, um meinen Trainer zu verteidigen und ihm zu helfen. Mitten auf der Strasse kam es zu einer wilden Schläge-

Lauberhornrennen mit Walter Tresch und unserem Freund und OK-Präsident Viktor Gertsch. (zvg)

rei. Nach dieser Aktion fuhren wir weiter und hatten das Gefühl: Dem haben wirs gezeigt! Aber nur fünf Kilometer weiter stoppte uns die Polizei mit einem Grossaufgebot. Wir wurden verhaftet und abgeführt wie die grössten Verbrecher. Im Bezirksgericht in Telfs angelangt, versicherten uns die Polizisten, dass wir hier nicht mehr so schnell herauskommen würden. Das Problem: Es war Samstag, 15 Uhr. Am nächsten Morgen, am Sonntag, fand der Olympia-Slalom statt. Abends um 20 Uhr waren wir immer noch in Gewahrsam und sahen keine Chance, wie wir aus dieser misslichen Lage herausfinden könnten. Zum Glück durften wir einen Anruf tätigen. Bei wem wir uns melden mussten, war uns klar: bei Dölf Ogi. Als wir ihn endlich erreichten, machte er sich umgehend auf den Weg und holte uns aus dem Bezirksgericht. Auf Dölf ist eben Verlass.

Im Zimmer angekommen, lag die Startnummer 1 auf dem Bett. Solch weiche Knie aus purer Nervosität hatte ich wohl mein ganzes Leben noch nie. Am nächsten Tag fuhr ich auf den undankbaren 4. Rang. Ob es nun an der nicht gerade glücklichen Vorbereitung vom Vortag lag, sei dahingestellt. So oder so, es war Dölf zu verdanken, dass ich es überhaupt ans Rennen geschafft habe.

AUF DÖLF IST EBEN VERLASS.

Etwas ruhiger ging es bei uns nach der Zeit im Skizirkus zu, wenn wir uns begegneten. Es gab zahlreiche schöne Erlebnisse in Lenzerheide, Adelboden, Kitzbühel, St. Moritz und natürlich am Lauberhorn in Wengen, wo ich insgesamt sechs Mal auf dem Podest stand und zwei Mal als Sieger feiern durfte. Mit Dölf in Wengen unterwegs zu sein, über vergangene Zeiten zu reden, Freunde zu treffen und die Bühne der heutigen Athleten zu geniessen, ist immer wieder fantastisch. Allerdings ist es nicht so einfach, mit Dölf durchs Dorf in Wengen zu kommen, denn seine Popularität ist immer noch ungebrochen, so sehr, dass man einfach nicht vorwärtskommt. Ein Autogramm hier, ein Schwatz da, eine Geschichte vom Militär dort und natürlich die schönen Erinnerungen an die goldenen 70er-Jahre, wo es hiess: «Ogis Leute siegen heute». Aber auch die respektvolle Anerkennung der vielen Jahre als Bundesrat und Bundespräsident und seine zahlreichen weiteren Projekte haben die Leute auf der Strasse nicht vergessen.

Dölf hat mich und meine Mannschaftskollegen geformt und zu dem gemacht, was wir heute sind. Er war hart in der Sache, aber immer fair, ein Menschenfreund und Menschenkenner. Sein Credo: Man muss Menschen mögen, wenn man Erfolg haben will, habe ich von ihm gelernt und verinnerlicht. Dölf Ogi ist in vielen Belangen ein Vorbild für mich und ich kann mich glücklich schätzen, ihn seit nunmehr fünfzig Jahren nicht nur zu kennen, sondern als guten Freund an meiner Seite zu haben.

Walter Tresch ist ehemaliger Lauberhornsieger und Hahnenkammsieger.

Sportkameraden

EDY HUBACHER

ehemaliger Zehnkämpfer und Bobfahrer

Eigentlich hätten wir Freunde werden können. Warum eigentlich nicht? Dass wir das Heu nicht immer auf der gleichen Bühne haben, ist bestimmt kein Grund. Echte Freundschaft hält auch Meinungsverschiedenheiten aus.
Hingegen spielt der Faktor Zeit eine grosse Rolle. Weil ich Dölf bei den meisten unserer Begegnungen mit vielen Leuten teilen musste, habe ich stets ein schlechtes Gewissen, wenn ich ihn mehr als die üblichen drei Minuten in Beschlag nehme.

Unsere ersten Kontakte liegen über fünfzig Jahre zurück – in St. Moritz im Herbst 1967 bei der Vorbereitung auf die Olympischen Spiele in Grenoble und Mexico. Während wir Sommersportler ein erstes Höhentrainingslager absolvierten, stand das Skiteam unmittelbar vor den entscheidenden Rennen, die nach dem Tiefpunkt bei Olympia in Innsbruck die Schweiz wieder jubeln liessen. Was damals noch möglich und erlaubt war: Die Skistars luden uns zu ihrem Abschlussfest ein!
Zwanzig Jahre vor dem legendären Ruf, den Bundesrat Ogi ins All zu Claude Nicollier geschickt hatte, herrschte schon 1972 in Japan Freude. Im Olympischen Dorf waren Dölf und ich uns ein paarmal über den Weg gelaufen. Austausch von Gratulationen, ein Schulterklopfen – und weg waren wir.
Seit Sapporo ging es für den Bergler Ogi noch mehr bergauf. Als Quereinsteiger in die Politik wurde er mit einem Glanzresultat in den Nationalrat gewählt. Die Berner Sportfamilie hatte ihn im Wahlkampf unterstützt. Weil Dölf niemanden vergisst, der ihm einmal einen Gefallen getan hat, durften seine Sportkameraden – darunter auch ich – noch oft mit ihm feiern.
In Adolf Ogis zweitem Präsidialjahr kam er direkt vom durch ihn organisierten Bundesratsreisli, auf welchem er natürlich auch Kandersteg besucht hatte, um uns mit seiner Frau Katrin, einem kleinen Kreis von Kollegen aus fünf Sportarten und meiner Familie die Ehre zu geben und einen «Runden» zu feiern.
Einige Jahre später bat uns Dölf anlässlich seines 70. Geburtstages in seine Heimat. Zuerst unter freiem Himmel, anschliessend in einem grossen Zelt feierte eine riesige Fangemeinde unser Dölf. Die Teilnahme an diesem unvergesslichen Fest durfte man sich mit der

Wanderung durch das Naturschutzgebiet des Gasterentals verdienen.
Was bei solchen Anlässen für ihn typisch ist: Dölf unterlässt es nie, seine Gäste zu würdigen, und gibt ihnen die Gelegenheit, über eigene Pläne und Projekte zu sprechen.
Einer meiner liebsten Graffitisprüche lautet: *Hunderttausende sagen, einer allein kann nichts tun.* Dölf gehört nicht zu diesen Hunderttausenden. Er hat dies oft bewiesen.
Eine von vielen Gemeinsamkeiten von Dölf und mir ist die Unfähigkeit, Nein zu sagen. Deshalb sind er und ich während der Jahre unserer Bekanntschaft unglaublich viele Engagements eingegangen. Er in den Etagen, wo Entscheide gefällt und Strukturen aufgebaut wurden, ich – meist als Freiwilliger – in Präventionsprojekten, die auch von ihm unterstützt wurden. Er ermutigte mich in meinen Vorhaben und verhalf mir zu Auftritten, einmal sogar in einem internationalen Entwicklungsprogramm.
Einige Jahre später wurde die Familie Ogi von einem Schicksalsschlag getroffen, der auch unserer Familie einmal widerfahren war – dem Tod eines Sohnes. Wir versuchten, Ogis auf Grund unserer eigenen Erfahrungen bei ihrer Trauerarbeit zu unterstützen. Wie Katrin und Dölf mussten auch Annekäti, unsere Töchter und ich während der Zeit der Hoffnung viele mitfühlende Fragen beantworten. Hiess es bei ihnen: «Wie geits em Mathias?», lautete die Frage nach unserem Marc: «Isch itz eue Suhn vür cho?» Früher oder später musste das Unabänderliche akzeptiert werden. Verzweiflung

DÖLF UNTERLÄSST ES NIE, SEINE GÄSTE ZU WÜRDIGEN UND GIBT IHNEN DIE GELEGENHEIT, ÜBER EIGENE PLÄNE UND PROJEKTE ZU SPRECHEN.

und Hadern wurden abgelöst durch Dankbarkeit für die Jahre, die uns mit unseren Söhnen geschenkt waren, was wir mit ihnen erleben durften. Dazu mischte sich Stolz, was aus den beiden jungen Männern geworden ist, die sich bestimmt gemocht hätten, wenn sie sich so nahe gekommen wären wie ihre Väter.
Urs Berger, ein gemeinsamer Sportfreund von Dölf Ogi und mir, unterstützt den Breitensport seit Jahren auf grosszügigste Weise. Kürzlich konnte ich mit ihm, Dölf und den besten aller Ehefrauen in unserem Viergenerationenhaus einen gemütlichen Abend verbringen. Da spürte ich es endlich.
Eigentlich sind wir längst Freunde geworden. Ein bisschen mehr Zeit haben wir jetzt. Und die Hoffnung, dass uns noch ein bisschen Zeit bleibt.

Edy Hubacher ist ein ehemaliger Schweizer Leichtathlet und Bobfahrer.
Er ist Autor zahlreicher Rätsel aller Art für Zeitschriften, Radio und Fernsehen.

Auf Adolf Ogis Ruf an das Charity-Golfturnier «Freude herrscht» kam die geballte Sportprominenz, bestehend aus Tanja Frieden, Edy Hubacher, Alfred Kälin, Koni Hallenbarter, Pirmin Zurbriggen, Maria Walliser und Didier Cuche (v.l.n.r.).

Dölf Ogi und die Stiftung «Goldene Tage Sapporo 1972»

ALFRED KÄLIN

ehemaliger Langläufer

Als langjähriger Weggefährte von Dölf Ogi versuche ich hier, ihn aus meiner Sicht zu beschreiben.

Bei meiner früheren aktiven Langlaufzeit war ich sicher nicht ein Sportler, der einfach zu betreuen war. Ich war auch als «Rebell» bekannt, der seine Meinungen und Ideen durchzusetzen probierte.

Zusammen mit einem Bekleidungsfachmann konstruierten wir einen Langlaufanzug, der das klassische Leibchen mit den Kniebundhosen und den Kniesocken ersetzen sollte. Gleichzeitig tüftelte ich mit einer Firma an einer neuen Langlaufbindung, die das Abrollen des Fusses erleichtern sollte.

Als ich mit diesem ganzen Langlaufanzug und dazu noch einer Neuerfindung einer Langlaufbindung (Longstep-Bindung) an einem Weltcup-Wettkampf am Start war und somit die dannzumal vom Skiverband abgeschlossenen Ausrüstungsverträge umging, gab es grösseren Ärger mit dem Skiverband – sprich mit Dölf Ogi.

UNSER ERFOLG 1972 AN DEN OLYMPISCHEN SPIELEN IN SAPPORO BRACHTE DÖLF, WIE AUCH MIR, DEN ERFOLG IM WEITEREN LEBEN.

Aufgrund dieser Auseinandersetzung und meiner Ideen und Hartnäckigkeit begann sich der Langlaufsport in materialtechnischer Hinsicht zu entwickeln. Sei das in der Bekleidung wie auch im Bindungsbereich und im Skibereich.

Unser Erfolg 1972 an den Olympischen Spielen in Sapporo brachte Dölf, wie auch mir, den Erfolg im weiteren Leben. Jedem auf seine Art.

Eins aber machen wir seit langem gemeinsam: denjenigen Leuten und Sportlern helfen, denen es im Leben nicht so gut geht.

Alfred Kälin und Adolf Ogi, Sapporo Golfturnier Hoch Ybrig, 2015. (zvg)

1996 gründeten Jean Wicki, Bernhard Russi und ich zusammen mit allen Medaillengewinnern von Sapporo und Dölf Ogi die Stiftung «Goldene Tage Sapporo 1972» mit dem Ziel, in Not geratene Wintersportler zu unterstützen.
Diese Stiftung konnte in all den Jahren einigen ehemaligen Spitzensportlerinnen und Sportlern helfen, ihre schwierige Lebenssituation zu meistern.
Unser gemeinsames Hobby Golf fördert auch die Zusammenarbeit und Verbundenheit zueinander. Jedes Jahr findet ein Sapporo-Charity-Golfturnier statt, bei dem viele golfspielende Spitzensportler und der Stiftung wohlwollende Gönner teilnehmen.

Fredel Kälin ist ein ehemaliger Schweizer Langläufer. Er ist Mitgründer der Stiftung «Goldene Tage Sapporo 1972».

Der Motivator, der Berge versetzte

EDWIN RUDOLF
ehemaliger Chef Schweizer Sporthilfe

Die erste Begegnung endete fatal
Mittwoch, 7. November 1979 im Haus des Sports, damals in Bern-Ostring. Mein dritter Arbeitstag als Geschäftsführer der Stiftung Schweizer Sporthilfe. Adolf Ogi, der einflussreiche und sehr erfolgreiche Direktor des Schweizerischen Ski-Verbandes (SSV), hat sich als erster Besucher angemeldet. In meiner verflossenen Tätigkeit als Sportredaktor der «Luzerner Neusten Nachrichten» kannte ich ihn natürlich. Aber Persönliches verband uns nicht. Diese erste (berufliche) Begegnung hat sich tief ins Gedächtnis eingeprägt. Warum?
Adolf Ogi trat damals ein ins Büro, freudestrahlend. Small Talk – dann aber abrupter Themenwechsel. In klaren, ja unmissverständlichen Wendungen – und scharf im Ton – forderte der gestandene Direktor vom jungen Geschäftsführer der Sporthilfe dreimal so hohe Förderungsmittel für den SSV wie bisher. Nicht mehr und nicht weniger!
Meinen Notizen entnommen, bedeutete er mir sinngemäss: «Arrangez-vous, es ist Ihre einzige Aufgabe, für den Schweizer Sport mehr Geld aufzutreiben. Dafür sind Sie angestellt! Der SSV ist das Flaggschiff des Schweizer Sports. Und dank den anhaltenden Erfolgen im Wintersport auch ein Werbeträger für unser Land. Wir brauchen mehr Geld. Das ist alles, was ich von Ihnen erwarte!»
Draussen November-Hudelwetter. Entsprechend schlecht gelaunt war ich schon. Ogi akzeptierte meine Antwort nicht, dass ich erst in 100 Tagen sagen könne, wie die Mittelbeschaffung neu ausgestaltet werde – und gab nochmals Gas. Er beendete die Debatte, die zum «Streitgespräch» ausartete. Stand auf, öffnete die Türe und zog von dannen. Was ich ihm nachrief, weiss ich nicht mehr genau. Sicher war es nicht sehr stilvoll.
Auf Wunsch von Adolf Ogi begegneten wir uns ein paar Tage später bei einer Tasse Tee im «Haus des Skisports». Nach gegenseitig kultiviertem Gespräch und per Handschlag war der Burgfrieden wieder hergestellt. Ab jetzt durfte ich ihn mit «Dölf» ansprechen. Dann begann eine jahrzehntelange, erfolgsbetonte Zusammenarbeit – und es entstand eine unverbrüchliche Freundschaft.

Das Alphatier
Dölf Ogi war im Sport ein Alphatier, ein einflussreiches Leittier. Sie sind heute selten ge-

worden, Persönlichkeiten mit Ecken und Kanten – oft eigenwillige, aber bedeutende Sportführer wie etwa Res Brügger (LCZ), Gregor Furrer (Ski-Pool), Raymond Gafner (damals SOC), Thomas Keller (Rudern), Edi Naegeli (FCZ), Daniel Plattner (SOC-Swiss Olympic), Peter Sauber (Automobilsport) und Sepp Voegeli (Tour de Suisse). Das waren keine «Wolkenschieber», Nörgeler, Pessimisten – die Dölf Ogi nie verstand. Dölf Ogi war ein Vordenker, Anreisser, Macher – ein Unternehmer, Motivator. Grund zur Freude hatte der Sportler immer und immer wieder. Zum Beispiel Sapporo 1972: «Ogis Leute siegen heute». 8 Medaillen für den SSV. Da freute sich Dölf Ogi über jedes Schulterklopfen; aber Lobhudeleien ertrug er schwerlich. Solche Erfolge verhalfen auch der Stiftung Schweizer Sporthilfe, die sich auf die Förderung der Nordischen konzentrierte. Da gewann die 4x10-km-Langlaufstaffel mit Alfred Kälin, Albert Giger, Alois Kälin und Edi Hauser Bronze. Den Alpinen stand der Topf des Swiss Ski Pools offen.

Der Direktor des SSV unterstützte die Schweizer Sporthilfe, wo immer es möglich war. Seine Aushängeschilder, Alpine wie Nordische, stellte er für Autogramm-Aktionen und für den auch heute noch populären «Super-Zehnkampf» zur Verfügung. Und Dölf Ogis damals so forsch vorgetragene Forderung, dreimal mehr Sporthilfe-Gelder zu kassieren, erfüllte sich Schritt für Schritt. Im Jahr 1988, an den Olympischen Winterspielen in Calgary, trat Dölf Ogi vor der Eröffnungsfeier als Bundesrat vor das in globo versammelte Schweizer Olympiateam. Als Sporthilfe-Chef gehörte ich zum Team. In einer unvergesslichen, mitreissenden Rede, typisch Ogi, motivierte er die Mannschaft und die Missionsleitung. Obwohl ich Französisch spreche, erschauderte ich bei seinem bundesrätlichen Schlusssatz, der mir immer noch in den Ohren klingt: «Je vous souhaîte merde, merde et trois fois merde.» Man klärte mich dann auf, dass das Bonmot für die Romands der erfolgversprechendste Glückwunsch sei. Der SSV kehrte mit der Rekordzahl von 14 Medaillen zurück!

WAS ICH IHM NACHRIEF, WEISS ICH NICHT MEHR GENAU. SICHER WAR ES NICHT SEHR STILVOLL.

Stark in der Niederlage

Die bitterste Kümmernis teilte ich mit Dölf Ogi im Kongresssaal des Shilla-Hotels im südkoreanischen Seoul. Es war der 19. Juni 1999. Trotz erwiesener Favoritenrolle der starken Kandidatur «Sion 2006» – präsidiert vom amtierenden Bundesrat Adolf Ogi – zogen die IOC-Delegierten Torino vor. Auch in der Niederlage zeigte er Grösse. Kein unbedachtes Wort, keine Seitenhiebe. Als Sportler wusste er, dass Erfolg und Niederlage immer nahe beieinander liegen.

Er versammelte später seine Mitkämpfer und Mitverlierer zum Dankeschönsagen im Schloss Greyerz. Seither trage auch ich einen Ogi-Bergkristall als Glücksbringer in der Tasche.

Edwin Rudolf ist der ehemalige Sportchef der «Luzerner Neuesten Nachrichten».

In Freundschaft verbunden: Dölf Ogi mit dem Luzerner Edwin «Edi» Rudolf, Direktor der Stiftung Schweizer Sporthilfe und Chef Olympia-Marketing 1979 bis 2001.

Adolf Ogi

Für Gesellschaft, Wirtschaft und Kultur

Lötschental – «Heimatkanton» von Dölf Ogi

BEAT RIEDER

Ständerat

Das Lötschental wird wegen seiner eigenständigen Art und dem unverkennbaren Dialekt von den übrigen Oberwallisern schon seit jeher als der «Kanton Leetschen» bezeichnet. Die Lötschentalerinnen und Lötschentaler fühlen sich dadurch nicht etwa gekränkt, sondern sind stolz auf ihre Einzigartigkeit und ihren ausgeprägten Charakter.

Adolf Ogi hat schon lange vor seiner Zeit als Bundesrat Land und Leute auf der anderen Seite des Lötschenpasses schätzen und lieben gelernt. Als Bundesrat war Dölf Ogi ein grosser Staatsmann, welcher gekonnt die Interessen der Schweiz überall in der Welt vertreten hat. Vielen Staatsoberhäuptern von Grossmächten hat er die Hand gereicht und es auch geschafft, deren Aufmerksamkeit zu erreichen.

TROTZ DEN ZAHLREICHEN AUFTRITTEN MIT DEN MÄCHTIGEN DIESER WELT HAT ER SEINE WURZELN NIE VERGESSEN UND ZU DIESEN WURZELN GEHÖRT WOHL AUCH DAS LÖTSCHENTAL.

Trotz den zahlreichen Auftritten mit den Mächtigen dieser Welt hat er seine Wurzeln aber nie vergessen und zu diesen Wurzeln gehört wohl auch das Lötschental. Anders kann man sich sonst nicht erklären, dass bei seinen Empfängen in Kandersteg stets auch die Behörden und Vereine aus dem Lötschental dabei waren. Als Bundespräsident hat er seine Kolleginnen und Kollegen auch jeweils in seinen «Heimatkanton» Lötschental geführt.

Dölf Ogi mit der Ehrenburgerurkunde des Lötschentales. Rechts neben ihm Beat Rieder, damals Talratspräsident des Lötschentales. ©Samuel Ryter

Das rechnen die Lötschentalerinnen und Lötschentaler ihrem Bundesrat noch heute sehr hoch an.

Auch in schwierigen Situationen konnte man im Lötschental immer auf Dölf Ogi zählen. Im Lawinenwinter 1999, aber auch bei anderen Unwetterkatastrophen hat er sich für rasche und unbürokratische Hilfe eingesetzt.

Als sich beim Bau der Gondelbahn auf den Hockenhorngrat einige Widerstände seitens der Umweltverbände regten, hat sich Bundesrat Adolf Ogi im Hintergrund für die Realisierung dieses für den Tourismus im Lötschental unbedingt nötigen Projekts stark gemacht.

Die NEAT und vor allem der NEAT-Basistunnel am Lötschberg ist das Werk von Adolf Ogi. Bei seinen Kanderstegern und seinen Lötschentalern hat dieser Tunnel aber auch Ängste ausgelöst. Dölf hatte die Orte an der Bergstrecke aber nicht vergessen. In seiner Botschaft zum Lötschberg-Basistunnel hat er festgehalten, dass auf dieser Linie eine stündliche Verbindung sichergestellt werden muss. Bis heute ist diese Forderung erfüllt worden und unsere Gemeinden haben immer noch gute Verbindungen nach Brig und nach Bern.

Als Dank für seine grossen Verdienste wurde Adolf Ogi am 17. Juni 2012 zum ersten und bisher einzigen Ehrenburger der Talschaft Lötschental erkoren. Die ganze Talschaft hat ihm an diesem Tag die verdiente Ehre erwiesen.

Die Kinder und Jugendlichen liegen Dölf Ogi seit jeher besonders am Herzen. Der Verlust seines Sohnes Mathias in jungen

Jahren hat seine Frau Katrin und ihn sehr getroffen. Sein grosses Kämpferherz und sein Glaube an die Jugend hat ihn aber dazu bewogen, eine Stiftung zu gründen, welche Kinder und Jugendliche zu aktivem Sport animieren soll.

Die Stiftung «Freude herrscht» lädt so seit einigen Jahren die Lötschentaler Schulkinder zur Laufveranstaltung Grand Prix Bern ein. Dölf Ogi empfängt die Kinder jeweils persönlich, betreut sie und führt sie nach dem Lauf durch die Stadt Bern und ins Bundeshaus. Die begeisterten Kinder haben den Bundesrat Adolf Ogi nicht gekannt. Sie kennen aber den «Ogi» und der «Ogi-Lauf» bleibt für immer in ihrer Erinnerung.

Die Lötschentalerinnen und Lötschentaler aller Generationen schätzen und achten alt Bundesrat Adolf Ogi, vor allem aber den Menschen Dölf Ogi. Für seine Offenheit, seine Hilfsbereitschaft und seine Bodenständigkeit gebührt ihm ein grosser Dank.

Beat Rieder ist Rechtsanwalt und Mitglied des Ständerats und Talratspräsident Lötschental.

Dölf Ogis Gottvertrauen

ANDRÉ URWYLER
Pfarrer

Für einen amtierenden Bundesrat ist die Kirchenkanzel der heisseste Stuhl! So lehnte unser Rotary-Freund Dölf Ogi meine Anfrage auf eine gemeinsame Predigt ab. «Aber nachher komme ich!» Und dies geschah dann auch. In meiner Reihe «Politische Gottesdienste» wählte ich jeweils einen Bibeltext aus und hielt darüber eine Kurzpredigt aus Sicht des Theologen. Danach sprach ein Politiker oder eine Politikerin über denselben Text, und die Gemeinde konnte in der anschliessenden Diskussion die Übereinstimmungen oder Differenzen ausfindig machen – immer eine spannende Sache. Das Büro Ogi teilte mir im Vorfeld mit, dass Herr alt Bundesrat Ogi nicht über den vorgeschlagenen Text sprechen werde, sondern über seine UNO-Tätigkeit – ich war enttäuscht. Dölf kam – und sprach dennoch über den angefragten Text aus Hebräer 11,1: «Gott vertrauen heisst: sich verlassen auf das, was man hofft und fest mit dem rechnen, was man nicht sehen kann.»[1] Und er sprach eindrücklich! Die grosse Gemeinde nutzte die Diskussion. Unvergessen das Bild, als zwei Buben hinten von der Empore herab Dölf fragten, wie man denn Bundesrat werde. Dieser schritt durch die grosse Kirche nach hinten und sprach von unten zu den beiden Knaben auf der Empore, indem er ihnen riet, von der Schule und vom Alltagsleben möglichst viel zu lernen, ein Lebensziel zu haben und dieses mutig anzustreben. Wieder vorne in der Kirche spielte ein ehemaliger Dienstkamerad Panflöte. Tränen rannen über Dölfs Wangen; denn sein Sohn Mathias lag im Sterben. Ich konnte sehr wohl nachfühlen, weil auch wir unseren eigenen Matthias viel zu früh zu Grabe tragen mussten: Die unterschiedliche Trauerarbeit zwischen Mann und Frau, Dölf und Katrin – sich in Arbeit stürzen bzw. sichtbar trauern –, die schier unerträglichen Längizitti-Attacken, die bohrende Frage: warum? Warum diese Zumutung, dass «das Geschenk Gottes» (so die Übersetzung des Namens Matthias) von ebendiesem Gott zurückgenommen wird? Dieser Zumutung ist schlussendlich nur mit Demut zu begegnen, auch eine Form von Mut, welche Dölf von seinen Eltern im Bergdorf geschenkt wurde, wahrscheinlich das grösste Geschenk. Die

[1] Übersetzung «Gute Nachricht», Deutsche Bibelgesellschaft, 1990

In der Kirche von Köniz (BE). (zvg)

Prägung durch Zuwendung, Liebe, Respekt, Eingestehen der eigenen Begrenztheit, Achtung der Traditionen zeigt sich bei Dölf immer wieder. Wie hält er beispielsweise die Tradition der Gasternpredigt und der Gasternbibel aufrecht! Dass er seinen Eid im Bundeshaus jeweils mit den Worten «mit Gottes Hilfe» abschloss, hat ihm besonders in den Landgemeinden grosse Achtung verschafft. Tief verwurzelt in Landschaft und Familie, gehört auch Dölf zu denjenigen, die den Glauben nicht auf der Zunge, aber im Herzen tragen. Nicht alles ist machbar in unserem Leben, aber das, was zum Guten machbar ist, soll getan werden. Das kleine Wörtlein «tun» ist das häufigste, welches in der Bibel vorkommt…

DIE PRÄGUNG DURCH ZUWENDUNG, LIEBE, RESPEKT, EINGESTEHEN DER EIGENEN BEGRENZTHEIT, ACHTUNG DER TRADITIONEN ZEIGT SICH BEI DÖLF IMMER WIEDER.

Vor 500 Jahren wurde Niklaus Manuel von Bern nach Zürich abgesandt, um die dortigen Zürcher Politiker zu ermahnen «ir wellind nit ze hitzig sein!»[2], weil man den Glauben nicht mit «Spiess und Halbarten» eintrichtern könne. Und im selben Jahr 1529 mahnte der Reformator Huldrych Zwingli «eilends» den Kleinen und Grossen Rath zu Zürich: «Thut um Gotts Willen etwas Tapferes!»[3]

Tapferkeit, Standhaftigkeit und Mut zeichnen Dölf Ogi aus. Und getan hat er vieles, und das jeweils – davon bin ich überzeugt – mit Gottes Hilfe.

---

[2] Staatsarchiv Zürich, Akten 1. Kappelerkrieg

[3] Huldreich Zwinglis Werke (Huldrici Zuinglii, Opera), Ausgabe Schuler/Schulthess, 1842, Bd VIII, S. 303/304

André Urwyler war 22 Jahre lang Pfarrer von Köniz. Seit 1987 ist er Mitglied im Rotary Club Thun-Niesen.

Wichtige Weichen für die Wirtschaftspolitik gestellt

HEINZ KARRER

Präsident economiesuisse

Auf Adolf Ogi ist Verlass. Politisch und beruflich sowieso, vor allem aber auch menschlich. Mehr dazu später. Als Bundesrat hat Adolf Ogi wichtige wirtschaftspolitische Rahmenbedingungen massgeblich mitgeprägt. Ihm verdankt die Schweizer Wirtschaft wesentliche Elemente unserer heutigen leistungsfähigen Verkehrsinfrastruktur, unserer funktionierenden Energieversorgung und unserer starken Vernetzung mit den wichtigsten Absatzmärkten in Europa.

AUCH IN DER ENERGIEPOLITIK HAT ADOLF OGI MASSSTÄBE GESETZT.

Adolf Ogi und sein Schaffen wirken für unser Land bis heute nach. Sei das in der Verkehrspolitik, in der Energiepolitik oder in der Europapolitik. In diesen Politikfeldern war Adolf Ogi nicht nur prägend, er hat hier im wahrsten Sinne des Wortes die Weichen gestellt. Zum Beispiel in der Diskussion um die neue Eisenbahntransversale (NEAT): In diese Diskussion, die schon in den 1960er-Jahren, also lange vor seiner Amtszeit begonnen hatte, brachte der junge Bundesrat frischen Wind. Die NEAT war das wohl wichtigste Projekt für den frischgebackenen Vorsteher des damaligen Eidgenössischen Verkehrs- und Energiewirtschaftsdepartementes. 1990 präsentierte der Bundesrat dem Parlament eine umfassende Vorlage für den Alpentransit. Diese Vorlage überstand in allen wesentlichen Zügen nicht nur den parlamentarischen Prozess, sondern auch die Referendumsabstimmung 1992. Die NEAT ist heute eine zentrale Nord-Süd-Verbindung für den Güter- und Personenverkehr und gilt als eines der ganz grossen Verkehrsinfrastrukturprojekte in Europa. Der Kern dieses Projektes ist der im vergangenen Sommer eröffnete Gotthard-Basistunnel, ein Meilenstein in der

Hochzeit 1993 in Mürren: Dölf begleitet meine Frau Sonja und mich seit bald 3 Jahrzehnten. (zvg)

Schweizer Verkehrsgeschichte. Für die Wirtschaft sind passende Transportkapazitäten ein wichtiger Erfolgsfaktor.
Auch in der Energiepolitik hat Adolf Ogi Massstäbe gesetzt. 1990 brachte er den Energieartikel in die Bundesverfassung, gleichzeitig wurde allerdings die Volksinitiative für ein zehnjähriges Moratorium für den Bau neuer Kernkraftwerke angenommen. Der Bundesrat antwortete mit dem Aktionsprogramm 2000, das vorerst auf zehn Jahre befristet war. Unter Adolf Ogi wurde also zum ersten Mal in der Schweiz ein umfassendes energiepolitisches Programm realisiert. Ein Programm, das die Diskussion um die Klima- und Energiepolitik unseres Landes – nach der Kernenergiedebatte der 1970er- und 80er-Jahre – deutlich weitergebracht hat. Erneuerbare Energien, Innovationen und funktionierende Netzwerke, aber auch die Energieeffizienz hatten für Adolf Ogi immer hohe Priorität. Wer erinnert sich nicht an das Bild mit dem volksnahen und bodenständigen Bundesrat beim Eierkochen? Im Sog des Programms Energie 2000 und des Nachfolgeprogramms EnergieSchweiz entstand auch die private Energieagentur der Wirtschaft (EnaW), die heute

noch – und immer mehr – Unternehmen bei wirtschaftlichen Effizienzmassnahmen berät, um den Stromverbrauch und den CO_2-Ausstoss dieser Unternehmen zu senken.

Und schliesslich schlug Adolf Ogi auch in der Europapolitik neue Pflöcke ein – mit nachhaltiger Wirkung. Als das Stimmvolk 1992 den Beitritt der Schweiz zum EWR ablehnte, war er es, der – insbesondere in seinem Präsidialjahr 1993 – der Wirtschaft und der Politik mit seinem unerschütterlichen Optimismus Mut zusprach und gegen die Krisenstimmung ankämpfte. Seine Offenheit für eine stärkere wirtschaftliche Vernetzung mit unseren europäischen Nachbarn war die Basis für den bis heute erfolgreichen «Bilateralen Weg» mit der EU.

Heute wären die politischen Rahmenbedingungen für die Wirtschaft ohne das Wirken Adolf Ogis wahrscheinlich kaum so, wie sie sind. In Adolf Ogi hatte die Wirtschaft einen volksnahen, mit Augenmass ausgestatteten und vielleicht gerade deswegen so populären Fürsprecher.

Vor seiner Zeit im Bundesrat war Adolf Ogi als Nationalrat auch Generaldirektor der Intersport Holding AG. In dieser Funktion holte er mich 1987 zum Unternehmen. Seither verbindet uns viel mehr als eine Kollegialität aus Zufall. Uns verbindet eine Freundschaft. Eine Freundschaft, die sich nie erschöpft hat in den gemeinsamen Erlebnissen in den Bergen, sondern die sich vor allem in schwierigen privaten und beruflichen Situationen weit mehr als nur bewährt hat. Trotz seiner steilen politischen Karriere und seiner Bekanntheit auf der nationalen und internationalen Bühne ist Adolf Ogi stets sich selber geblieben: ganz ohne Allüren, bodennah und bescheiden. Auf Adolf Ogi konnte ich mich immer verlassen. Nicht umsonst war er als Freund immer auch Teil unserer Familie und unserer Herzen.

Heinz Karrer war von 2002 bis 2014 CEO der Axpo Holding AG.
Seit 2013 ist er Präsident des Wirtschaftsdachverbands economiesuisse.

Die Saat ging mehr als einmal auf!

ROLAND SQUARATTI UND PIUS RIEDER

Gemeindepräsident von Gondo-Zwischbergen und ehemaliger Chefredaktor Walliser Bote

Spricht man von Gondo, denkt man an die Unwetterkatastrophe vom 14. Oktober 2000 mit 13 Todesopfern; an die Verwüstung des Grenzortes mit dem historischen Stockalperturm als Wahrzeichen des Tores nach Süden … Und erinnert sich dankbar an alt Bundesrat Adolf Ogi.

Warum an den Kandersteger, den Bergler jenseits des Lötschbergs? Der damalige Bundespräsident Adolf Ogi pflegt seit Jahrzehnten eine tiefe Verbundenheit mit Land und Leuten in der 13-Sterne-Republik. Die zerstörerische Sintflut, die das 160-Seelen-Dorf am Fusse des Simplons unter Schutt und Geröll begrub, hatte sich noch nicht beruhigt, als der damalige VBS-Chef auf dem Luftweg am Katastrophenort eintraf. Die Notlage erkennend, ordnete er unverzüglich die ersten strategischen Rettungsmassnahmen und erforderlichen militärischen Hilfeleistungen an. Allein seine Präsenz und die kraftspendenden Worte vermittelten der Bevölkerung Mut und Durchhaltewillen zum Überleben und zum Wiederaufbau des Dorfes.

«Der Berg», so Ogi damals, «hat seinen Halt verloren, ich bin gekommen, um euch wieder Halt zu geben.» Adolf Ogi beliess es nie mit Worten – nachhaltige Taten und persönliches Engagement folgten. Als der entscheidungsfreudige Gemeinderat und die arg geprüfte Bevölkerung beschlossen, den Wiederaufbau des Dorfes an die Hand zu nehmen und auch den stark in Mitleidenschaft gezogenen Stockalperturm wieder aufzubauen, stand Adolf Ogi in der ersten Reihe. Als er Wochen danach als amtierender Bundespräsident seine Demission in der Landesregierung einreichte,

SEINE KRAFT UND SEIN DURCHHALTEWILLEN STRAHLTEN DENN AUCH IMMER AUF JENE AUS, DIE SEINER HILFE BEDURFTEN.

stellte er sich auf Anfrage aus Freundeskreisen spontan als erster Stiftungsratspräsident der Stiftung Stockalperturm Gondo zur Verfügung.
«Wir müssen Gondo neues Leben einhauchen, der Dorfgemeinschaft Zukunftsperspektiven bieten und sie vor der Abwanderung, der Flucht vom Berg, bewahren», war sein Credo. Das Schweizer Volk und viele karitative Institutionen standen Pate, als der spätere UNO-Sonderbotschafter für Frieden und Sport um Spenden bat. Allein hätte es Gondo nie geschafft! Grosszügige Gönner spendeten über sieben Millionen Franken für die aufwendige Sanierung des Stockalperturmes. Das bedeutende Kulturgut, das unter eidgenössischem Denkmalschutz steht, konnte nach gelungener Restauration in einem würdigen Festakt im Jahr 2007 eingeweiht werden. Der materielle Grundstein für das Symbol des Wiederaufbaus von Gondo, der Stockalperturm mit dem vielseitigen Betrieb in Form von Hotel, Restauration, Carnotzet, Seminarräumen und Museum, war gelegt.
Als Dank für seine immensen Verdienste um den Wiederaufbau des Dorfes wurde Adolf Ogi 2007 die Ehrenburgerschaft von Zwischbergen verliehen. Diese Würde ist im Wallis die höchste Auszeichnung, die eine Burgergemeinde an einen ihrer Söhne oder markante Führungspersönlichkeit zu vergeben hat. Sie hat Seltenheitswert und ist eine aussergewöhnliche Wertschätzung an eine verdiente Person. Die Ehrerbietung an den langjährigen Stiftungsratspräsidenten zeugt von den anerkannten Verdiensten und auch der Verbundenheit Adolf Ogis und seiner Familie mit Gondo und dem Wallis. Adolf Ogi schrieb nicht nur in Bern, sondern auch im Wallis Geschichte. Unter seiner Federführung entstanden für das Oberwallis und das Berggebiet grosse Werke und diese vermittelten in schweren Zeiten und bei schwierigen Projekten Aufbruchsstimmung. Die verkehrspolitische Weichenstellung des Jahrhunderts, die NEAT-Alpentransversale, deren geistiger Vater Ogi ist, mag als Beispiel stehen. «Für die Anliegen im Oberwallis stand ich – bei guter und schlechter Wetterlage – immer gerne an vorderster Front, wenn man mich rief», betonte Ogi jeweils im Freundeskreis.
Im Wallis weiss man: Ja, Adolf Ogi ist und bleibt eine aussergewöhnliche Persönlichkeit, ein exzellenter Kommunikator und energiegeladener Motivator, der sich auch bei schweren familiären Schicksalsschlägen nie unterkriegen liess. Seine Kraft und sein Durchhaltewillen strahlten denn auch immer auf jene aus, die seiner Hilfe bedurften ... Und deren waren es im Verlaufe seiner sportlichen, beruflichen und politischen Karriere in unseren Breitengraden nicht wenige. Schon allein seine Präsenz, seine aufmunternden Worte waren für die Hilfsbedürftigen ein Aufsteller. Man fühlte sich nicht mehr allein; man fühlte sich verstanden, man glaubte, wie im Falle von Gondo, an die Zukunft.
Adolf Ogi sah dies ein bisschen anders, als er im kleinen Kreis festhielt: «Ich bin und war in allen meinen Ämtern nur ein Sämann, der den Samen ausstreut und fest daran glaubt, dass die Saat einmal aufgeht und die Ernte auch noch nach Jahren eingefahren werden kann.» Beweise dazu, Herr Ogi, gibt es landauf, landab zuhauf.
Ja, Herr Ogi, die Saat ging schon mehr als einmal auf!

Roland Squaratti ist dipl. Treuhandexperte mit eigenem Treuhandbüro in Brig-Glis und Gemeindepräsident von Gondo-Zwischbergen.
Pius Rieder ist der ehemalige Chefredaktor des Walliser Boten.

Roland Squaratti und Adolf Ogi bei der Gedenkfeier zum zehnten Jahrestag der Unwetterkatastrophe von Gondo am 14. Oktober 2010. Zehn Jahre zuvor zerstörten Erdrutsche einen Teil des Dorfes und den historischen Stockalperturm. 13 Personen kamen ums Leben.

© Keystone

Dölf Ogi – Bundesrat unter einem guten Stern

TONI VESCOLI
Musiker

Es war am 18. Juli 1992. Ich war für das höchstgelegene Open-Air-Festival Europas engagiert worden, dem «Top Mountain» oberhalb Mürren. Was für ein tolles Gefühl, vor dieser unglaublichen Bergkulisse des Berner Oberlandes 50 Jahre alt zu werden und in aller Frische abrocken zu dürfen! Die anderen Bands hatten für mich Überraschungen vorbereitet und Polo Hofer rief zu Ehren meines Geburtstags seine «Rumpelstilz» in Originalformation zusammen.

DÖLF SCHICKTE MIR ZUR AUFMUNTERUNG EIN TELEGRAMM INS HOTEL NACH MÜRREN.

Doch all diese Hippies wurden überstrahlt von einem Telegramm, das mir im Hotel überreicht worden war:

«DER MITFUENFZIGER ADOLF OGI GRATULIERT DEM MITFUENFZIGER TONI VESCOLI VON HERZEN ZUM GEBURTSTAG UND WUENSCHT IHM ALLES GUTE. BESTE GRUESSE ADOLF OGI BUNDESRAT.»

Ich dachte erst an einen Scherz, aber das Telegramm war echt. Ein Fotograf der Zeitschrift «Schweizer Illustrierte» hatte zuvor mit mir aufwendige Bilder für die Titelseite der Juli-Ausgabe gemacht. Im Interview zum Artikel erwähnte ich, dass auch Dölf Ogi am 18. Juli geboren sei, sogar im gleichen Jahr wie ich!

Vielleicht hätte ich das lieber nicht gesagt, denn auf dem Titelblatt der SI war dann Dölf Ogi abgebildet. Natürlich war ich etwas enttäuscht, aber das steckt man weg. Dölf hatte anscheinend davon erfahren, dass er mich sozusagen von der Titelseite verdrängt hatte, und schickte mir zur Aufmunterung dieses Telegramm ins Hotel nach Mürren. Das hat mich mehr gefreut, als wenn ich mein «… smiling face on

902013 MUER CH
* 117A TGPTT CH
* ZCZC JGI466 BAAI9125
* BERN 033/030 17 1801

* JGI466 LX7 REMETTRE 18.7.
* HERR
* TONI VESCOLI
* HOTEL PALACE
* (3825)MUERREN

* DER MITFUENFZIGER ADOLF OGI GRATULIERT DEM MITFUENFZIGER
* TONI VESCOLI VON HERZEN ZUM GEBURTSTAG UND WUENSCHT IHM
* ALLES GUTE.
* BESTE GRUESSE
* ADOLF OGI
* BUNDESRAT

PTT TELEGRAMM – TELEGRAMME – PTT TELEGRAMMA

Das Original-Telegramm von Adolf Ogi an Toni Vescoli zu seinem Geburtstag.

the cover of the SI…» gesehen hätte! Ja, so ist er, der Ogi, sehr empfindsam für die Gefühle seiner Mitmenschen.

Wir haben dann ab und zu mal Geburtstagsgrüsse ausgetauscht und später auch unsere Autobiografien. Ich hatte Ende der 90er-Jahre in Austin, Texas, ein Album mit Legenden aus der dortigen Americana-Szene aufgenommen. Zu denen gehört auch Augie Meyers, Mitglied des ehemaligen «Sir Douglas Quintet» (Mendocino) und später der «Texas Tornados» (Hey Baby Que Paso?). Ich schrieb einen Song für uns beide, der sehr viel im Radio gespielt wurde und immer noch wird. Im Refrain heisst es: «De Augie und ich, sind beidi g'nau glych». Im Bewusstsein, dass es in der Schweiz mit Gewissheit zu Verwechslungen kommen werde, sang ich das «au» von Augie eher als O denn als A. Ich spielte dann den Song live in der SRF-Sendung «Ein roter Teppich für Adolf Ogi», natürlich in einer textlich angepassten Version.

Oft werde ich gefragt: «Was meinst du denn damit, der Ogi sei genau gleich wie du?»

«Er ist doch mein astrologischer Zwillingsbruder», entgegne ich dann. Dölf und ich haben wirklich sehr vieles gemeinsam, das

Dölf und Toni in der Sendung von SF1: «Ein roter Teppich für Adolf Ogi» am 24.09.2005, 20.10 Uhr. (zvg)

hat mir mein Bruder Michael A. Vescoli erzählt, der in seinem Leben die Astrologie als unentbehrliche Hilfe für Lebensberatungen eingesetzt hat. «Adolf Ogi ist zwar auch im Tierkreiszeichen Krebs geboren, hat aber einen anderen Aszendenten als du. Du bist über Mittag geboren und er etwas später am Tag. In der Zwischenzeit ist am Horizont ein anderer Aszendent aufgestiegen, einer, der mehr Mars ins Horoskop bringt. So hat Ogi damals 1972 in Sapporo im sportlichen Umfeld für Furore gesorgt, während du mit deinem Waage-Aszendenten im musischen Bereich mit ‹Heavenly Club› die Hitparaden gestürmt hast!»

Über solche Dinge haben Dölf und ich bei einem gemeinsamen Mittagessen in Magglingen gesprochen. Er war zum zweiten Male Bundespräsident und mit einem Rekord-Mehr als solcher bestätigt worden. «Als ich kurze Zeit später für den ‹Prix Walo› nominiert wurde, ging ich mit der festen Überzeugung an die Preisverleihung, dass ich den heiss begehrten Pokal nach Hause nehmen würde!» Das habe ich ihm zwischen Salat und Hauptspeise erzählt. Er fragte mich daraufhin, was ich denn für Zukunftspläne hätte. «Ich denke, ich mache noch eine Weile weiter Musik», antwortete ich ihm. Es schien mir, als sei er von meiner Antwort beinahe etwas enttäuscht. Später wusste ich auch warum: Er hatte insgeheim bereits seinen Rücktritt im Kopf und nach nicht allzu langer Zeit wurde das auch medial veröffentlicht. Mich selber zwang zur Zeit seines Rücktritts ein happiger Autounfall dazu, kurzfristig 70 Konzerte abzusagen, und es dauerte Jahre, bis ich wieder der «Alte» war! Während Ogi und ich uns gemütlich unterhielten, war einer der Mitarbeiter mit Film- und Fotokamera fleissig an der Arbeit. Dieser versprach anschliessend, er werde mir auch ein paar Bilder zustellen, und ich freute mich sehr darauf. Zwei Tage später rief er an: «Nach dem Treffen von dir mit Dölf fuhr ich nach Bern zurück, deponierte meine Ausrüstung in meinem Büro und musste dann noch einmal weg. Als ich später zurückkam, war mein Geschäft aufgebrochen und alles, was nicht niet- und nagelfest war, geklaut worden, auch die Foto- und Filmausrüstung – samt den tollen Aufnahmen!»

Toni Vescoli ist ein Schweizer Musiker und Singer-Songwriter. In den 1960er-Jahren war er einer der ersten Schweizer Rock'n'Roll-Interpreten, Jahrgänger von Adolf Ogi mit gleichem Geburtsdatum.

Dölf Ogi als Künstler

TED SCAPA
Künstler

Es ist lange her, als ich im Zentrum Paul Klee einen Workshop für Kinder hielt. Als grosse Überraschung erschien der damalige Bundesrat Dölf Ogi. «Ich kann nicht zeichnen», waren seine ersten offiziellen Worte. Nach einer Viertelstunde hat er fast so gut wie die Kinder gezeichnet.
Einige Zeit später hat er mich aufgefordert, an der Ausbildung von Unteroffizieren und Offizieren in der Kaserne Dailly ganz oben bei St. Maurice Kreativstunden abzuhalten. Ich erschien in Armeeuniform und bin heute noch stolz, dass die Angehörigen nicht mit scharfer Munition schossen, sondern mit Bleistiften.

«ICH KANN NICHT ZEICHNEN», WAREN SEINE ERSTEN OFFIZIELLEN WORTE.

Der Verlust von Ogis Sohn und bei mir der Tod meiner Tochter Ghita hat uns enger zusammengebracht und eine enge Freundschaft ist entstanden. Dabei kamen wir auch zu gemeinsamen Tätigkeiten wie zum Beispiel für seine Stiftung «Freude herrscht!» im Andenken an seinen Sohn. Dafür habe ich das Signet kreiert und kürzlich ist auch ein Buch entstanden. An vielen Anlässen haben wir gemeinsam mit viel Erfolg signiert.
Was mich besonders beeindruckt, ist die vielseitige Tätigkeit von Dölf: Führungen, Vorträge für Jugendliche und Erwachsene – und das all over the world. Sicherlich auch unterstützt von Ehefrau Katrin und Tochter Caroline.
Ich gratuliere Dölf von ganzem Herzen und freue mich auf weitere kreative Freundschaft.

Ted Scapa wurde in den 1960er- und 70er-Jahren durch die Kindersendung «Das Spielhaus» im Schweizer Fernsehen bekannt. Als Cartoonist zeichnete er für die internationale Presse und veröffentlichte zahlreiche Kinderbücher und Cartoonsammlungen. Heute ist er als Künstler tätig. Scapa arbeitet mit Kindern und Erwachsenen in Creativity-Workshops. Er lebt und arbeitet in Bern und am Murtensee.

Seit vielen Jahren eng verbunden:
Ted Scapa und Adolf Ogi, Lager von «swisscor» 2016.

Foto: Jörg Stauffer

Dölf Ogi, ein Mann aus Fleisch und Blut

DIRK CRAEN

Präsident EU Business School

Bevor ich Dölf Ogi persönlich kennenlernte, kannte ich ihn als den Mann, der massgebend für die Siege der Schweizer an den Olympischen Winterspielen von Sapporo verantwortlich war. Ogi, der Siegermacher! Persönlich begegnete ich zuerst seiner Tochter Caroline, die in Montreux arbeitete. Über sie habe ich Dölf für die Diplomfeier meiner Schule eingeladen. Er hat mich und die Studenten sehr beeindruckt. Er inspizierte sie wie Soldaten! Hat jedem Einzelnen direkt in die Augen geschaut und jeden persönlich beglückwünscht. Dass ein ehemaliger Präsident gegenüber jungen Menschen so viel menschliche Wärme ausstrahlt, hat die Studenten, die aus aller Welt stammen, sehr berührt.

In seiner Rede hat Dölf einen entscheidenden Begriff immer wieder erwähnt, das Wort «dienen». Ich habe seither oft darüber nachgedacht: Man kann das schönste Diplom einer hohen Schule besitzen, wenn man ein Ego hat, das grösser ist als das Bedürfnis, den Menschen oder seinem Land zu dienen, macht man keine grosse Karriere. Dölf ist, wie man auf Englisch sagt, eine outgoing person, ein Mann, der auf die Leute zugeht. Wenn er dich mag, dann kann er dich auch umarmen. Er ist ein Mann aus Fleisch und Blut und gibt das allen zu spüren, er gibt gerne die Hand, schaut den Leuten gerne in die Augen, liebt die Debatte und strahlt eine positive Energie aus, die andere motiviert.

Er hat auch diese grosse Liebe für das eigene Land. Viele haben gelacht über seine legendäre Neujahrsrede, draussen vor dem Tunnel in Kandersteg, neben dem Tannenbaum. Mich hat diese Rede fasziniert und fürs Leben geprägt. Seine emotional starke Art zu reden, sein offener, direkter Blick in die Kamera! Man merkte sofort, dass da einer glaubt, was er sagt, und nicht einfach eine Neujahrsrede abliest. Das war sehr stark.

Ich war auch berührt, als er erzählte, wie sein Vater, der Bergführer, 70 Mal auf die Blümlisalp steigen musste, um ein Jahr sei-

nes Studiums in La Neuveville zu bezahlen, und wie er lebenslang dankbar gewesen ist dafür. Er ist weit gekommen in seinem Leben und hat seine Herkunft nie verleugnet. Natürlich hat er immer ein bisschen den Underdog gespielt, der «nur» die Primarschule Kandersteg gemacht hat. Dabei hat er in La Neuveville und in England studiert, ist schon als junger Bursche weit herumgekommen, viel weiter als viele verwöhnte Stadtkinder, die alles vor der Tür haben und sich deshalb für etwas Besseres halten.
Der grosse Vorteil dieses Mannes ist, dass er sein ganzes Leben lang studiert hat. Andere machen einen Master und denken, der Job ist gemacht, jetzt gehört mir die Welt. Dölf lernt jeden Tag, er hinterfragt sein Tun jeden Tag. Und ist immer noch nicht angekommen, nicht arriviert, er will immer weitergehen. Er leidet heute noch unter dem Tod seines Sohnes, das verbirgt er nicht, aber er ist entschlossen, weiterzuleben, dauernd das Beste aus seinem Leben zu machen.

Er spielt heute eine wichtige Rolle in der diskreten Diplomatie für unser Land. Er hat ja ein riesiges Beziehungsnetz und kommt überall gut an.
Als Politiker hatte er Einfälle, die man an keiner Hochschule lernen kann. Legendär, wie er den belgischen Premierminister Jean-Luc Dehaene mit dem Helikopter vor die Eigernordwand geführt hat, um ihm zu beweisen, dass es hier, zwischen diesen Bergen, keinen Platz mehr hat für mehr Autoverkehr. Das war schlitzohrig, aber so effizient und so typisch Ogi. Ohne Dölf hätten wir diese Tunnel heute nicht. Das macht ihm keiner nach!

ER IST WEIT GEKOMMEN IN SEINEM LEBEN UND HAT SEINE HERKUNFT NIE VERLEUGNET.

Dirk Craen ist Präsident der EU Business School. Er ist Inhaber eines UNESCO Chair in International Relations, Business Administration and Entrepreneurship. 2016 erhielt er den Distinguished Service Award der United States Sports Academy.

Dölf Ogi schenkt Dirk Craen einen seiner berühmten Bergkristalle zum 60. Geburtstag, Montreux 2014. (zvg)

Was bleibt von Ogis Arbeit für die wirtschaftliche Entwicklung der Schweiz?

STEFAN LINDER

Gründer Swiss Economic Forum

Wir haben Dölf Ogi nach seinem Rücktritt als Bundespräsident im Jahr 2000 angefragt, ob wir ihn als Präsidenten des Advisory Boards des Swiss Economic Forum (SEF) gewinnen könnten. Peter Stähli und ich waren auf dem internationalen Parkett unerfahren und wir brauchten jemanden mit grosser Glaubwürdigkeit, Offenheit, typischer Schweizer Bescheidenheit und einem riesigen globalen Netzwerk. Das SEF ist bereits kurz nach der Gründung stark gewachsen und es standen Termine mit Ministern und Persönlichkeiten im In- und Ausland an. Nach reichlicher Überlegung erhielten wir eine Zusage und konnten sogleich das anstehende Treffen mit dem Wirtschaftsminister von Deutschland terminieren. Wir waren unglaublich dankbar, für das wichtige Treffen in Berlin einen erfahrenen Mentor an unserer Seite zu wissen. Er lehrte uns, wie das politische Protokoll funktioniert, wie man mit Mächtigen und einflussreichen Menschen umgeht und seine Anliegen und Wünsche bestimmt, jedoch in einer positiven Art und Weise einbringt. Dies war der Startpunkt einer fast 18-jährigen engen Zusammenarbeit und Freundschaft.

DÖLF OGI IST IN VIELERLEI HINSICHT EIN VORBILD FÜR FÜHRUNGSKRÄFTE.

Dölf Ogi hat mit seiner Arbeit für das Swiss Economic Forum grosse Verdienste für die Schweizer Wirtschaft und besonders für die vielen innovativen Schweizer KMU und Jungunternehmen geleistet. Engagiert setzte er sich für die Förderung von gegenseitigem Respekt und Verständnis zwischen Politik und Wirtschaft ein, vermittelte bei Problemen und Missverständnissen und motivierte Firmenchefs und Unternehmerinnen und Unternehmer, den Schritt, die Expansion in neue Zielmärkte

Nach der Eröffnungsfeier der Olympischen Spiele in Vancouver 2010 reiste Adolf Ogi nach Kalifornien und wurde von Gouverneur Arnold Schwarzenegger empfangen. (zvg)

zu wagen und neue Absatzkanäle zu erschliessen. Dölf begleitete unzählige SEF-Reisen in ferne Länder wie China, Indien, Brasilien, Kanada, USA etc., öffnete Türen zu den Staatspräsidenten und Ministern und ermöglichte damit den direkten Zugang zu den Entscheidungsträgern und Politikern, um die Anliegen von Schweizer KMU-Chefs direkt und persönlich zu adressieren. Adolf Ogi hat eine einmalige Fähigkeit, innerhalb kürzester Zeit eine emotionale Verbindung mit seinem Gegenüber und Gesprächspartner aufzubauen. Man spürt seine uneingenommene Offenheit, seine tief verwurzelten Werte, seine Bescheidenheit und Ehrlichkeit und sein echtes Interesse an der Meinung von anderen Menschen. Diese Eigenschaften haben ihn zu einem der besten Botschafter für die Schweiz gemacht. Er vertritt unser Land mit grosser Leidenschaft und Begeisterung. Dies spürt man bereits bei der ersten Begegnung mit ihm.

Was konnten konkret Wirtschaftsführer und Firmenchefs von Dölf lernen und profitieren? Adolf Ogi hat eindrücklich vorgelebt, dass man, wenn immer möglich, sich ein eigenes Bild und einen eigenen Eindruck verschaffen sollte. Entscheidungen nicht abstützen auf Aussagen Dritter, vom Hörensagen oder sich ein Urteil aufgrund von Medienberichterstattungen machen. Unbefangen und ohne Vorurteile auf Neues zuzugehen, auf die eigenen Stärken zu vertrauen und mutig zu sein, Neuland zu betreten. Er hat uns gelehrt, dass man mit Fleiss und harter Arbeit etwas erreichen kann, man aber auch bereit sein muss, die Komfortzone zu verlassen. Die 4 M – «**M**an **m**uss **M**enschen **m**ögen» – hat er immer und immer wieder vorgelebt. Diese Eigenschaft hat ganz wesentlich zur grossen Popularität von Dölf Ogi beigetragen. Dölf Ogi ist in vielerlei Hinsicht ein Vorbild für Führungskräfte. Man kann sehr viel von ihm lernen und profitieren. Was der aus einfachen Verhältnissen stammende Dölf aus einem kleinen Bergdorf im Berner Oberland alles erreicht hat, verdient grössten Respekt. Danke, Dölf, für alles, was du für unser Land und für eine gerechtere Welt geleistet hast.

Stefan Linder ist Gründer und ehemaliger CEO des Swiss Economic Forum.
2014 übernahm er mit zwei Partnern die Blausee AG.

Am Swiss Economic Forum 2015 in Interlaken wird Adolf Ogi, von den Gründern Peter Stähli (links) und Stefan Linder (rechts) als Präsident des Advisory Board des SEF verabschiedet. (zvg)

CONOMIC FORUM
ÄSIDENTEN DES ADVISORY BOARDS
2000 - 2015
OLF OGI
OSSEN VERDIENSTE BEIM AUFBAU
EN WIRTSCHAFTSVERANSTALTUNG
CHWEIZER UNTERNEHMEN
ECONOMIC FORUM ENTSTAND 1998 HIER AUF DER
SALP BEI EINEM SPAGHETTIESSEN

«These are all my bodyguards, Sir!»

ANDRÉ LÜTHI

CEO Globetrotter Group

Brasilien, China, Indien, Israel, Kanada, Taiwan, USA – in Zusammenarbeit mit dem Swiss Economic Forum durfte ich mit Dölf diese Länder bereisen und entdecken – er als hochrespektierte Persönlichkeit in all diesen Ländern und ich als Mitorganisator der Reisen.

DÖLF ÖFFNETE STETS DIE TÜREN FÜR DIE SCHWEIZER DELEGATION.

Dank Dölf war es vielen Schweizer Wirtschaftsführerinnen und Wirtschaftsführern möglich, auf diesen Reisen mit Persönlichkeiten aus Wirtschaft und Politik der entsprechenden Länder in den Dialog zu treten und Beziehungen aufzubauen. Sei es mit Arnold Schwarzenegger, dem damaligen Gouverneur von Kalifornien, im Kapitol in Sacramento oder mit dem weltgrössten Bierbrauer, Jorge Lemann, an seinem Sitz in Brasilien. Dölf öffnete stets die Türen für die Schweizer Delegation. Er öffnete diese Türen als Mensch und als alt Bundesrat, der noch heute in der ganzen Welt respektiert wird und hoch angesehen ist. Ein indischer Wirtschaftsführer meinte zu mir, es gebe für ihn zwei Mister Switzerland: «the former Swiss President Adolf Ogi and Roger Federer». Für Dölf standen bei unseren Begegnungen mit anderen Kulturen und Menschen immer der Respekt und die Freundschaft im Mittelpunkt. Er vertrat die Schweiz als alt Bundesrat mehr als mancher amtierende Politiker – ganz nach seinem Credo «Die Schweiz braucht Freunde, wir müssen in die Welt hinaus». Für Dölf kommt zuerst der Mensch, dann das Geschäft oder die Politik. Dies haben wir auf vielen Reisen von ihm lernen dürfen. Es gab Momente wie jenen in Varanasi, als uns am frühen Morgen auf einer Bootsfahrt auf dem Ganges und einem Gang durch die verwinkelten Gassen der Altstadt das wahre Indien begegnete. Die tägliche Gratwanderung zwischen Leben und Tod; es ging uns allen unter die Haut. Dölf meinte: «Hier sind wir am Puls des Lebens – weg von klimati-

Mit Dölf auf über 4000 Meter. Zum 10 jährigen Jubiläum des Swiss Economic Forums drehten Dölf und André Lüthi einen Überraschungsfilm für die beiden Gründer des SEF auf der Dufourspitze. (zvg)

sierten Sitzungszimmern und luxuriösen Hotels.»
Unvergessen bleibt die Einreise nach China mit 18 Schweizer Wirtschaftsführerinnen und Wirtschaftsführern. An der Passkontrolle hatte es eine sehr lange Schlange… Und da Dölf grössere Stärken hat als Geduld, sagte er zu mir: «Komm, wir gehen alle zum Diplomatenschalter für die Einreise.» Meinen Einwand, dies könnte eher schwierig werden, erwiderte er mit: «Das chunt scho guet.» Dölf zeigte dem Beamten als erstes seinen Diplomatenpass. Darauf fragte ihn der Beamte, wer denn die anderen 18 Damen und Herren seien; die hätten ja keinen Diplomatenpass. Dölf antwortete: «These are all my bodyguards, Sir!», worauf der Beamte respektvoll nickte und uns alle mit einem Lächeln und den nötigen Stempeln versorgte.
Dölf, du wirst nie einen Bodyguard brauchen, weil für dich der Mensch im Mittelpunkt steht. Danke, dass du ein Leben lang die Schweiz in die Welt hinausgetragen hast und es auch weiterhin tust.

André Lüthi ist Mitbesitzer, Verwaltungsratspräsident und CEO der Globetrotter Group, welche elf Reiseunternehmen umfasst.

Dölf Ogi: das moderne, vernetzte Denken

BRUNO MARAZZI
Bauunternehmer

Dölf Ogi ist für mich eine aussergewöhnliche Persönlichkeit und Repräsentant des modernen, vernetzten Denkens. Seine grossen Stärken sind Durchhaltewillen, Durchsetzungskraft und unermüdliche Begeisterung, die seine Pläne in die Realität umsetzen lassen. Mit seinem sensiblen Gefühl für wichtige Bedürfnisse und Anliegen unserer Bevölkerung hat er es während seiner politischen Tätigkeit verstanden, für unser Land wichtige Projekte aufzugleisen und zu verwirklichen. Beispiele sind die Bauwerke Lötschberg-NEAT und der Gotthard-Basistunnel.

WENN ER EIN PROJEKT DURCHBRINGEN WILL, KANN ER UNHEIMLICHE KRÄFTE UND ENERGIEN ENTWICKELN.

Wenn er ein Projekt, sei dies politischer, baulicher oder sportlicher Art, durchbringen will, kann er unheimliche Kräfte und Energien entwickeln, die ihn zum Erfolg tragen. Dies hat er anlässlich der Olympischen Winterspiele 1972 in Sapporo bewiesen, wo er als verantwortlicher Sportdirektor des Schweizerischen Skiverbandes mit seinen Athleten zehn Medaillen für unser Land erkämpfte. Auch in der Politik hat er in seiner überzeugenden Weitsicht das Schweizervolk mit zukunftsweisenden politischen Vorlagen überzeugen und so wichtige Projekte wie die NEAT zum Erfolg führen können.

Dölf ist eine bescheidene, unkomplizierte, feinfühlige und kämpferische Person, die ich seit vielen Jahren schätze und bewundere. Er ist für mich ein guter Freund. Auf seine Ratschläge höre ich gerne.

Eine kleine Geschichte: Vor Jahren waren wir eine Woche lang mit einer Gruppe beim Heliskifahren in Kanada. Eines Morgens

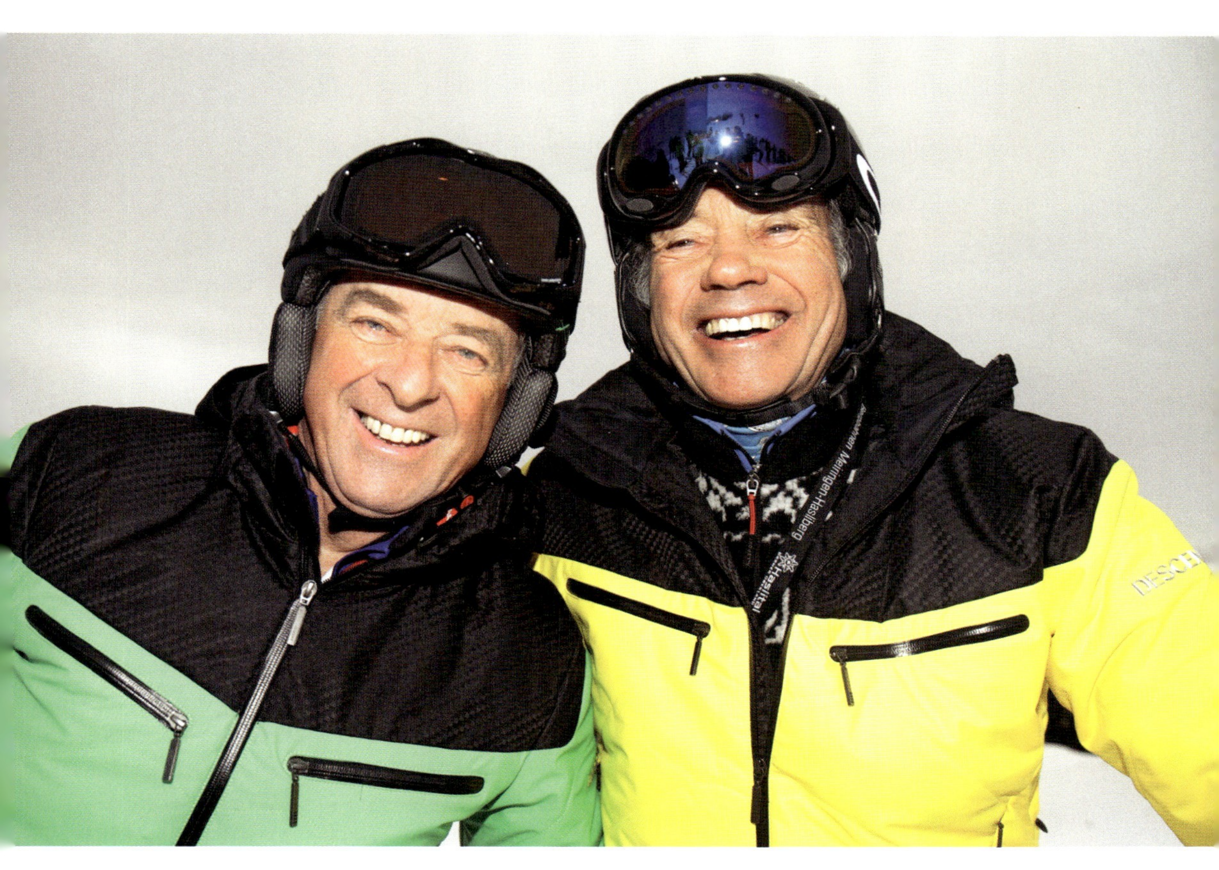

Dölf Ogi und Bruno Marazzi beim Skifahren. (zvg)

planten wir eine stiebende Abfahrt, die ein Kollege von unten filmen wollte. Die Reihenfolge in V-Formation löste Diskussionen aus. Plötzlich trat Dölf in grossen Schritten hervor und erklärte: «Hier bin ich der Bundespräsident, und ich befehle. Ich fahre zuvorderst.» Alle lachten und wir hatten eine gemütliche Abfahrt mit Dölf an der Spitze, wie er sich das seit Jahren gewöhnt war.

Dölf ist auch sozial gut vernetzt, hilft und unterstützt viele benachteiligte Menschen. Dies zeigt er in seiner Stiftung «Freude herrscht» wie auch in zahlreichen anderen Gremien und Organisationen, wo er sich mit Rat und Tat engagiert. Ohne ihn wäre die Schanzenanlage in Kandersteg, die vielen jungen Nachwuchsathleten ideale Trainingsmöglichkeiten bietet, nicht gebaut worden.

Ich wünsche Dölf Ogi weiterhin gute Gesundheit, damit er mit seiner Frau Katrin, seiner Tochter, seinem Schwiegersohn und seinen zahlreichen Freunden noch viele frohe und unbeschwerte Stunden erleben kann.

Bruno Marazzi ist ein jahrzehntelanger Freund und Bewunderer von Dölf Ogi. Er baute in den letzten 40 Jahren eine der grössten General- und Bauunternehmungen der Schweiz auf, die 2006 in die renommierte Bouygues-Gruppe integriert wurde. Bruno Marazzi ist der Erbauer der multifunktionalen Stadien St. Jakob-Park Basel, Stade de Suisse Wankdorf Bern sowie der Grossüberbauung City West Zürich.

Vom Skidirektor zum Generaldirektor von Intersport Schweiz

GREGOR FURRER
ehemaliger Mitinhaber Völkl International

Mitte der 70er-Jahre hatte sich in den USA eine Gruppe unter der Leitung von Bob Beatti – einem Mitbegründer des Ski-Weltcups – von der FIS (Internationaler Skiverband) abgespaltet und einen Profi-Weltcup ins Leben gerufen.

ICH HABE DÖLF GESAGT, DASS DIE ZEIT NUN REIF WÄRE, IN DIE WIRTSCHAFT ZU WECHSELN.

Die Gebrüder Phil und Steve Mahre, Hansi Hinterseer und Walter Tresch waren die Exponenten dieses Skizirkus. Bob Beatti versuchte, dieses neue Modell auch in Europa zu lancieren. Das erste Rennen fand in Saas-Fee im Dezember 1979 statt. Völkl war der Hauptsponsor.

Dölf Ogi als Direktor des Schweizerischen Ski-Verbandes und neu gewählter Nationalrat war von dieser «Konkurrenz» nicht begeistert. Ich habe Dölf als Ehrengast nach Saas-Fee eingeladen. Nach langem Zögern und grossen Überredungskünsten meinerseits hat er die Einladung angenommen. Seine Begeisterung hielt sich in Grenzen; er sollte Recht bekommen. Die Profi-Rennen wurden nach relativ kurzer Zeit, bedingt durch Sponsoren- und Geldmangel, eingestellt.

Am Samstagnachmittag habe ich Dölf im Hotel Saaserhof zu einem persönlichen 4-Augen-Gespräch getroffen. Ich habe ihm klar gemacht, dass er als Sportmanager alles erreicht habe und nun an einem Scheideweg stehe. Dölf war schweizweit eine bekannte Grösse. «Ogis Leute siegen heute» war der Slogan bei allen Skirennen. Nicht zuletzt dieser hohe Bekanntheitsgrad und die grossartigen Erfolge als Sportmanager verhalfen ihm zu seinem – für viele unerwar-

Dölf Ogi am 50. Geburtstag von Gregor Furrer. (zvg)

teten – Nationalratsmandat. Ich habe Dölf gesagt, dass die Zeit nun reif wäre, in die Wirtschaft zu wechseln. Um politisch «höhere Weihen» zu erreichen, braucht es neben dem Sport auch einen wirtschaftlichen Erfolgsausweis. Ich wusste, dass bei Intersport Schweiz ein Generationenwechsel bevorstand und hinter den Kulissen ein neuer Generaldirektor gesucht wurde. Ich sagte ihm, dass ich ausgezeichnete Beziehungen zum Präsidenten der Intersport Schweiz, Denis Vaucher, hätte und mich für ihn dort einsetzen würde. Im Nachgang sagte ich ihm: «Wenn du diesen Schritt wagst, wirst du Bundesrat.» So kam es dann auch, und ich bin ein bisschen stolz, auch ein kleines bisschen zu seiner glanzvollen Karriere beigetragen zu haben.

Gregor Furrer ist Inhaber der Gregor Furrer & Partner Holding AG.

Adolf Ogi

Motivator und Förderer

Die Geburtstagsansprache

CAROLINE OGI
Tochter von Adolf Ogi

Den 18. Juli 2012 hatte ich mir schon lange als ganz wichtiges Datum in meiner Agenda notiert.
Mein Vater wurde 70 Jahre alt – ein grosses Ereignis, aber auch eine grosse Herausforderung für uns alle.
Papi wollte natürlich im schönen Kandersteg feiern, aber nicht etwa in einem Restaurant oder Hotel. Nein, er wollte ins Gasterntal. Logistisch eine ganz grosse Herausforderung.

«JA DU, DU MUSST REDEN, DAS IST DOCH GAR KEINE FRAGE.»

Schon an seinem 60. Geburtstag wurde in diesem einzigartigen, kraftspendenden und romantischen Tal gefeiert. Ein Tal, welches meinem Vater sehr wichtig ist, ein Tal, wo er immer Kraft schöpft, ein Tal, das er liebt. Damals feierten wir in einer eher kleinen Runde, zum 70. Geburtstag sollte dann das Fest in einem etwas grösseren Rahmen organisiert werden. Papi wollte das Fest auch nutzen, um mal all seinen Freunden und Begleitern Danke zu sagen. Und das waren viele. Fast 400 zogen an diesem wunderschönen Sommertag ins Tal der Täler, die engen Strassen durch die Klus hinauf in dieses fruchtbare, imposante Tal.
Zwei Tage zuvor traf ich meinen Vater. Ich wollte mit ihm nochmals kurz alles besprechen und schauen, wie er sich den Ablauf vorgestellt hatte.
Papi war und ist ja immer perfekt vorbereitet und perfekt organisiert. Ich fragte ihn, wer sagt eigentlich dann etwas von der Familienseite? Diese Frage stellte ich eigentlich so ganz gemütlich und ruhig – zumal uns leider mein Bruder Mathias im 2009 verlassen hatte – und fand es wichtig, dies kurz anzusprechen. Ich erwartete eine Antwort im Stil von «ach, wir haben schon genügend Redner, die Familie bleibt wie immer im Hintergrund». Aber nein, mein lieber Vater sagte wie aus einer Kanone geschossen: «Ja du, du musst reden, das ist doch gar keine Frage.» Ich fing an zu lachen, wurde dann aber bleich – mein Vater

blieb ernst, er war nicht zum Lachen aufgelegt. Schnell merkte ich, dass er es sehr ernst meinte und dass ich wirklich vor all diesen geladenen Gästen sprechen sollte. Eine schwierige Aufgabe, die mir hier mein Vater stellte. Aber ich nahm sie an, respektierte und vor allem akzeptierte seinen Wunsch. So ging ich zurück nach Zermatt. Ich hatte noch genau 48 Stunden Zeit, um eine Rede vorzubereiten. Es musste eine gute Rede werden, ich durfte nicht versagen.

Ich schaute nochmals über die Gästeliste. Prominenz aus Sport, Politik, Kultur und aus dem Showbusiness, darunter viele perfekte Rhetoriker, perfekte Showmaster ... Mir wurde fast schlecht.

Mein Mann Sylvain half mir, meine Gedanken zu sammeln, meine Emotionen zu ordnen, und noch am gleichen Abend entstand meine Rede. Ich entschloss mich (zumal sein Buch «So wa(h)r es!» gerade erschienen war), eine Rede im Sinne von «so war es wirklich» vorzubereiten.

Ich erwähnte Anekdoten, die einen ganz persönlichen Einblick in unser Familienleben gaben. Zum Beispiel, wie wir als Familie am 9. Dezember 1987, am Tag der geplanten Wahl in den Bundesrat, das Bundeshaus durch den Hintereingang betraten, oder etwa unsere Wanderreise durch die Schweiz, oder meine spontanen Besuche im Bundeshaus, als auch schon mal wichtige Politiker weggeschickt wurden, weil das Töchterli kam, oder auch Anekdoten rund um die Ungeduld meines Vaters – sei es am Skilift oder im Gastro-Restaurant. Aber auch eine lustige Stelle über die Demokratie in der Familie und natürlich eine emotionale Erwähnung meines verstorbenen Bruders Mathias durften nicht fehlen.

Es war eine Rede, die von ganz tief in meinem Herzen kam, verbunden mit vielen Emotionen, mit viel Witz und Charme. Ich wollte meinen geliebten Vater ehren und ihm meine ganze Achtung schenken. Ich wollte ihm aber auch Danke sagen und ihm zeigen, wie wichtig er für mich ist.

Ich glaube, er hats gemerkt – es herrschte grosse Freude. DANKE, Papi!

Caroline Ogi ist die Tochter von Adolf Ogi. Die Hotelunternehmerin führte während fünf Jahren den Walliserhof in Zermatt. Seit 2015 führt sie zusammen mit ihrem Mann das Hotel Schönegg in Wengen.

Dölf und Caroline Ogi. (zvg)

Ein Freund in der Not

MARCO SOLARI

Präsident Locarno Festival

1989, die Vorbereitungen zur 700-Jahr-Feier laufen auf Hochtouren. Eine Landesausstellung war von den Innerschweizer Kantonen und von Luzern abgelehnt worden: zu abstrakt, zu kostspielig, zu zentralistisch. Bundesrat Delamuraz liess sich von diesem Volks-Nein nicht beeindrucken. Er wollte das Jahr 1991, 700 Jahre nach der Unterzeichnung eines der wichtigsten Bundesbriefe, die zur Entwicklung einer Interessengemeinschaft am Gotthard geführt hatten, unbedingt feiern. So setzte er eine Kommission ein. Verschiedene brillante Köpfe taten sich zusammen – Professoren, Politiker, Journalisten und Wirtschaftsführer – unter dem Vorsitz des Historikers Urs Altermatt. Frank A. Meyer, der einflussreiche Bundeshausjournalist und Essayist, brachte es sogleich in der ersten Sitzung auf den Punkt: Dezentral sollte die Feier sein und nach vorne gerichtet.

Meyer war und blieb die prägende Figur im Gremium. Das Konzept der Arbeitsgruppe wurde in Rekordzeit von Regierung und Parlament gutgeheissen, und ich wurde als Delegierter des Bundesrates eingesetzt. Es war für mich eine «full immersion» in die Welt des politischen Berns mit seinen Verteilkämpfen, seinen persönlichen Fehden, seinen Kompromissen. Nach wenigen Monaten unterbreiteten wir dem Bundesrat die konkreten Vorschläge für die einzelnen Veranstaltungen. Das Budget wurde ausgestaltet, und das Parlament genehmigte die Mittel. Doch mitten in den Vorbereitungen kam es zum Eklat. Der Vertreter eines Regiebetriebs unterbreitete uns einen eigentlich recht interessanten Vorschlag, doch die zugewiesenen Finanzen waren bereits ausgeschöpft und wir mussten ablehnen. Die Enttäuschung des Betroffenen war gross, und so erstaunte es nicht, dass er versuchte, die Presse als Druckmittel einzusetzen. Am nächsten Tag las ich im Bahnhof Bern den Aushang der Tageszeitungen und mir wurde schlecht. In grossen, fetten Buchstaben stand: «Kritische Fragen an den Delegierten der 700-Jahr-Feier!» Beim Bärenplatz in Bern klebte ein Plakat mit der Überschrift «Finanzielles Debakel bei der 700-Jahr-Feier?» und beim Zytglogge schliesslich die direkte Frage einer beliebten Illustrierten: «Marco Solari, wo sind die Millionen?» Ich begab mich sofort ins Bundeshaus Ost zu «meinem» verantwortlichen

Bundesrat, der jedoch auf offiziellem Besuch in Paris weilte. Ich rief einige Parlamentarier an. Keine Antwort. Ich telefonierte wichtigen Chefbeamten und erreichte nur wenige. Es war ein fürchterlicher Tag – bis auf zwei Telefonanrufe. Der eine von Frank A. Meyer, der zweite von Adolf Ogi.
Ich hatte Bundesrat Ogi in Biel an einem Nachtessen kennengelernt, einer privaten Einladung von Frank A. Meyer folgend, der sogar selber kochte. Adolf Ogi war soeben in die Landesregierung berufen worden. Ich hatte eine grosse Gesellschaft erwartet, doch an diesem Abend waren überraschenderweise nur wir zwei und die Eltern von Frank dabei. Die Mutter eine hochintelligente, politisch engagierte Frau. Der Vater ein sensibler Mann, der in seinem Leben als Fabrikuhrmacher viele Opfer hatte bringen müssen. Adolf Ogi ging auf alle ein. Mit der Mutter, die politisch links stand, diskutierte er mit viel Einfühlungsvermögen. Dem Vater erklärte er seine Kindheit im kargen Bergdorf Kandersteg und sein inniges Verhältnis zu seinem eigenen Vater.
Dann wandte sich Ogi mir zu. Wir sprachen über die italienische Schweiz, die noch immer unter der paternalistischen Mentalität vieler Deutschschweizer und Romands litt, für die das Tessin nur Boccalino- und Mandolinenheimat war – ein Kanton ohne politisches Gewicht, die Tessiner ein Volk ohne Geschichte. Wir waren uns einig, dass es nötig war, dagegen anzukämpfen. Ich hatte ihm an jenem Abend in Biel, so liess er mich später einmal wissen, Eindruck gemacht. Vielleicht hatte er auch meinen Idealismus gespürt, und sicher war ihm nicht entgangen, dass ich engagiert meinen Kanton verteidigte.
An diesem so kritischen Tag der Vorbereitungsarbeiten für die 700-Jahr-Feier, als ich überzeugt war, von allen verlassen worden zu sein, telefonierte als erster Frank und gab mir einen einzigen Ratschlag: «Durchhalten! Du bist nicht alleine.» Gegen Abend klingelte erneut das Telefon, und eine bekannte Stimme ertönte: «Marco, i bi dr Dölf.» Es war Adolf Ogi, und auch er sagte nur eines: «Ich zweifle keinen Moment an deiner Ehrlichkeit. Bleibe standhaft! Ich bin auf deiner Seite und werde es alle wissen lassen.» Das tat er auch.

ER SAGTE NUR EINES: «ICH ZWEIFLE KEINEN MOMENT AN DEINER EHRLICHKEIT.»

Am nächsten Tag trat die Eidgenössische Finanzdelegation zusammen mit einem einzigen Traktandum: die Finanzen der 700-Jahr-Feier. Am Ende der Sitzung gab der Präsident der Delegation dem Bundesrat und der Presse einen einfachen Satz durch: «Courant normal.»
Plötzlich lief das Telefon heiss. Alle riefen an, und alle sagten dasselbe: «Wusste ich doch, dass nichts war. Ich habe nie an dir gezweifelt. Wie konnte man dich nur so bösartig verdächtigen.»
Tatsache ist, dass sich nur zwei Personen exponiert hatten: der Freund Frank A. Meyer und der junge Bundesrat Adolf Ogi.

Marco Solari ist ein Schweizer Manager. Er war ehemaliger Delegierter des Bundesrates für die 700-Jahr-Feier und ist operativer Präsident Locarno Festival.

Die Bundesräte Adolf Ogi und Flavio Cotti, aufgenommen mit Marco Solari, Verkehrsvereindirektor des Kantons Tessin, am 7. August 1988 auf der bestuhlten und mit Filmleinwand ausgestatteten Piazza Grande in Locarno. Das 41. Festival del film Locarno ist im Gange.

7. August 1992: Freude herrscht!

CLAUDE NICOLLIER

Astronaut

Gelegentlich sprechen Politiker zu Astronauten im Weltraum. Diese Gespräche sind zumeist eher locker und freundlich. Keines dieser Gespräche war aber jemals so enthusiastisch wie dasjenige, welches ich mit Bundesrat Adolf Ogi am 7. August 1992 kurz vor dem Ende meiner ersten Space-Shuttle-Mission STS-46 führte. «Freude herrscht» hebte nicht nur die Stimmung an Bord des Space Shuttle Atlantis – und zwar für den Rest unserer Mission. «Freude herrscht» inspirierte alle, die es entweder live hören durften oder bei einer späteren Übertragung mitbekamen. Es wurde ein ikonisches Statement auf die Zuversicht in allen menschlichen Unternehmungen, auf der Erde wie im Weltall! Es ist unmöglich, den Spruch ins Englische oder Französische zu übersetzen. Ich habe es oft versucht und bin immer gescheitert. «Freude herrscht» – daran gibt es nichts zu rütteln. Vielen Dank für dieses inspirierte Statement, Herr Ogi! Sie haben unserer Mission sehr geholfen – und helfen weiterhin überall, wo diese zwei einfachen, aber mächtigen Worte gesprochen werden. Sie werden immer bei uns bleiben!

> «FREUDE HERRSCHT» – DARAN GIBT ES NICHTS ZU RÜTTELN.

Claude Nicollier, Prof. EPFL, ist ein Schweizer Militär-, Linien- sowie NASA-Testpilot und Astronaut. Er war der erste und bis jetzt einzige Schweizer, der den Weltraum besuchte.

Als Teil eines Kooperationsprogramms der ESA mit der NASA flog Claude Nicollier mit vier verschiedenen Raumfähren viermal ins All. (zvg)

Claude Nicollier spricht im August 1992 in einer Direkt-Schaltung von der Raumfähre Atlantis aus mit Bundesrat Adolf Ogi und ESA-Präsident Jean-Marie Lubon im Verkehrshaus Luzern. Adolf Ogis erste Worte «Freude herrscht» blieb in allen Gedächtnissen.

© Keystone

Begegnung mit einem politischen Bergführer

ROBERT RUOFF
Publizist

«I am a mountaineer.» So hat Adolf Ogi die Medienkonferenz am Ende des UNO-Jahres des Sports für Entwicklung und Frieden (2005) vor dem internationalen Medienkorps am Hauptsitz der Vereinten Nationen eröffnet. Und so hat er mit dem ersten Satz die Aufmerksamkeit der abgebrühten UNO-Journalistinnen und -Journalisten gewonnen.

Adolf Ogi brauchte keinen «Medienberater». Ich wusste das. Und trotzdem habe ich keinen Augenblick gezögert, als man mir Ende 2004 die Gelegenheit bot, den ehemaligen Bundesrat auf seiner Mission durch die Welt von Sport und Politik zu begleiten. Im Wissen um die Unterschiede: Er ein Mann der respektablen Berner SVP, ich ein «alter 68er», im freiheitlichen Feld der linken Grünen angesiedelt. Er ein Politiker, ich ein Journalist – zwei Welten auf kritischer Distanz, wenn jeder seine Rolle ernsthaft spielt.

Die drei Jahre mit einem Mann, den ich schon als Medienminister als echt und ursprünglich wahrgenommen hatte, wurden anforderungsreich, spannend und ungeheuer bereichernd. Auf der Basis des unbedingten gegenseitigen Vertrauens.

Die «Seilschaft»: Disziplin, Leistung, Zusammenhalt – und Freude

Auf den Gipfel hat Adolf Ogi der kompromisslose Einsatz gebracht, bis an die Grenze der Leistungsfähigkeit. So hat der junge Ogi die Ski-Weltmeister gemacht, und so haben die Mitarbeiter der letzten grossen öffentlichen Etappe, des UNO-Mandats, den pausenlosen Einsatzwillen dieses politischen Leistungssportlers erlebt.

Für den Bergler Ogi hat das Wort «Seilschaft» noch die ursprüngliche Bedeutung: Absicherung durch Zusammenhalt, die auf Disziplin und Leistung auf dem Weg zu einem gemeinsamen Ziel beruht. Es meint die Haltung des Bergführers, die Ogi schon als Kind auf den Berggängen mit seinem Vater verinnerlicht hat. Und die selbstverständlich auch mit einem Gefühl grosser Befriedigung verbunden ist, wenn man das Ziel erreicht hat: Freude herrscht.

Sport und Frieden: Liberias Präsidentin Ellen Johnson Sirleaf eröffnet mit Adolf Ogi zwei Wochen «Playing for Peace» (2008). (zvg)

Der unbedingte, fast grenzenlose Leistungswille galt – man möchte sagen: selbstverständlich – auch für Adolf Ogi selber.

Kommunikation über Kulturgrenzen hinweg

Zum Beispiel auf der ersten Reise, die ich mit ihm antreten konnte: von Zürich nach Brasilia, Bogotà, Medellín und wieder zurück nach Zürich, im kleinen Team: Ogi plus ein persönlicher Mitarbeiter plus ein Medienmensch. 16 Stunden Flug waren gleichbedeutend mit mindestens 8 Stunden intensiver Arbeit – Programm- und Projektinformationen, Gesprächs- und Redenotizen und so weiter –, vielleicht zwei Stunden Essen und Erholung, ein paar Stunden Schlaf, plus Umsteigen und Warten. Im Hotel kurz einchecken, danach Gespräch mit Brasiliens Sportminister und Begrüssungsempfang.

Am früheren anderen Morgen: Treffen mit Inácio Lula da Silva, Brasiliens Arbeiter-Präsident. Die Stimmung am runden Tisch im Präsidentenbüro war zuerst kühl und skeptisch: Lula war offenkundig nicht der Politiker, der von einem UNO-Abgesandten viel Gutes erwartete. Sprich: Ogi brauchte etwa zehn Minuten, bis Lula begriff, dass er einem Mann gegenüber sass, der keine bürokratische Mission erfüllte, sondern den ein echtes, ganz persönliches Engagement antrieb. Und damit hatten sich zwei gefunden, die aus ähnlichem Antrieb handelten. Es funkte.

> FÜR DEN BERGLER OGI HAT DAS WORT «SEILSCHAFT» NOCH DIE URSPRÜNGLICHE BEDEUTUNG.

Brasiliens Sportminister erhielt den Auftrag, Sport auch an den Universitäten zu etablieren. Und Lula selber versprach, mehr Sport zu treiben und sein Gewicht zu reduzieren. Der Erfolg ist bekannt – aber die brasilianischen Medien verbreiteten die Meldung mit viel Genuss. Danach Projektbesuche: «Pintando a Liberdade», ein fussballerisches Resozialisierungsprogramm für Strafgefangene, und «segundo tempo» (zweite Halbzeit), ein äusserst erfolgreiches Angebot von Sport und Bildung für Kinder aus den Favelas.

Der Kommunikator

Danach ein paar Stunden Schlaf und kurz nach Mitternacht Aufbruch zur nächsten Etappe: von Brasilia über São Paulo nach Kolumbiens Hauptstadt Bogotà, mit dem üblichen Arbeitsprogramm während des Fluges, das vor allem Ogis persönlicher Mitarbeiter David Winiger absolvierte, während ich in der gleichen Economy-Reihe sass wie ein paar junge brasilianische Fussballer, die für die grossen europäischen Klubs nicht genug waren und deshalb bei kolumbianischen Klubs ihr Geld verdienen wollten. Ein kleiner, aufschlussreicher Einblick in die lateinamerikanische Fussballszene.

Aber unser Ziel war ein internationales Turnier des Strassenfussballs, mit dem später Sepp Blatter seine FIFA-Weltmeisterschaft zu schmücken begann. Damals steckte die «streetfootballworld» noch in den Anfängen.

Zuerst aber: Zwischenhalt in Bogotà. Versammlung der UNO-Bürokraten, sprich: der Leiter der UNO-Organisationen und Unterorganisationen mit Domizil in Kolumbien, Aufreissen des «Gärtchendenkens», Injektion der Idee von Sport als Mittel der Bildung, des Friedens, der Emanzipation und Gleichberechtigung. Gesunder Geist in gesundem Körper, Überwindung von Hass und Gewalt mit Siegern und Verlierern des Krieges in der gleichen Mannschaft, oder aber: Frauen und Männer im gleichen Team. Nach der Vorlesung ein Bissen Verpflegung und Empfang in der Botschaft, mit einem Schweizer Botschafter, dem Entwicklung und Frieden ein offenkundiges Anliegen waren, und danach ohne Ruhepause weiter nach Medellín, zuerst im Flugzeug, dann eskortiert von Bewaffneten auf Motorrädern im Geländewagen die Serpentinen hinunter in die Stadt der Drogenkartelle und der Paramilitärs. Und die engsten Mitarbeiter des neuen Bürgermeisters

Sport und sozialer Aufbau: Adolf Ogi im Township Kayelitsha bei Kapstadt, bei seinem Südafrika-Besuch (2007). (zvg)

gaben uns vom Rücksitz aus ein erstes Briefing über ihre politischen Pläne.

Nach der Ankunft in Medellín, nahezu 24 Stunden in vollem Einsatz, mit 7 Stunden Flug, zwei weiteren Stunden Zeitdifferenz seit Brasilia, insgesamt etwa 2000 Höhenmetern, davon knapp 1000 über einen Andenpass, verabschiedete sich Adolf Ogi rasch – ihm war speiübel –, nicht ohne uns vorher für den Morgen aus Sicherheitsgründen ein striktes Joggingverbot zu erteilen. Sergio Fajardo Valderrama, der als Bürgermeister die Mordrate um 80 Prozent senken und Medellín wieder zur aufblühenden Stadt machen sollte, war gerade erst zwei Jahre im Amt.

David und ich setzten uns noch zusammen zu einer leichten Verpflegung – und zu einem kurzen Briefing mit Michael Kleiner, Ogis Bürochef bei der UNO in Genf, der vorausgereist war, um die kommenden Abläufe in Medellín zu koordinieren: Treffen mit Bürgermeister Fajardo, Besuch bei Projekten für Schule, Sport und Gesundheit in den ärmsten Vierteln der Stadt, Fahrt mit der neuen Luftseilbahn in ein Drogenviertel, das vor dem Bau dieser Verbindung von den Drogenbanden völlig abgeriegelt war, Treffen und Ansprache Ogis vor früheren Paramilitärs und Drogenkriminellen.

Das blitzschnelle Auge

Ogi ging es noch immer nicht gut, aber er handelte wie in manchen entscheidenden Situationen seines Lebens: mit dem unbeugsamen Willen und der Selbstdisziplin des Leistungssportlers. Und wo er Zeit kürzen musste, zum Beispiel bei der Besichtigung

Sport und internationale Politik: Adolf Ogi trifft Chinas Aussenminister Yang Jieshi aus Anlass der Special Olympics in Shanghai, Oktober 2007. (zvg)

des Drogenviertels, kam ihm die intuitive Intelligenz des Berggängers zugute, die so manchen kopfgesteuerten Akademikern abgeht: das blitzschnelle Erkunden und Erfassen des Geländes und die unmittelbare Wahrnehmung der Menschen, denen er begegnete und zu denen er sprechen sollte. Um sie aus ihrer Situation heraus für seinen Auftrag und sein Ziel zu begeistern.

Die ehemaligen Paramilitärs und Drogenmafiosi bildeten die kolumbianische Mannschaft für das internationale Strassenfussballturnier, das den Anlass zum Besuch geboten hatte. Daneben ein deutsches Team gegen Rassismus, aus Ruanda Hutus und Tutsis, und allesamt, einschliesslich der Argentinier, die das Turnier gewannen, mit mindestens einem Drittel Frauen in der Mannschaft.

Nach dem Final Rückfahrt und Rückflug in die Schweiz, mit einem entspannten Lächeln: «So, jetzt weisst du, wie das geht», Händeschütteln wie nach der Bergtour, «mission accomplished», Verpflegung mit einem Glas Wein und eine Runde Schlaf. Bis nach dem kurzen Zwischenhalt in Paris die Planung der nächsten Einsätze in Angriff genommen wurde.

Aus dem Gebirge in die Welt

Ogis Mission war in Schwellenländern und Entwicklungsländern, in Gebieten von

Krieg und Spannung einfacher als in der satten Schweiz. Dort war das Potenzial des Sports als Instrument der Bildung und Entwicklung und der Konfliktbewältigung schnell einsichtig. In der Schweiz fiel das Thema «Sport und Entwicklung» vor allem bei grösseren, «seriösen» Zeitungen lange in die Ressortlücke zwischen Politik – «Das gehört zum Sport» – und Sportressort – «das ist ja Politik!» (mit dem «pfui» im Unterton). Wenn sich dann doch ein Zeitungsredaktor in der nachrichtenschwachen Sommerzeit zu einem Beitrag entschloss, empfing ihn Ogi in seiner Heimat im Gasterntal bei Kandersteg, zeigte ihm die Gasternbibel, um die sich die Kandersteger jedes Jahr einmal versammeln, und wandte sich erst dann, bei Käse, Aufschnitt und einem Glas Wein im Berggasthaus, der grossen Themenkette zu: Sport und Bildung, Sport und Entwicklung, Sport und Gesundheit, Sport und Frauen, Sport und Frieden. «Das ist ja ein Konzept. Das hat ja System», sagte mir ein erfahrener Bundeshausredaktor auf dem Rückweg ins Unterland.

Das Gasterntal, Ursprung der Kander, der Bergkessel von Kandersteg mit seiner Bahnverbindung zur Welt, all das ist die Heimat, aus der Ogi die Energie bezog für seine schliesslich weltumspannende Tätigkeit. Er bezeichnet sich selber als religiösen Menschen, und gelegentlich erinnert er an den Pfarrer seiner Gemeinde Kandersteg, der den Respekt vor Menschen anderer Herkunft, anderer Kulturen und Religionen als einen Grundwert des christlich-abendländischen Denkens immer wieder eingefordert hat.

Das ist gegenwärtig die vielleicht wichtigste Botschaft des politischen Bergführers aus Kandersteg.

«I am a mountaineer»

Als wir damals, Ende 2005, in New York die Pressekonferenz zum Abschluss des UNO-Jahres des Sports vorbereiteten, hatte sein Büro selbstverständlich für sein Einstiegsreferat die üblichen «speaking notes» vorbereitet. Ogi erklärte sie am Nachmittag des Vortags für ungenügend. Machte neue Vorgaben und gab mir das Mandat. Also setzte ich mich in unserem kleinen Dreierteam und mit der brillanten neuseeländischen Sportjuristin Ingrid Beutler an einen neuen Text. Wir gaben unser Bestes. Und beim abendlichen Abschlussbriefing kam dann das Verdikt: «Das cha me nid bruuche» – nicht zu gebrauchen. Betretenes Schweigen. «Ihr habt frei: Ich mache das jetzt selber.» Und am anderen Vormittag kam er mit seinem eigenen Text.

«I am a mountaineer – ich bin ein Mann aus den Bergen», so hat er sich den UNO-Journalistinnen und Journalisten vorgestellt, so hat er sich für eines seiner grossen Anliegen den Rückhalt der Weltpresse geholt. Mit dem Einsatz und der Durchsetzungskraft seiner ganzen, ursprünglichen Person. Er hat seine Botschaft als politischer Bergführer auch im unwegsamen Gelände verbreitet.

Sport für Entwicklung und Frieden ist heute in der ganzen Welt etabliert.

Robert Ruoff hat von 1968 bis 1981 in Berlin gelebt und dort nach dem Studium wissenschaftlich und journalistisch gearbeitet. Von 1981 bis 2004 war er beim Schweizer Fernsehen und in der Generaldirektion der SRG tätig. Er ist jetzt freier Publizist.

Sport für Frieden: Adolf Ogi im Gespräch mit Sergio Fajardo Valderrama, Stadtpräsident von Medellín, über Sport und Frieden, im Januar 2005. (zvg)

Bild unten links und rechts: Sport für Frieden: Adolf Ogi in Medellín beim Strassenfussballturnier für Frieden, mit der Mannschaft Kolumbiens (Januar 2005). (zvg)

Sport und Integration: Adolf Ogi trifft die Schweizer Delegation bei den Special Olympics in Shanghai, Oktober 2007. (zvg)

«Freude herrscht!» – Sport für Kinder und Jugendliche

DANIEL BEYELER

Initiant der Stiftung «Freude herrscht!»

Ich kenne Adolf Ogi seit über 30 Jahren. Basis unserer Verbindung war die Freundschaft zu seinem Sohn Mathias. Er und ich waren schon als Kinder Leichtathleten beim Stadtturnverein Bern und haben nicht nur Sport, sondern auch unsere ganze Jugend zusammen erlebt.

Ja, der Sport. Er war immer allgegenwärtig im Leben von Dölf Ogi. Auch in meiner Wahrnehmung. Der Vater meines besten Freundes war nämlich damals Direktor von Intersport. Und wenn Mäthu von seinem Vater ins Training oder an einen Wettkampf gefahren wurde, so kam es nicht selten vor, dass uns Dölf beim Abschied ein T-Shirt oder eine Mütze gab, welche in seinem Kofferraum lagerten.

Dölf war während unserer Sportkarriere ein Förderer. Nicht nur, weil er uns an Wettkämpfe begleitete und unterstützte, sondern auch, weil er forderte. Denn Sport ist nicht nur Spass. Sport ist auch Leistung. Und Dölf verstand es, Mäthu und mich anzutreiben. Auch mit gerechtfertigter Kritik. Oder damit, dass er mit seinem täglichen Frühsport Vorbild war und uns zeigte, dass Training und Arbeit die Basis sind, um gute Leistungen zu vollbringen.

Mit der Krankheit und dem Tod von Mathias intensivierte sich die Beziehung von mir zu Dölf und der ganzen Familie Ogi. Uns verband der Verlust eines geliebten Menschen und das Bestreben, das Andenken an Mathias hoch zu halten.

SITZEN IST DAS RAUCHEN VON HEUTE.

Gemeinsam initiierten wir aus diesem Grund 2010 im Andenken an Mathias A. Ogi die Stiftung «Freude herrscht» mit dem Ziel, Mathias' Tugenden Lebensfreude, Leistungsfähigkeit, Durchhaltewillen, Hilfsbereitschaft und Kameradschaft an kommende Generationen weiter zu vermitteln. Die Jugend liegt Adolf Ogi am Herzen.

Sitzen ist das Rauchen von heute. Denn Sitzen erhöht das Risiko, an Herzkrankheiten oder an Krebs zu erkranken. Sitzen führt zu Übergewicht und erhöht die Gefahr für Osteoporose. Keine Mutter und kein Vater würde Rauch in das Gesicht seines Kindes blasen. Aber wir setzen den Nachwuchs vor den Fernseher oder den Computer, anstatt ihn draussen spielen zu lassen.
Genau hier setzt die Stiftung «Freude herrscht» von Adolf Ogi an. Genau deshalb sind wir bemüht, dass immer noch Skilager durchgeführt werden. Genau deshalb organisieren wir Aktiv-Weekends, an denen Kinder zwei Tage lang in der Natur wandern, spielen, klettern, rumrennen und echte Kameradschaft erleben. Genau darum unterstützen wir Projekte von Drittpersonen und Organisationen, welche auf irgendeine Art Kinder und Jugendliche aktivieren und bewegen.
Der Sport ist Lebensschule, die Bewegung ist Fundament für ein erfolgreiches und gesundes Leben, für Leistungsfähigkeit und für Kameradschaft. Mit «Freude herrscht» begeistern wir Kinder und Jugendliche für den Sport, unsere Projekte sind offline, in der Natur, beinhalten echte Begegnungen und propagieren ein gesundes Verhalten.

Adolf Ogi setzt sich unermüdlich ein, die Stiftung voranzutreiben und zu unterstützen. Als Stiftungsratspräsident ist er Botschafter, Fundraiser, Türöffner, Mediensprecher und Fan.
Und er ist Vorbild und Mentor. Zumindest für mich. Es ist faszinierend, Dölf Ogi im Alltag oder in seiner Funktion als Stiftungsratspräsident zu beobachten. Er hat eine extrem gewinnbringende Art, auf Menschen einzugehen und diese in den Mittelpunkt zu stellen. Er ist nahbar, interessiert und wertschätzend. Klassisch sind die Momente, wenn er beim Abschied auch noch dem Personal hinter dem Tresen die Hand schüttelt und allen das Gefühl gibt, dass sie wichtig sind. Man muss Menschen mögen. Heute vielleicht mehr denn je.

Daniel Beyeler arbeitet als Messeleiter der BEA bei der BERNEXPO AG und war Marketing Manager bei Swisscom. Er ist Initiant und Stiftungsrat der Stiftung «Freude herrscht!».

Adolf Ogi, Caroline Ogi und Daniel Beyeler am Aktiv-Wochenende der Stiftung «Freude herrscht!» in Kandersteg, 2014. (zvg)

STATEN ISLAND
BROOKLYN
NYC 2009

Die Wiederentdeckung des Skisports im Berner Oberland?

ROBERT RATHMAYR
Verwaltungsrat NNSK
Projektleiter NordicArena

Wir schreiben das Jahr 2003, als ich das Amt als Präsident des Verwaltungsrates des Nationalen Nordischen Skizentrums Kandersteg (NNSK) antreten darf. Im Verwaltungsrat wird rasch ein Fünfjahresplan abgesegnet, um das NNSK wieder in Schwung zu bringen. Dabei soll der Betrieb angekurbelt, internationale Veranstaltungen im Skispringen und in der Nordischen Kombination zurück nach Kandersteg gebracht und zu guter Letzt die in die Jahre gekommene Anlage mit drei Skisprungschanzen wieder modernisiert werden.

Um eine Sportstätte in diesem Ausmass sanieren zu können, ist ein entsprechendes Netzwerk entscheidend. Damit ein funktionierendes Netzwerk aufgebaut werden kann, braucht es eine Persönlichkeit, die den Sport kennt, in der Politik daheim ist und einen guten Draht zu den Medien hat. Das alles führt aber noch nicht zum gewünschten Erfolg – nein, diese Person muss natürlich auch einen Bezug zu Kandersteg haben. Recht schnell sind meine Gedanken also zu Dölf Ogi gewandert. Keine Persönlichkeit vereint die genannten Eigenschaften in einer derart idealen Art und auf diesem hohen Niveau. Dazu kommt, dass Dölf ca. 30 Jahre vorher den Bau dieser Sprungschanzen initiiert hatte.

In einem ersten persönlichen Gespräch ging es darum, ihn für das Projekt «NNSK2010», den Umbau der drei bestehenden Skisprungschanzen, zu gewinnen. «Dölf, vor mehr als 30 Jahren hast du den Bau der Schanzen des NNSK überhaupt erst ermöglicht. Gerne übernehme ich das Projekt zur Erneuerung der Anlagen, dazu brauche ich aber deine Unterstützung.» Dies war meine Ansage – und ohne lange zu überlegen, sagte Dölf zu. Wir haben uns mit dieser Abmachung dann nicht etwa verabschiedet – nein, ich habe sofort meine Schreibutensilien hervorgenommen und Dölf hat seine ersten Ideen auf den Tisch geknallt.

Dölf Ogi, ein Mann mit Charisma, ein Mann mit Ausstrahlung, ein Mann mit Erfahrung. Es ist eine Ehre, einen Menschen wie Dölf Ogi kennen und erleben zu dürfen,

Zu Beginn des Bauprojektes im April 2013 vor der alten Anlage. ©Markus Hubacher, Spiez

mit ihm zusammenzuarbeiten und von ihm lernen zu dürfen. Er liess sich auch von gelegentlichen Rückschlägen nicht unterkriegen. Als man uns das Projekt im Rahmen der Budgetphase ausschliesslich auf einen Sommerbetrieb kürzte und wir die Finanzierung darauf ausgelegt hatten, erhielten wir im Rahmen der Gemeindeabstimmung den Auftrag, einen Ganzjahresbetrieb zu installieren, was aber wieder mit Mehrkosten verbunden war. Dölf hatte schon kräftig die Werbetrommel gerührt – aber nur für den Sommerbetrieb der Anlage. Nun fürchtete er um seinen guten Ruf und seine Glaubwürdigkeit, wir gerieten uns in die Wolle und er wollte sich vorerst vom Projekt zurückziehen. Einige Tage später klingelte allerdings das Telefon. Es war Dölf, wieder voller Tatendrang: «Also, wie gehts weiter mit unserem Projekt?»

Dölf als Mitarbeiter, als Berater oder als Coach. In diese Rollen hat sich Dölf selbst zu Beginn eines Gespräches oft versetzt und mit den Worten «Du bist der Chef und ich dein Mitarbeiter» oder «Du bist der Präsident und ich dein Berater» bereits klare Erwartungen an das Gespräch deklariert. «Du sagst, wie es geht, ich berate dich nur, du musst entscheiden ...» Aber egal, wie Dölf die Sitzung eröffnet – wenn er zu erzählen beginnt, in die Materie eintaucht, das Feuer lodert und er seine Ideen und Sichtweisen darstellt, heisst es, hellwach sein, um ihm folgen zu können.

WENN DÖLF IN DIE MATERIE EINTAUCHT, MUSS MAN MUSS SICH SEITENFÜLLENDE NOTIZEN MACHEN.

Jedes Meeting mit ihm ist erfüllt von unglaublichem Feuer, unbeschreiblicher Leidenschaft, enorm viel Erfahrung und einem einzigartigen Engagement. Will man von so einem Meeting profitieren, so muss man seitenfüllende Notizen machen, aufpassen und von diesem Schwall an Informationen, guten Tipps und Ratschlägen möglichst viel mitnehmen. Nach so einem Meeting ist man für Tage, ja Wochen ausgelastet und damit beschäftigt, diese Informationen zu verarbeiten, um den Erwartungen gerecht zu werden. Welcher Projektleiter darf schon erzählen, dass Projektmeetings im Bundeshaus abgehalten worden sind oder dass sich die «Elefantenrunde» nebenan im Café Fédéral getroffen hat?
Während gemeinsamer Zugreisen, die uns quer durch die Schweiz zu den angesagtesten Schweizer Unternehmungen führten, wurden Themen wie Finanzierung, Budget oder Strukturen und Strategien gewälzt.

Für mich waren diese Tage immer wieder eine neue und einmalige Erfahrung. Mich in der sogenannten «Teppichetage» wiederzufinden, einer Flughöhe, die nicht einmal ein Skispringer bei bestem Aufwind erreicht, war für mich ein Erlebnis, das ich ohne Dölf nie gemacht hätte. Dafür bin ich ihm ewig dankbar. Wenn ich mich an einzelne Meetings erinnere und zurückdenke, in welcher Qualität hier Sportpolitik betrieben wurde, darf ich stolz sein, so etwas erlebt haben zu dürfen.
Ein Land kann sich glücklich schätzen, solche Personen und Persönlichkeiten als seine «Söhne» bezeichnen zu können – Menschen, die sich engagieren, die Opfer bringen und mit ihrer Weitsicht dem Land Gutes tun.
Während all dieser Jahre war mir Dölf ein treuer Begleiter und Mentor, der sich immer wieder für das gute Gelingen des Projekts eingesetzt hat. Ohne seine Unterstützung vom Anfang bis zum Schluss des Projektes hätte die Nordic Arena nie fertiggestellt werden können.
Am 1. August 2016 durfte ich zusammen mit Dölf Ogi und dem gesamten Projektteam die neue Nordic Arena in Kandersteg eröffnen. Ein eindrücklicher und unvergesslicher Tag, an dem es wieder Dölf war, der spontan das eine oder andere i-Tüpfelchen setzte.

Dölf Ogi, ein Mann für Grosses, der aber die Wurzeln nie vergisst. Mit seiner Stiftung «Freude herrscht» unterstützt er die Kinderschanze in der Nordic Arena und macht sich stark für die Nachwuchsförderung des Nordischen Skisports im Berner Oberland.

Danke, Dölf!

Robert Rathmayr arbeitet als Leiter Facility Management Finanzvermögen in der Stadt Thun und ist im Ehrenamt als Verwaltungsrat des Nationalen Nordischen Skizentrums Kandersteg tätig. Er ist verantwortlich für die Umsetzung des Projektes zum Neubau der Nordic Arena.

Die neue Anlage in Kandersteg im Sommer. (zvg)

Ein Tänzchen mit Dölf

BETHLI KÜNG-MARMET

alt Grossrätin, Gemeinderätin, Skilehrerin

Im Jahr 1964 traf ich Ogi zum ersten Mal. In dieser Zeit war ich eine aspirierende Skifahrerin. 1965 gelang mir der Junioren-Schweizer-Meistertitel im Slalom, 1968 wurde ich für die Olympischen Spiele selektioniert. Es kam jedoch alles anders: Durch einen tragischen Unfall wurde mein Oberschenkelknochen zertrümmert und die vielversprechende Karriere nahm ein frühes Ende.

FÜR ADOLF OGI WAR ES WICHTIG, DASS AUCH SOZIALE ASPEKTE IN DIE BÜRGERLICHE POLITIK EINFLIESSEN KONNTEN.

1964 war noch alles in Ordnung. Ich lernte Adolf Ogi kennen. Auf dem Weg zu einem Skirennen im französischen Les Gets holte er mich, als damaliger Assistent für den Schweizer Skiverband SSV, zu Hause in Saanen ab. Dass er extra zu mir ins Berner Oberland reiste, um mich abzuholen, zeugt von seiner Teamfähigkeit, die schon damals ausgeprägt war. In Les Gets fuhren am ersten Tag die Frauen, am zweiten Tag die Männer ihr Rennen. Ogi war damals für beide Mannschaften verantwortlich und betreute sie. Als die Frauen nach ihrem Rennen eigentlich schon bereit waren, ihre Sachen zu packen, trat er hinzu – nachdem auch die Vorbereitungen für die Männer abgeschlossen waren – und sagte mir: «Komm Bethli, wir gehen noch in den Ausgang.» So kam es, dass wir im abendlichen Les Gets in einer Skibar landeten, wo ich, da noch Musik spielte, als junge 18-Jährige mein erstes Tänzchen mit Ogi wagen durfte. Das war alles vor unseren politischen Karrieren. Trotzdem waren in diesen Anfängen schon die Grundzüge seines politischen Stils zu erkennen: Er ist ein herzlicher Mensch, der die Bedürfnisse seiner Mitbürger versteht und ein immenses Mass an Motivationsfähigkeit in sich trägt. In meinem politischen Wirken als Ge-

Dölf Ogi mit Bethli Küng-Marmet auf einer Wanderung über die Wispile an den Lauenensee. (zvg)

meinderätin und Gemeindepräsidentin und vor allem in meiner 16-jährigen Karriere als Grossrätin für die SVP des Kantons Bern kam ich ab und zu wieder mit ihm in Kontakt; was mir vor allem blieb, war jedoch seine Bürgernähe.
Während seiner Zeit als Bundesrat musste er nicht zuletzt von der Zürcher Fraktion der SVP einiges einstecken und doch hielt er der Berner Kantonalpartei – als echter Oberländer – im Abspaltungsprozess mit der BDP die Treue. Eine Stärke der SVP bestand immer darin, dass verschiedene Meinungen gehört werden. Für Adolf Ogi war es wichtig, dass auch soziale Aspekte in die bürgerliche Politik einfliessen konnten. Selten liess er sich beirren, vielmehr blieb er standhaft bei seinen Werten; im Dialog verband er inner- und überparteiliche Werte und führte somit seine Politik zum Erfolg. So bleibt es im Endeffekt seine staatsmännische Art, welche ihn bis heute auszeichnet. Bodenständigkeit und Anstand – eine in der heutigen Politik etwas verloren gegangene Art echter Menschlichkeit.

1964 waren wir beide noch jung. Schon damals spürte ich das Lebensfeuer des Politikers Ogi. Auch wenn es nur ein Tänzchen gewesen ist, die Lebensfreude und Motivationslust dieses Menschen wird mir immer in Erinnerung bleiben.

Bethli Küng-Marmet ist eine ehemalige Schweizer Skirennfahrerin und Nationalmannschaftsmitglied. Sie war von 1989 bis 1996 Gemeinderätin von Saanen, von 2000 bis 2008 Gemeindepräsidentin von Saanen und von 1998 bis 2014 Grossrätin des Kantons Bern.

Adolf Ogi

Der Bergler aus Kandersteg

Adolf Ogi – der Bergler aus Kandersteg

FRANZ STEINEGGER

alt Nationalrat

Was ist meine erste Erinnerung an Dölf Ogi? Sommer 1965, Offiziersschule in Bern: Eine Gruppe von Aspiranten geht in den Ausgang. Im Klassenzimmer büffelt Dölf immer noch Schiesslehre, Zeichen von Fleiss und Beharrlichkeit. Wir waren beide in der Klasse 2, der Klasse der Gebirgler, zusammengesetzt aus Gebirgsgrenadieren wie Dölf und Gebirgsfüsilieren. Als bescheidenem Gebirgsfüsilier war es für mich eine Motivation, über längere Distanzen etwas schneller zu sein als die Grenadiere. Entsprechend dieser Absicht habe ich immer versucht, die Patrouillen für den 30er, die beiden 50er und den Hunderter so zusammenzusetzen, dass man gewinnen konnte. Und Dölf war immer dabei, zuverlässig, ausdauernd und kameradschaftlich. Beim Hunderter waren die Nerven gelegentlich etwas blank. Trotz Behinderung durch den Chef einer anderen Klasse übernahm unsere Patrouille bald die Spitze. Etwas übermütig habe ich bei etwa Kilometer 80 durchgesetzt, am Belpberg die nächtliche Einladung einer Bäuerin zu einer kurzen Einkehr anzunehmen. Prompt hat uns die konkurrierende Patrouille einer anderen Klasse eingeholt. Das war zu viel für Dölf. Es brauchte die Drohung mit dem Sturmgewehrkolben, um ihn wieder zum Laufen zu bringen. So marschierten und liefen beide Patrouillen gemeinsam dem Ziel im Sand bei Schönbühl zu. Der Versuch, meine Patrouille zu einem Ausscheidungsrennen zu motivieren, misslang. In beiden Patrouillen war eine Mehrheit für einen gemeinsamen Zieleinlauf. Aus Enttäuschung habe ich mich niedergehockt und wollte keinen Schritt mehr tun, auch wenn der Korpskommandant vorbeikommen würde. Hier kam nun das Einfühlungsvermögen von Dölf zum Zug. Er konnte mich zum Weitermachen bewegen. So sind die beiden Patrouillen gemeinsam durchs Ziel marschiert. Immerhin haben wir den abschliessenden Theorieschlauch noch gewonnen.

Im nachfolgenden Frühling haben wir beschlossen, einen Teil der Haute Route zwischen Saas-Fee und Arolla zu machen. Dabei waren drei Urner und zwei Berner

FDP-Parteipräsident und SAC-Präsident Franz Steinegger stösst mit Bundesrat Adolf Ogi am 13. Juli 1990 bei der Hörnlihütte bei Zermatt anlässlich des 125-Jahr-Jubiläums der Erstbesteigung des Matterhorns auf ihre bevorstehende Jubiläumstour an. ©Keystone

Oberländer. Bei Ogis in Kandersteg haben wir übernachtet, dabei Mutter und Vater Ogi kennengelernt und sind dann am anderen Tag durch den Lötschberg nach Brig und nach Saas-Fee gefahren. Dank guten Verhältnissen anfangs Mai konnten wir Strahlhorn, Dufourspitze und Breithorn mitnehmen. Wegen schlechtem Wetter mussten wir in der Schönbielhütte einen Tag warten. Während die Mehrheit zusammen mit einem Berner Oberländer Bergführer sich mit dem Auslösen von Steinschlägen über die Moräne vergnügte, sind Dölf und ich nach Zermatt abgestiegen, um die Proviantvorräte aufzufrischen. Tragisch war, dass der Mitarbeiter der Grande-Dixence SA, der uns am Vortag mit dem Jeep zwischen Furi und Stafel mitgenommen hatte, am selben Morgen tödlich verunglückte.

Wegen Nebel mussten wir auf der Etappe nach der Cabane des Vignettes ab dem Col de l'Évêque genau navigieren. Wir waren erleichtert, als wir über uns das WC-Häuschen der Vignettes entdeckten.

Gelegentliche Kontakte bei Delegiertenversammlungen des Schweizerischen Skiverbandes gab es, als Dölf Direktor des Skiverbandes war und ich Präsident oder Vizepräsident des Verbandsgerichtes.

DER VORTEIL DES BERGGEBIETES IST, DASS MAN SICH EINEN ÜBERBLICK VERSCHAFFEN KANN.

Die nächste Zusammenkunft fand im Dezember 1981 statt, als ich ebenfalls im Nationalrat ankam.

Ich habe immer wieder Leute getroffen, die Dölf unterschätzt haben. Ich habe jeweils darauf hingewiesen, dass bei diversen Stationen gelächelt wurde und Dölf sich immer durchgesetzt hat. Das kameradschaftliche Verhältnis aus dem Militär und von der Skitour hat bei mir immer eine gewisse Beisshemmung als Parteipräsident gegenüber Bundesrat Ogi bewirkt.

Der Vater von Dölf war Bergführer und Förster und hat grosse Verbauungen im Kandertal initiiert und geleitet. Geografische Herkunft und Familie haben sicherlich Einfluss auf den Menschen. Strukturen haben Konsequenzen. Etwa ein Viertel der weltweiten Landfläche ist Gebirge. Zirka 10 Prozent der Weltbevölkerung lebt in Berggebieten und etwa 50 Prozent hängen von den Ressourcen der Gebirge ab. Ob es einen Homo alpinus als Charakter gibt, weiss ich nicht. Gerade in der Schweiz sind Differenzierungen schwierig. Sind Bewohner von Davos, Meiringen oder Verbier mehr oder weniger urban als Menschen im Emmental oder im Zürcher Oberland? Die Werbebranche begreift uns eher als Einheit. Die in Europa am stärksten wachsenden Agglomerationen liegen mindestens am Rand der Alpen. Und trotzdem kann Freiheitsgefühl, Resistenz gegenüber den Unbilden der rauen Gebirgswelt, eine gewisse Gelassenheit gegenüber dem Unabänderlichen, zupacken wenn es nötig ist, stärker ausgeprägt sein als anderswo.

Auf jeden Fall war sich Dölf gewohnt, Hindernisse zu überwinden. Hindernisse ver-

Mai 1966 im Garten der Familie Ogi in Kandersteg nach der Rückkehr von der Haute Route. Dölf Ogi, Franz Steinegger, Walter Josi und Hans Arnold (v.l.n.r.). (zvg)

binden aber auch. Da waren der Lötschenpass ins Lötschental und die Gemmi nach Leukerbad und gleichzeitig die Bahnverbindung Kandersteg – Goppenstein.

Pässe überwinden Kleinräumigkeiten. Dölf hat sich aber nicht zufrieden gegeben mit der Verbindung von Kleinräumen. Den Doppelbau von Alpentransversalen am Gotthard und am Lötschberg hat er konsequent durchgesetzt, obwohl nicht nur im Bundesrat, sondern auch im Zürichseegebiet beträchtliche Opposition bestand. Die Idee des Lötschberg-Transittunnels war nicht provinzielle Enge. Kandersteg wurde sogar abgetrennt zugunsten einer europäischen Verbindung mit grossen Vorteilen für den südlichen Nachbarkanton Wallis.

Der Vorteil des Berggebietes ist, dass man sich einen Überblick verschaffen kann. Man muss nur auf den Berg steigen. Diese Möglichkeit gibt Selbstvertrauen. Für den Bergler ist aber das Domizil sowohl Heimat als auch gefährdeter Ort.

Der Urner Maler und Dichter Heinrich Danioth hat dies so ausgedrückt: «Meine Heimat ist, fürwahr, Prunkkammer Gottes und Irrgarten des Teufels, zu gleichen Teilen.» Dies gilt im Guten wie im Bösen.

Franz Steinegger ist Rechtsanwalt und Politiker. Er war von 1980 bis 2003 Mitglied des Nationalrats, er war Präsident der FDP Schweiz.

Ein Denkmal

WILHELM SCHNYDER

ehemaliger Staatsrat

In Gesprächen am Familientisch, im Freundeskreis, aber auch am politischen Stammtisch wird hin und wieder die Frage gestellt: «So es denn noch unseren Gebräuchen entsprechen würde, wem sollte ein Denkmal gesetzt werden?» Nun, zu diesem Thema später die Antwort.

Alle kennen wir sie, die Seilschaften am Berg, in der Wirtschaft, in der Politik. Und es gäbe deren noch mehr. Wir alle wissen, dass nur jene vom höchsten Gipfelgenuss kosten können, deren Führer nicht nur ein klares Ziel hat und über alle technischen Voraussetzungen verfügt, sondern auch ein hohes Mass an Charisma sein Eigen nennen darf.

Mit war es vergönnt, in der einen oder anderen Seilschaft von Adolf Ogi, der als Kandersteger dem Wallis und insbesondere dem Lötschental sehr zugetan ist, unterwegs zu sein. Beim Begehen der gemeinsamen Wegstrecken – etwa beim Kampf um den Lötschberg-Basistunnel oder bei der Bewältigung der Unwetterkatastrophen im Wallis – konnte ich zwei prägende Charaktereigenschaften bewundern. Einmal war das sein überzeugter und überzeugender charismatischer Einsatz für die Sache. Dies jeweils ungeachtet aller Widerwärtigkeiten. Und dann kam hinzu, dass Dölf Ogi diesen Einsatz immer gezielt im Interesse der Mitmenschen leistete. Nie hätten die Walliser und Walliserinnen ohne Bundesrat Adolf Ogi die Eröffnung der NEAT-Lötschberglinie erleben dürfen. Das Wallis, welches heute noch Zölle am Lötschberg-Scheiteltunnel, an der Furka und am Grossen St. Bernhard erbringt, hat mit der raschen Verbindung zum Rest der deutschsprachigen Schweiz eine einmalige Chance erhalten, wie dies in Zukunft nie mehr der Fall sein wird.

Bei allen Erfolgen blieb Bundesrat Ogi seiner sprichwörtlichen Bodenhaftung treu.

Zum charismatischen Einsatz wie auch zur Bodenhaftung gehört – sicher entscheidend – ein weiteres Alleinstellungsmerkmal dazu. Es ist dies ein beispielhaftes Charakterelement, welches ich mit den zwei nachstehenden Hinweisen dokumentieren darf.

Auf dem Haut-Plateau von Crans-Montana hatte ich verschiedentlich die Gelegenheit, im Gemeinde-Carnotzet von Chermignon herausragende Persönlichkeiten der internationalen Wirtschaft, Kultur und Politik zu treffen. Alle kannten und schätzten sie den Berner Oberländer Bundesrat. Bei diesen Begegnungen waren zwangsläufig die Beziehungen der Schweiz zu anderen Staaten, insbesondere zur EU, Gesprächsthema. Eine Äusserung der ehemaligen EU-Kommissarin Viviane Reding, heutige Abgeordnete der Christdemokraten im Europäischen Parlament, hallt heute noch nach: «In Brüssel kennt man Bundesrat Adolf Ogi sehr gut und er geniesst eine hohe Wertschätzung.» Im Originalton: «À Bruxelles on connaît bien le ministre Ogi et on l'apprécie beaucoup.»

Der zweite Hinweis zeigt, dass der Jubilar nicht nur einen vortrefflichen Draht zu den wichtigen Entscheidungsträgern der weiten Welt hatte. Dem werktätigen Volk wie auch den Schwächsten unserer Gesellschaft begegnete er nie als Obrigkeit. Das waren immer Begegnungen auf Augenhöhe.

Bei einer seiner Fahrten ins Wallis entstieg er bei der Durchfahrt der Dörfer Steg und Gampel am Fusse des Lötschbergs kurzerhand der Staatskarosse und begrüsste ihm bekannte Bürgerinnen und Bürger. Für die Fabrikarbeiter wie auch für die andern, denen er die Hand drückte und in die Augen schaute, war diese überraschende Begegnung ein echter Höhepunkt. Das drückt sich dann auch darin aus, dass man diesseits der Berner Alpen immer wieder hört: «Ischu Liit heint du Ogi gäru und är hett d'Mänschu gäru.» Die Wesensart und die herausragenden Leistungen von Dölf Ogi sind massgeblich durch die grosse Unterstützung seiner Gattin Katrin und seiner ganzen Familie mitgeprägt worden.

DEM WERKTÄTIGEN VOLK WIE AUCH DEN SCHWÄCHSTEN UNSERER GESELLSCHAFT BEGEGNETE ER NIE ALS OBRIGKEIT.

Nun zur einleitenden Frage. Im Landstrich zwischen der jungen Rhone und dem Genfersee herrscht ein einheitlicher Nenner. Ein Denkmal verdient alt Bundesrat Adolf Ogi, ein Denkmal verdient die Generation unserer Eltern – und ein Denkmal verdient der *spiritus rector* der weltbekannten Fondation Pierre Gianadda in Martigny.

In der Tat. Für sein Wirken und insbesondere für sein beispielhaftes «savoir être» verdient der Jubilar und ehemalige Bundesrat Adolf Ogi ein Denkmal.

Wilhelm Schnyder ist Rechtsanwalt und Notar. Von 1993 bis 2005 war er Mitglied des Walliser Staatsrats.

Bundesrat Adolf Ogi umarmt den Walliser Finanzdirektor Wilhelm Schnyder
nach dem Durchstich des Lötschberg-Basistunnels im April 2005.

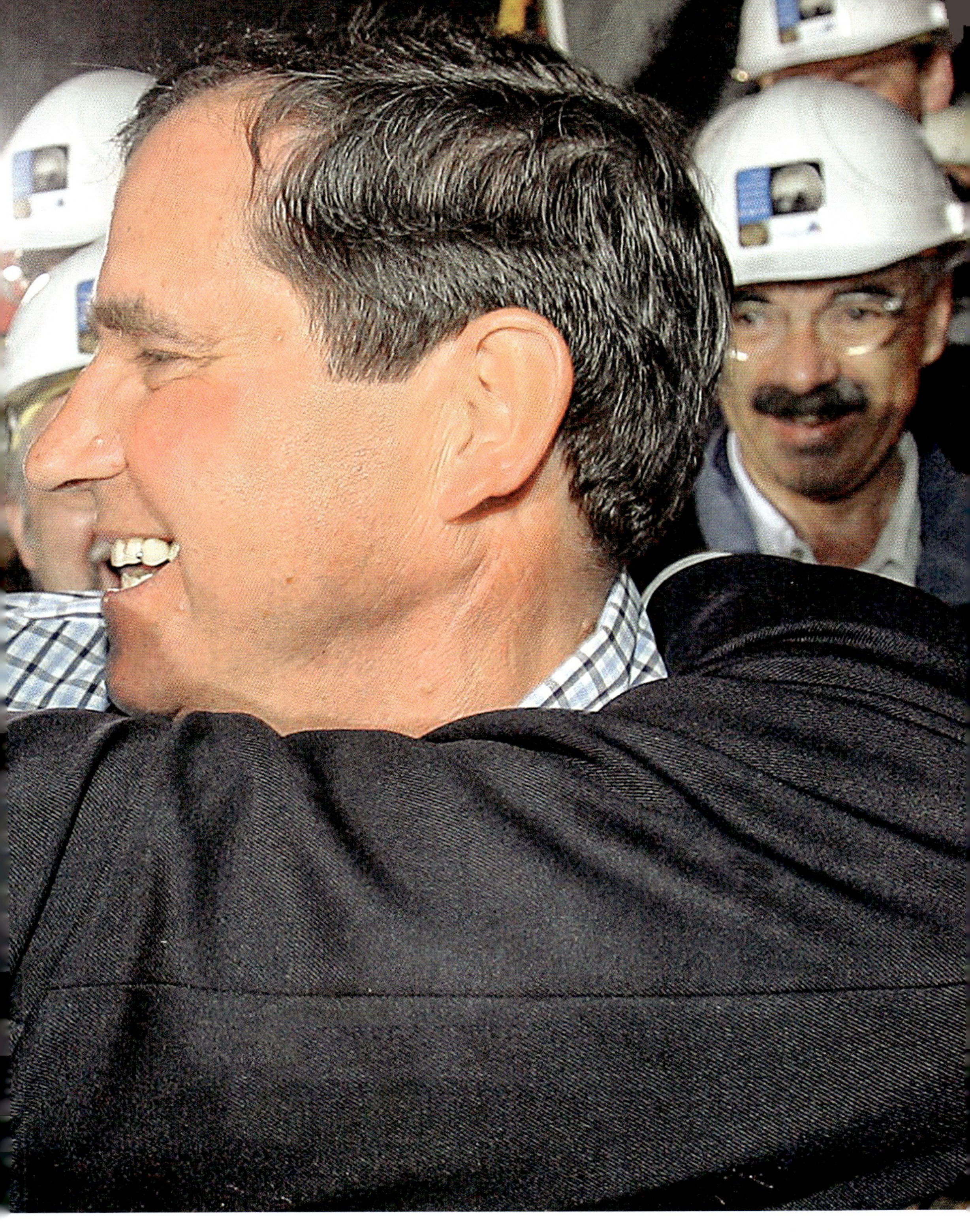

@Keystone

Adolf Ogi, Bundesrat der Kandersteger

RENÉ F. MAEDER

alt Gemeindepräsident Kandersteg

Es gibt wohl selten einen Bundesrat, der seinen Heimatort in der Politik so oft ins Spiel gebracht hat, wie Dölf Ogi. Jeder wusste, dass er aus Kandersteg kam und viele glaubten sogar, er habe dort noch seinen Wohnsitz gehabt – das, obwohl er längst in Fraubrunnen wohnte. Während seiner Wahl in den Bundesrat bibberte eine ganze Delegation Kandersteger auf der Tribüne. Von oben konnten wir den Nationalräten beim Diskutieren zusehen. Einer schrieb auf einen Zettel das Wort «Sport!» – mit Ausrufezeichen und dick unterstrichen. Der Sport war also bestimmt auch mitausschlaggebend für Ogis Wahl.

Auch seine berühmte Weltoffenheit hat ihre Wurzeln in Kandersteg. Er hatte immer eine starke Beziehung zu seinem Vater, seines Zeichens Bergführer, Förster und Gemeindepräsident. Der Kontakt zu den Touristen – vor allem Engländer –, mit denen der Vater in die Berge ging, vermittelten ihm ein Weltbild, das in ländlich geprägten Gegenden nicht unbedingt üblich ist. Durch die historischen Passübergänge Lötschenpass und Gemmipass hat Kandersteg immer schon Touristen gehabt. Der Bau des Lötschbergtunnels brachte dann 3000 Italiener in den Ort, von denen einige geblieben sind. Dadurch hat Kandersteg eine ganz gute kulturelle Durchmischung. Diese Einflüsse haben Kandersteg weltoffener und liberaler gemacht.

Nach seiner Wahl in den Bundesrat hat Dölf seinen Heimatort nicht vergessen – im Gegenteil. Mit allem, was Rang und Namen hatte, kam er nach Kandersteg. Ich erinnere mich an Besuche von Mitterrand, Kofi Annan, dem belgischen Königspaar, Prinz Charles, Hans Küng, Otto von Habsburg und vielen anderen. Auch VBS-Seminare mit Chefbeamten und Generalstabsleuten hat Ogi oft in Kandersteg durchgeführt.

Das führte dazu, dass Ogi von Kanderstegern aus allen politischen Lagern gestützt wurde. Er kennt die Leute – als Bergler weiss er, wie man hier oben tickt. Aber er hat sich nie angebiedert, sprach mit dem Arbeiter und mit dem Akademiker. Man hats ihm immer abgenommen. Er ist, wie er

René F. Maeder und Adolf Ogi vor dem Landsitz Lohn. (zvg)

ist. Er spielt nichts vor, im Gegensatz zu manch anderem Politiker.

Er war oft im Waldhotel Doldenhorn oder im Landgasthof Ruedihus. Wir konnten viele Caterings für ihn organisieren – oft im Von-Wattenwyl-Haus oder im Landsitz Lohn. Eines Tages rief mich einer seiner Mitarbeiter an und bat mich, für nächste Woche einen Apéro auf dem Konkordiaplatz zu organisieren. Dies schien mir dann doch etwas übertrieben – wir machten immer gerne alles für Ogi, aber wozu der Aufwand für einen Apéro in Zürich? Da gibts doch gewiss jemand anderen, der näher liegt. Also bohrte ich weiter. «Zürich? Was Zürich?», war die Antwort des erstaunten Mitarbeiters. Wie sich herausstellte, sollten wir mit Super Pumas der Armee abgeholt werden, um einen Apéro für Militärattachés mitten auf dem Aletschgletscher auszurichten. Ein unvergessliches Erlebnis inmitten einer wunderschönen Bergwelt!

ER IST, WIE ER IST. ER SPIELT NICHTS VOR, IM GEGENSATZ ZU MANCH ANDEREM POLITIKER.

Als Bundesrat lud er dann alle akkreditierten Botschafter zu einer Wanderung an den Oeschinensee ein. Ein Riesenfest. Der apostolische Nuntius, ein Neapolitaner, inspiriert von der frischen Bergluft oder dem ebenso frischen Fendant, hielt eine unvergessliche Ansprache – das heisst, er sang vielmehr eine Liebesarie, worauf die versammelten lateinamerikanischen Botschafter mit ihren Ehefrauen unverzüglich zum Tanz schritten. Typisch Ogi – seine einnehmende, wohlwollende Art wirkt einfach ansteckend.

Der Schweizer ist berüchtigt dafür, immer erst nach Negativem zu suchen. Wir Kandersteger haben auch nach 75 Jahren Mühe, diesbezüglich bei Dölf fündig zu werden – dermassen viel Sympathie hat uns sein Handeln, seine Art und Weise über die Jahre gebracht. Er hat Kandersteg nie vergessen, wollte immer wissen, was hier läuft. Was sind die Nöte und Ängste der Bevölkerung? Wie läufts im Tourismus? Was habt ihr für Probleme? Und nicht nur das – für alle wichtigen Anlässe nahm Dölf Ogi stets eine Kandersteger Delegation mit. Auf Botschaften, Empfängen, bei der Verleihung seiner Ehrendoktorwürde in Zürich – wir waren immer dabei.

Danke, Döfi!

René F. Maeder ist ehemaliger Gemeindepräsident von Kandersteg. Er ist Gastgeber in den renommierten Gasthäuser Waldhotel Doldenhorn und Landgasthof Ruedihus, Kandersteg.

Adolf Ogi erklärt dem UNO-Generalsekretär Kofi Annan die Vereinigung der Gilde etablierter Schweizer Gastronomen. (zvg)

Nachwort

Kurzbiografie Adolf Ogi

Liebe zu Land und Leuten als Ansporn

ALBERT RÖSTI

Nationalrat und Parteipräsident SVP

Der Name Adolf Ogi tauchte bei mir schon als kleines Kind, aufgewachsen in Kandersteg, am Familientisch auf. Ich mag mich erinnern, dass meine Eltern oft respektvoll über den Vater von Dölf Ogi, den früheren Gemeindepräsidenten, erzählt haben. Damals führte noch keine Strasse nach Inner-Ueschinen, die Alp, die meine Eltern mit ihrem Vieh bestossen haben. Es war Dölf Ogis Vater – er hiess auch Adolf –, der die Projektleitung zum Bau der Strasse innehatte. Ich selbst mag mich noch erinnern, als der Bagger eine Moräne durchstiess, das letzte Stück Strasse zu unserer Hütte. Als Vater Ogi die Arbeiten besichtigte, fasste er die Freude aller Beteiligten spontan und treffend mit den Worten «Wunderbar, ein Felsentor» zusammen. Noch heute, über 40 Jahre später, nennen wir diesen Strassenabschnitt Felsentor. Es ist dieses Charisma, das die Ogis auszeichnet. Dölf wird es, mein Erlebnis als Kind lässt dies vermuten, von seinem Vater geerbt und noch perfektioniert haben. Ich ging schliesslich in die Oberschule als Dölfs politische steile Karriere ihren Lauf nahm. Als Tambour in der Musikgesellschaft Kandersteg durfte ich an mehreren Empfängen Adolf Ogi als Nationalrat, als Bundesrat und Bundespräsident bereits persönlich begegnen. Sein spürbarer Drang Gutes für unser Land und seine Leute zu tun, seine Kraft, seine sprühende Motivation und der Tatendrang, stets vorgetragen in kurzen klaren und verständlichen Worten mit hervorragender Rhetorik waren es, die auch in mir damals den Wunsch weckten, selbst in die Politik zu gehen. Dass er mich schliesslich in meinen eigenen Wahlkämpfen akribisch, kritisch und konstruktiv forderte und förderte, werde ich nie vergessen. So wie er in mir ein kleines Feuer für die Politik entfacht hat, entfachte er grosse Feuer. Mit der für die Schweiz, Europa und die Welt zukunftsweisenden Realisierung der NEAT durch Lötschberg und Gotthard hat der damalige Bundesrat Adolf Ogi Geschichte geschrieben, um nur ein Beispiel zu nennen. Die vielen Erzählungen, wie er mit europäischen Ministern durch die Alpen gereist ist, so auch der Heliflug mit dem französischen Präsidenten Mitterrand an der Eigernordwand, mögen Anekdoten sein. Sie sind aber Vorbild, mit welchem Selbstbewusstsein wir mit unseren europäischen Nachbarstaaten umgehen und über die Besonderheiten der Schweiz sprechen müssen, um die Interessen der Schweiz zu vertreten und die Souveränität und Unabhängigkeit des Landes zu erhalten. Dies gilt heute mehr denn je. Es ist die Basis für das Erfolgsmodell Schweiz. So freut es mich, als einer seiner Nachfolger im Präsidium der SVP, alt Bundesrat Adolf Ogi namens der SVP Schweiz den besten Dank für seine umfassende politische Arbeit in verschiedensten Funktionen bis zum Bundespräsidenten und späteren UNO-Botschafter auszusprechen. Natürlich ist auch mir bekannt, dass es die Partei Dölf Ogi nicht immer einfach gemacht hat, und auch das Umgekehrte der Fall war. Kritische politische Auseinandersetzungen, auch innerhalb der eigenen Partei, sind aber oft die Basis zum Erfolg. Dölf Ogi hielt, ob schöne oder stürmische politische Zeiten angesagt waren, immer loyal zu seiner Partei. Das zeugt von seiner Charakterstärke und wird ihm von der SVP hoch angerechnet. So ist und bleibt er mit seiner Motivationsfähigkeit, seinem Pragmatismus und dem aussergewöhnlichen Charisma Vorbild für die heutige und zukünftige Politikergeneration.

SO WIE ER IN MIR EIN KLEINES FEUER FÜR DIE POLITIK ENTFACHT HAT, ENTFACHTE ER VIELE GROSSE FEUER.

Merci Dölf.

Albert Rösti, Agronom, ist seit 2011 Mitglied des Nationalrats. Seit 2016 ist er Parteipräsident der SVP Schweiz.

Alt Bundesrat Adolf Ogi und SVP-Präsident Albert Rösti bei der Pressekonferenz bei der Eröffnung der neuen Skisprunganlage in Kandersteg am Montag, 1. August 2016.

© Keystone

Adolf Ogi – Stationen seines Lebens

Adolf Ogi wurde am 18. Juli 1942 in Kandersteg (BE) geboren. Nach der Grundschule in Kandersteg erwarb Adolf Ogi das dreijährige Handelsdiplom der *Ecole supérieure de commerce* in La Neuveville und besuchte darauf die *Swiss Mercantile School* in London. Adolf Ogi ist verheiratet mit Katrin und Vater von zwei erwachsenen Kindern (Caroline, Mathias † 2009).

Von 1963 bis 1964 war Adolf Ogi Leiter des Verkehrsvereins Meiringen-Haslital. 1964 trat er in den Dienst des Schweizerischen Skiverbandes (SSV), dem er von 1969 bis 1974 als Technischer Direktor und von 1975 bis 1981 als Direktor vorstand. Von 1971 bis 1983 amtierte er als Vizepräsident des alpinen Welt- und Europakomitees der *Fédération Internationale de Ski (FIS)*. Von August 1998 bis Sommer 1999 präsidierte er das Kandidaturkomitee für die Olympischen Winterspiele «*Sion 2006*». 1981 wurde er Generaldirektor und Mitglied des Verwaltungsrates der Intersport Schweiz Holding AG.

Im Militär kommandierte Ogi als Hauptmann eine Gebirgsgrenadierkompanie (1973 bis 1978), dann als Major ein Gebirgsfüsilier-Bataillon (1981 bis 1983), übernahm danach die Funktion eines Verbindungsoffiziers im Stab einer Reduit-Brigade (1984 bis 1987) und war schliesslich im Armeestab in der Sachgruppe Strategie tätig.

Adolf Ogi ist Mitglied der Schweizerischen Volkspartei (SVP) und war von 1984 bis 1987 deren Präsident. 1979 wurde er in den Nationalrat gewählt. Von 1982 bis 1987 war er Mitglied der damaligen Militärkommission des Nationalrats, die er von 1986 bis zu seiner Wahl als Bundesrat am 9. Dezember 1987 präsidierte. Von 1988 bis 1995 war Adolf Ogi Chef des Eidgenössischen Verkehrs- und Energiewirtschafts-Departements (EVED) und von 1995 bis 2000 war er Vorsteher des Eidgenössischen Departements für Verteidigung, Bevölkerungsschutz und Sport (VBS).

In den Jahren 1993 und 2000 war Adolf Ogi Bundespräsident der Schweiz und trat im Dezember 2000 nach 13 Jahren als Bundesrat zurück.

Von 2001 bis 2007 war Adolf Ogi Untergeneralsekretär der Vereinten Nationen und Sonderberater von UNO-Generalsekretär Kofi Annan und Ban Ki-moon für Sport im Dienst von Entwicklung und Frieden.

Adolf Ogi ist Ehrenbürger von Kandersteg, Fraubrunnen, La Neuveville und Crans-Montana. Zudem wurde er zum Ehrenburger von Sion, Randa, Gondo-Zwischbergen und Lötschental ernannt.

Adolf Ogi ist in zahlreichen weiteren Funktionen tätig. Ehrenpräsident der *Swiss Olympic Association*. Ehrenmitglied von *Swiss Ski*. Adolf Ogi war Präsident des Advisory Board des *Swiss Economic Forums* (2001 bis 2015) und war Board Member der *Schwab*

Foundation for Social Entrepreneurship in Genf. Er ist Ehrenpräsident des *Geneva Security Forums*. Ehrenmitglied der Organisation *Green Cross International* (Februar 2017). Gründer und Patronatspräsident der *Stiftung Swisscor*. Präsident des Patronatskomitees der *Stiftung UNESCO WELTERBE Schweizer Alpen Jungfrau-Aletsch* (bis Juli 2017). Ehrenmitglied der Organisation *Right to Play International*. Mitglied *International Olympic Truce Commitee IOC*. Stiftungsratspräsident *Stiftung Freude herrscht*. Stiftungsratsmitglied der *Robert F. Kennedy Human Rights Foundation Switzerland*.

Adolf Ogi hat in seiner Eigenschaft als Chef des VBS zwei internationale Zentren in Genf gegründet. Er ist Ehrenpräsident des Genfer Zentrums für Sicherheitspolitik (GCSP) und des Zentrums für die demokratische Kontrolle der Streitkräfte (DCAF).

Ehrungen und Auszeichnungen

Europäischer Solarpreis (2000). *Karl-Schmid-Preis*, ETH Zürich (2002). *Prix Galileo*, Forum Engelberg (2003). *Ordre olympique*, IOC Internationales Olympisches Komitee (2003). *Grand Cordon de l'Ordre du mérite sportif*, Republik Tunesien (2003). *Ordre National pour le mérite au rang de Grand Officier*, Rumänien (2004). *Max-Petitpierre-Preis*, Stiftung Max Petitpierre Bern (2004). *Ehrendoktortitel Dr. h.c.*, American College of Greece in Athen (2004). *Honorarprofessor*, Vassil-Levski-Sporthochschule in Sofia (2004). *Adolf Ogi Prize for Sport & Development*, Kennesaw State University, Atlanta (2005). *Menschenrechtspreis*, Internationale Gesellschaft für Menschenrechte Schweiz (2005). *Dr. h.c.*, Philosophisch-humanwissenschaftliche Fakultät der Universität Bern (2005). *Dr. h.c.*, Ehrendoktortitel der International University in Geneva (2006). *Dr. h.c.*, Geneva School of Diplomacy and International Relations (2006). *Ehrenpreis Credit Suisse Sports Awards* (2007). *Europäischer Kultur-Kommunikations-Preis* der Stiftung Pro Europa, Bern (2012). *Liftetime Award*, Swiss Awards 2012 Zürich. *Ehrenbotschafter von Interlaken* (2013). *Award of Excellence*, Club 55, Thun (2013). *Dr. h.c.*, European University Business School, Montreux (2013), *Erich Walser Generationenpreis*, Universität St. Gallen (2016). *Bürgerliche Verdienstmedaille* der Republik Moldova (2016). Mitglied der *Logistics Hall of Fame Switzerland* (2017).

Der Maler des Portraits

Zur Entstehung des Buches

Dank

Christoph R. Aerni: Maler aus Leidenschaft

Christoph R. Aerni wurde 1954 im solothurnischen Gäu in Hägendorf geboren. Nach der Grundschule und einer vierjährigen Bildhauerlehre besuchte er die Kunstgewerbeschulen von Basel, Bern und St. Gallen. Von 1974 bis 1979 war er als Bildhauer angestellt und frönte in der Freizeit seiner Passion, dem Malen. Seit 1979 ist er freischaffender Maler und Bildhauer.

Er hat vier erwachsene Kinder und wohnt in Gunzgen. Sein Atelier befindet sich im Gebäude einer ehemaligen Pinselfabrik im drei Kilometer entfernten Egerkingen.

Seit 1970 werden Christoph R. Aernis Werke an unzähligen Ausstellungen in der ganzen Schweiz gezeigt. Auch im Ausland waren seine Werke zu sehen, so etwa in der Gallery Art 54 in New York, im Konrad-Adenauer-Haus in Bonn oder im Centre de Congrès in Monte Carlo.

Auf seinen unzähligen Reisen in die ganze Welt sammelte er Eindrücke und bringt diese in seinen Werken wieder zum Ausdruck.

Die Vielseitigkeit Christoph R. Aernis überrascht immer wieder. Die Motive, das Licht und die Tiefe in seinen Bildern bleiben einmalig und hinterlassen einen bleibenden Eindruck. Aus diesem Geist entstand im Frühjahr 2017 auch das Porträt von alt Bundesrat Adolf Ogi, das den Einband dieses Buches ziert.

Das Original-Gemälde von Christoph R. Aerni für das Buchcover «Unser Dölf».

Zur Entstehung des Buches

Verehrte Leserin, verehrter Leser

Landauf und landab ist der Name Adolf Ogi auch Jahre nach seinem Rücktritt aus dem Bundesrat am 31. Dezember 2000 nach wie vor ein Begriff.
Dölf Ogi, wie er gern genannt wird, ist immer noch bekannt und begehrt – ein Mann der Schweizer Öffentlichkeit also.
Sein Rat ist weiterhin gefragt: Er ist ein Mann des Volkes geblieben. Er wird verstanden und hat von seinem ausserordentlichen Charisma nichts, aber auch gar nichts eingebüsst. Er spricht die Sprache der Schweizer Bevölkerung, ist beliebt, angesehen und geschätzt.
Als Dölf Ogi Ende 2000 zurücktrat, ahnten nur wenige, dass die Achtung und Wertschätzung für seine Politik in der Öffentlichkeit sogar noch zunehmen würde.
Heute ist Adolf Ogi indes anerkannter und populärer denn je. Er hat Kultstatus erlangt und ist nach wie vor überall in den Medien präsent. Er ist der bekannteste Bundesrat der Schweiz, auch wenn er schon seit 17 Jahren nicht mehr im Amt ist. Er ist nach seiner Zeit im Bundesrat eigentlich erst richtig zum Staatsmann herangereift – eine Beurteilung und Wertschätzung, die nicht jedem bekannten Politiker widerfährt.
Woher kommt diese Entwicklung, mit was hängt sie zusammen? Die Frage zu stellen heisst, sie zu beantworten versuchen. Bei Adolf Ogi ist nicht nur der Ausruf «Freude herrscht!» zur Legende geworden – auch seine Auftritte in der Öffentlichkeit und in den Medien haben Kultstatus erreicht.
Aber das ist nicht alles. Sein ganzes Leben, seine Karriere als Verbandsmanager, als Politiker auf dem nationalen und internationalen Parkett oder als Privatperson ziehen immer wieder das Licht der Öffentlichkeit auf sich.
Zu seinem 70. Geburtstag im Jahre 2012 erschien die Biographie «Dölf Ogi – «So wa(h)r es!», die mittlerweile in deutscher, französischer, englischer und arabischer Sprache vorliegt und über 50 000 Leserinnen und Leser gefunden hat. Dieses Buch beschreibt das Leben und Wirken von Dölf Ogi, wie er es selber erlebt hat. Es ist also die «Innensicht» auf Dölf Ogi.
Am 18. Juli 2017 wird Adolf Ogi 75 Jahre alt. Wieder ein runder Geburtstag, der eine weitere Etappe in seinem Leben darstellt.
Viel ist bis heute über Dölf geschrieben, gesagt und veröffentlicht worden. Die Frage stellt sich folglich, ob denn alles über diesen Mann des Volkes gesagt wurde, oder ob es noch Facetten und Aspekte dieses ausserordentlichen Lebens gibt, die noch nicht behandelt wurden?
Ja, die gibt es – und sie verdienen es, in einem zweiten Band festgehalten zu werden. «Unser Dölf» bietet eine «Aussensicht» auf Adolf Ogi, also die Sicht der Zeitgenossen, die ihn über Wochen und Monate, oftmals sogar Jahre begleitet haben, die politisch mit ihm oder gegen ihn fochten, die zu Adolf Ogi und seinem Schaffen und Wirken aus heutiger Sicht etwas zu sagen haben und die auch die vielfältigen Ergebnisse seiner Arbeit und Leistungen bewerten und auf ihre Nachhal-

tigkeit und ihren Wert für die Nachwelt abklopfen.
Unsere beiden Verlage haben sich darum entschlossen, ein solches Gesamtkunstwerk mit 75 nationalen und internationalen Autoren und Autorinnen zu realisieren. Das vorliegende Werk ist das Resultat dieser Zusammenarbeit.
Entstanden ist eine farbige Schau auf das Leben von Dölf Ogi. Sie zeigt ein buntes Kaleidoskop von vielfältigen, persönlich gefärbten Sichtweisen, Betrachtungen, Beziehungen, Erlebnissen und Ereignissen, die unser Bild von Ogi erweitern und abrunden.
Der Titel «Unser Dölf» ist Ausdruck der Volksnähe dieses Schweizer Politikers und Staatsmanns. Sie ist das Markenzeichen seiner Persönlichkeit, seiner Arbeit und seiner Kommunikation mit der Öffentlichkeit. Sie machte ihn zu dem, der er für die Schweizer Bevölkerung war, immer noch ist und wohl auch bleiben wird: eine glaubwürdige, engagierte und oft unterschätzte, aber erfolgreiche und aussergewöhnliche Persönlichkeit des Schweizer Volkes. Eine Person aus dem Volk für das Volk.

Olten und Gwatt, Juni 2017

Lukas Heim
Weltbild Verlag

Annette Weber
Werd & Weber Verlag

Der Weltbild Verlag publiziert seit über zwanzig Jahren Bücher zu Schweizer Themen. Im Vordergrund stehen Porträts herausragender Persönlichkeiten, Ausflugsziele und Wandern, aktuelle Sachbücher zu Geschichte, Kochen und Gesundheit. 1988 gegründet, zählt Weltbild heute zu den grössten Medienhändlern der Schweiz. Nebst allen modernen Medien umfasst das Sortiment ein breites Angebot an Geschenkartikeln für die ganze Familie.

Der Werd & Weber Verlag ist ein Schweizer Sachbuchverlag. Der Verlag wurde 1991 als Weber Verlag gegründet; 2012 wurde der Werd Verlag (ehemals Tamedia) übernommen. Der Werd & Weber Verlag spezialisiert sich auf die spannendsten Seiten der Schweiz und publiziert Bücher in den Themenfeldern Persönlichkeiten, Natur, Mundart, Genuss und Freizeit.

Dank der Herausgeber

Unser Dank geht an die 75 Persönlichkeiten, welche sich spontan bereit erklärten, an diesem «Gesamtkunstwerk» über Dölf Ogi mitzuwirken. Sie haben mit ihren Beiträgen eine persönliche Sicht auf Dölf Ogi ermöglicht und mit entsprechenden Bildern bereichert.

Weiter geht der Dank an all die vielen Helferinnen und Helfer der Autoren und Autorinnen im Hintergrund, an die Mitarbeiter und Mitarbeiterinnen in den Verlagshäusern im Lektorat und Korrektorat, der Grafik und der Gestaltung, welche mit grossem Einsatz an diesem Buch gearbeitet haben.

Ein grosser Dank geht an den Künstler Christoph R. Aerni, der das beeindruckende Gemälde für das Cover geschaffen hat.

Last but not least danken wir insbesondere Peter Rothenbühler. Er hat aufgrund der eingegangenen Beiträge der Autorinnen und Autoren ein Gespräch mit Dölf Ogi geführt, bei welchem dieser aus seiner Sicht eine Bilanz seines Wirkens und Schaffens in der und für die Schweiz vorlegt.

Die Bildbeiträge stammen, in Ergänzung zu den privaten Archiven der Autoren und Autorinnen, aus dem Medienhaus Ringier und von Keystone. Diese Beiträge seien ebenfalls bestens verdankt.

Annette Weber und Lukas Heim